Portale in der öffentlichen Verwaltung

Auswirkungen auf Organisation, Bürgernähe, Beschäftigtenorientierung und Wirtschaftlichkeit

von

Dilek Beyhan Albayrak

Tectum Verlag
Marburg 2005

Albayrak, Dilek Beyhan:
Portale in der öffentlichen Verwaltung.
Auswirkungen auf Organisation, Bürgernähe,
Beschäftigtenorientierung und Wirtschaftlichkeit.
/ von Dilek Beyhan Albayrak
- Marburg : Tectum Verlag, 2005
Zugl.: Kassel, Univ. Diss. 2005
ISBN 978-3-8288-8958-3

© Tectum Verlag

Tectum Verlag
Marburg 2005

Inhaltsverzeichnis

Abbildungsverzeichnis

Abkürzungsverzeichnis

Abb.	Abbildung
AKP	Fachzeitschrift für alternative Kommunalpolitik
AN	Arbeitnehmer
BaföG	Berufsausbildungsförderungsgesetz
BAT	Bundesangestelltentarif
BÄ	Bürgerämter
BB	Bürgerbüro bzw. Bürgerbüros
BSC	Balanced Scorecard
B2G	Business to Government
ca.	circa
CC	Call Center
C2G	Citizen to Government
Demo	demokratische Gemeinde (Zeitschrift)
d. h.	das heißt
DLZ	Dienstleistungszentrum
DÖV	Die öffentliche Verwaltung (Zeitschrift)
DStGB	Deutscher Städte- und Gemeindebund
DVBL	Deutsches Verwaltungsblatt (Zeitschrift)
DuD	Datenschutz und Datensicherheit (Zeitschrift)
DVP	Deutsche Verwaltungspraxis (Zeitschrift)
EDV	Elektronische Datenverarbeitung
E-Gov.	Electronic Government
f.	folgende
ff.	fortfolgende
Fn.	Fußnote
G2G	Government to Government
G2C	Government to Citizen
G2B	Government to Business
G2N	Government to Nonprofit
Hrsg.	Herausgeber
IuK	Informations- und Kommunikationstechnik
Kap.	Kapitel
KGSt	Kommunale Gemeinschaftsstelle für Verwaltungsvereinfachung
KLR	Kosten- und Leistungsrechnung
NPM	New Public Management
NSM	Neues Steuerungsmodell
N2G	Nonprofit to Government
Nr.	Nummer
Org.	Organisation
ÖVD	Öffentliche Verwaltung und Datenverarbeitung (Zeitschrift)
s.	siehe

s. u.	siehe unten
SigG	Signaturgesetz
SWOT-Analyse	Strenghts Weaknesses Opportunities Threats
TELDIR	Telefonverzeichnis der Stadt Duisburg
u. a.	unter anderem
Verw.	Verwaltung
Verwarch.	Verwaltungsarchiv (Zeitschrift)
VDE	Verein Deutscher Elektroingenieure
Vgl.	vergleiche
VOP	Verwaltung Organisation Personal
V24	Verwaltung, die 24 Stunden am Tag erreichbar ist
VGG	Verwaltungsreform-Grundsätze-Gesetz
VM	Verwaltung und Management (Zeitschrift)
VR	Verwaltungsrundschau (Zeitschrift)
www	World Wide Web
z. B.	zum Beispiel
ZfV	Zeitschrift für Verwaltung (Zeitschrift)

Vorwort

Die vorliegende Arbeit wäre ohne die Unterstützung meiner Betreuer und meiner Eltern nicht in der heutigen Fassung möglich gewesen.

Daher gilt mein besonderer Dank meinem Erstbetreuer Herrn Prof. Dr. Gerd-Michael Hellstern, der mir immer wieder in langen Beratungsgesprächen wertvolle Anregungen gegeben hat. Wie auch bei meinen beiden Diplomarbeiten hat er mich stets mit höchster Sorgfalt bei meinem Promotionsvorhaben wissenschaftlich begleitet.

Herrn Prof. Dr. Klaus Grimmer danke ich ebenfalls herzlich für die Übernahme der Zweitbetreuung. Nicht nur in der zweijährigen Projektphase, sondern auch danach stand er mir immer mit freundlicher Unterstützung und Motivierung zur Seite. In dieser Zeit bekam ich die Möglichkeit, über den wirtschaftswissenschaftlichen „Tellerrand" hinaus zu schauen und die verwaltungswissenschaftliche Praxis näher kennen zu lernen. Ihm habe ich es zu verdanken, mich auf das Wesentliche zu konzentrieren.

Herrn Prof. Dr. Klaus Lenk danke ich für die anfänglichen Beratungsgespräche im Jahre 2002 in Oldenburg. Ebenfalls bedanke ich mich für anregende Gespräche mit Herrn Prof. Dr. Christoph Reichard in Potsdam.

Herrn Thomas Herbing, ver.di, danke ich für die herzliche Aufforderung, am 13.08.2002 in Halle über den Stand der aktuellen Verwaltungsmodernisierung einen Vortrag zu halten.

Last but not least habe ich mich für meine empirischen Erhebungen bei all meinen Interviewpartnern, die mir mit freundlicher Unterstützung entgegen kamen, zu bedanken. Dieser Dank gilt meinen Gesprächspartnern in den Kommunalverwaltungen:

- Anhalt-Zerbst
- Bremen
- Dortmund
- Duisburg
- Erfurt
- Hagen
- Karlsruhe
- Stuttgart

Die Arbeit sei meinem lieben Vater gewidmet, der sich mit Sicherheit darüber am meisten freut.

Dilek-Beyhan Albayrak   Kassel, im Juni 2005

1. Einleitung

1.1 Aufbau der Arbeit

Kapitel 1.2 stellt die Problemstellung und die Ziele der Arbeit vor. Forschungsgegenstand sind die Auswirkungen der unterschiedlichen Portale[1] auf die Bereiche Organisation, Bürgernähe, Mitarbeiterorientierung sowie Wirtschaftlichkeit. Am Beispiel von acht Kommunen soll aufgezeigt werden, wie Organisationen in ihrem Aufbau und Ablauf verbessert werden, die Verwaltungsmitarbeiter durch Verantwortungsübertragung und Motivationserhöhung mit Hilfe verschiedener Leistungsanreizsysteme effizienter und effektiver arbeiten und wie all diese Modernisierungsmaßnahmen der Bürgernähe dienen.

Kapitel 1.3 bildet mit einer zusammenfassenden Darstellung den Stand der Forschung als Ausgangspunkt der empirischen Analyse.

Grundlage der Vorgehensweise sind Fallstudien in ausgewählten Kommunen. Mit Hilfe von qualitativen Erhebungsmethoden sollen empirisch belegte Praxiserfahrungen über die Auswirkungen verschiedener Portale erhoben werden. Ein qualitativer Untersuchungsansatz erscheint am ehesten geeignet, die Vielfalt der Ansätze und Wirkungen zu erfassen.

Die meisten Kommunen haben über Jahre hinweg im Rahmen der Modernisierungsmaßnahmen zwar große Investitionen getätigt, jedoch nur selten das gesamte Spektrum von Auswirkungen untersucht. Dies erscheint verständlich, da die Kommunen sich meist noch in der Planungs- oder anfänglichen Umsetzungsphase befanden. Inzwischen sind jedoch zahlreiche Kommunen in der Umsetzungsphase und die Frage nach den Auswirkungen der verschiedenen Portale auf die Organisation, Bürgernähe, Mitarbeiterorientierung und Wirtschaftlichkeit kann vergleichend untersucht werden.

Auslöser der Verwaltungsreform sind neben den gestiegenen Anforderungen der Bürger und Verwaltungsmitarbeiter auch finanzielle Engpässe der Kommunalverwaltung. Diese Problembereiche werden im Kapitel 1.4 „Zur Genese der Modernisierung – Krisen als Auslöser" behandelt.

Für eine Portalanalyse ist es notwendig das Leistungsangebot der Kommunalverwaltungen zu kennen. Daher wird im Kapitel 1.5 auf die Leistungsangebote der Kommunen eingegangen und es werden die unterschiedlichen Formen der Inanspruchnahme von Verwaltungsleistungen vorgestellt.

Die Entwicklungen der unterschiedlichen Portale werden im Kapitel 1.6 vorgestellt.

---

[1] An dieser Stelle soll darauf hingewiesen werden, daß die Begriffe Portal und Zugang synonym verwendet werden.

Gemeinsames Ziel aller Portale ist eine Verbesserung der Bürgernähe und Mitarbeiterorientierung, sowie eine Optimierung der Organisation und der Effizienz und Effektivität. Motivation für die Entwicklung moderner Portale war vor allem die Aussicht, räumlich und zeitlich die Erreichbarkeit für die Bürger zu verbessern, sowie eine schnelle Bearbeitung der Bürgeranliegen durch Verbesserung der Geschäftsprozesse und Entlastung der Arbeitnehmer in der Verwaltung zu erreichen. Als Ergebnis wurde eine verbesserte Zufriedenheit seitens der Verwaltung und der Bürger angestrebt.

Kapitel 2 „Portalanalyse am Beispiel ausgewählter Städte" stellt die Ausgangssituationen der untersuchten Kommunen vor, sowie die bisher vorgenommenen und umgesetzten Modernisierungsmaßnahmen.

Die Begründung für die Auswahl der jeweiligen Kommunen wird im Kapitel 1.3.2 „Vorgehensweise" näher erläutert.

Drei Zugangsformen werden unterschieden:

1. Das Portal des persönlichen Zugangs

2. Das Portal des telefonischen Zugangs

3. Das Portal des elektronischen Zugangs und virtuelle Rathäuser

Das Portal des persönlichen Zugangs orientiert sich am einwohnermeldeamtähnlichen Bürgeramt der Kreisverwaltung Anhalt-Zerbst, die Bürgerdienste der Stadtverwaltung Dortmund sowie die Bürgerämter und Kundenbüros der Stadtverwaltung Hagen. (Kap. 2.1)

Das Portal des telefonischen Zugangs wird am Beispiel des bundesweit bekannten Call Centers in Duisburg sowie dem Call Center der Stadt Karlsruhe vorgestellt. Beide Call Center sind Vorzeigebeispiele der letzten zwei Jahre und wurden besonders wegen der Aktualität ausgewählt. (Kap. 2.2)

Die Analyse des elektronischen Zugangs bezieht sich auf die Online-Dienste in den Stadtverwaltungen Bremen, Stuttgart und Erfurt. Dabei wird auf die Art und Weise der Online-Dienste in den jeweiligen Kommunen eingegangen. (Kap. 2.3)

Angesichts der zunehmenden Bedeutung wird in einem Exkurs „Die Entwicklung des elektronischen Portals und E-Government" behandelt. (Kap. 2.3.4)

Mit einer Zusammenfassung über die „Portalanalyse am Beispiel ausgewählter Städte" wird der zweite Kapitel der Arbeit abgeschlossen. (Kap. 2.4)

Kapitel 3 stellt die „Wirkungsanalyse von Portalen" mit ihren empirischen Ergebnissen in den ausgewählten Kommunalverwaltungen vor.

Dabei werden jeweils die Auswirkungen auf:

1. Aufbauorganisation

2. Ablauforganisation

3. Bürgerfreundlichkeit

4. Beschäftigtenorientierung

5. Wirtschaftlichkeit

6. Effizienz und Effektivität als empirische Ergebnisse vorgestellt.

Kapitel 3.1 analysiert die Auswirkungen des persönlichen Portals in den Kommunalverwaltungen Anhalt-Zerbst, Dortmund und Hagen.

Im Kapitel 3.2 werden die Auswirkungen des telefonischen Portals in den Kommunalverwaltungen Duisburg und Karlsruhe vorgestellt.

Kapitel 3.3 stellt die Auswirkungen des elektronischen Portals in den Kommunalverwaltungen Erfurt, Bremen und Stuttgart auf die verschiedenen Bereiche nach dem gleichen Schema wie oben vor.

Eine vergleichende Zusammenfassung der Auswirkungen des persönlichen, telefonischen und elektronischen Portals auf Organisation, Bürgerfreundlichkeit, Beschäftigtenorientierung und Wirtschaftlichkeit in den acht Kommunen erfolgt im Kapitel 3.4.

Kapitel 4 „Verwaltungsmodernisierung und Perspektiven" ist in zwei Unterkapiteln aufgeteilt. Kapitel 4.1 behandelt neue Konzepte und Lösungsmöglichkeiten für die untersuchten Portale.

Im Kapitel 4.2 werden die Perspektiven der Verwaltungsmodernisierung behandelt.

Eine kurze Zusammenfassung des Kapitels 4 „Verwaltungsmodernisierung und Perspektiven erfolgt im Kapitel 4.3 der Arbeit.

Ein Überblick über die Ergebnisse der Untersuchungen und der gesamten Arbeit ist im Kapitel 5 „Resümee und Zusammenfassung" vorzufinden.

1.2 Problemstellung und Ziel der Arbeit

1.2.1 Problemstellung

Verwaltungsreformen sind nicht neu. In den 70'er Jahre standen die Gebietsreformen auf der politischen Tagesordnung[2], heute ist jedoch ein sehr viel grundsätzlicher globaler Trend der Umgestaltung der Verwaltung zu beobachten.[3] Über die

---

[2] Vgl. Wagener, Frido. Vom Neubau zur Pflege – wohin entwickelt sich unser Verwaltungssystem? In: Wagener, Frido (Hrsg.) Zukunftsaspekte der Verwaltung. 1980. S. 21ff.

[3] Vgl. Grimmer, Klaus / Werner, Rita. Innovation in öffentlichen Verwaltungen. 1997. S. 8f.; Ellwein, Thomas. Das Dilemma der Verwaltung. Verwaltungsstruktur und Verwaltungsreformen in Deutschland. 1994. S. 67ff.; Naschold, Frieder / Jann, Werner / Reichard, Christoph. Innovation, Effektivität, Nachhaltigkeit. 1999. S. 13.

Reformnotwendigkeit der öffentlichen Verwaltung besteht weitgehend Einigkeit. Das „Zögern" entsteht erst, wenn es um die Konzipierung und Umsetzung geht.[4] Öffentliche Verwaltungen stehen zunehmend unter ökonomischen Druck.[5] Ein zentrales Ziel der gegenwärtigen Verwaltungsmodernisierung ist der Einsatz privatwirtschaftlicher Managementinstrumente[6] wie die Verselbständigung und Dezentralisierung von Verwaltungseinheiten[7], die Einführung von Kosten- und Leistungsrechnung, der Leistungsmessung und -bewertung.[8] Effizienz und Effektivität sollen verbessert werden. Attribute, wie die Kopplung von Fach- und Ressourcenverantwortung, Budgetierung, Bürger- und Kundenorientierung sowie Dezentralisierung und Wirtschaftlichkeit kennzeichnen die gegenwärtige Verwaltungsmodernisierung.[9] Die Verfolgung und Umsetzung dieser Ziele erfolgt nicht problemlos.[10] Je nach vorherrschendem Leitbild liegen der Reform unterschiedliche Konzepte zugrunde, je nachdem, ob die Verwaltung als hoheitliche Verwaltung oder als Dienstleisterin für Bürgerinnen[11] und Bürger oder als „Unternehmen", betrachtet wird.[12]

Aber auch ohne eine explizite Reformkonzeption unterliegt die Verwaltung durch den Anpassungsdruck der Wirtschaft, Wissenschaft und Technik einem gewaltigen Veränderungsdruck, der durch die Dynamik der Wissensgesellschaft, Internationalisierung und Globalisierung verursacht wird.[13]

---

[4]   Vgl. Kißler, Leo. Anders verwalten – aber wie? Technik, Qualifikation und Beteiligung als Gestaltungsfelder. In: Kißler, Leo / Bogumil, Jörg / Wiechmann, Elke (Hrsg.) Anders verwalten. 1993. S. 13ff.

    Hill, Hermann. Pro und Contra: Modernisierung der öffentlichen Verwaltung. In: Die innovative Verwaltung. 1995, Heft 1, S. 12ff.

[5]   Vgl. Grimmer, Klaus / Kneissler, Thomas. Mehr Verwaltung – weniger Kompetenz? In: Reichard, Christoph / Wollmann, Hellmut (Hrsg.) Kommunalverwaltung im Modernisierungsschub? 1996. S. 78.

[6]   Vgl. Banner, Gerhard. Von der Behörde zum Dienstleistungsunternehmen: Die Kommunen brauchen ein neues Steuerungsmodell. In: Verwaltung, Organisation, Personal. 1991, Heft 1, S. 6f.

[7]   Vgl. Grimmer, Klaus. Innovationen in Kommunalverwaltungen. In: Franz, Martin (Hrsg.) Kommunale Modernisierung: Im Kleinen wie im Großen? 1994. S. 4f.

[8]   Vgl. König, Klaus. Kritik öffentlicher Aufgaben. 1989. S. 14ff.

[9]   Vgl. Wollmann, Hellmut. Verwaltungsmodernisierung: Ausgangsbedingungen, Reformanläufe und aktuelle Modernisierungsdiskurse. In: Reichard, Christoph / Wollmann, Hellmut (Hrsg.) Kommunalverwaltung im Modernisierungsschub? 1996. S. 9ff.; Grüning, Gernod. Grundlagen des New Public Management. 2000. 405ff.

[10]   Vgl. Kißler, Leo. Anders verwalten – aber wie? Technik, Qualifikation und Beteiligung als Gestaltungsfelder. In: Kißler, Leo / Bogumil, Jörg / Wiechmann, Elke (Hrsg.) Anders verwalten. 1993. S. 13ff.

[11]   An dieser Stelle soll hingewiesen werden, daß im folgenden aus Stilgründen nur noch die männliche Form verwendet wird. Gemeint sind selbstverständlich auch die Frauen.

[12]   Vgl. Wollmann, Hellmut. Verwaltungsmodernisierung: Ausgangsbedingungen, Reformanläufe und aktuelle Modernisierungsdiskurse. In: Reichard, Christoph / Wollmann, Hellmut (Hrsg.) Kommunalverwaltung im Modernisierungsschub? 1996. S. 34ff.

[13]   Vgl. Ellwein, Thomas. Das Dilemma der Verwaltung. 1994. S. 83.

Daher befinden sich öffentliche Verwaltungen seit Jahren in einem Modernisierungsprozeß. Obgleich viele Modernisierungsmaßnahmen bereits implementiert worden sind, gilt die öffentliche Verwaltung immer noch als umständlich, inneffizient, bürokratisch, bürgerunfreundlich und teuer.[14] Dabei geht es hauptsächlich um die Ziele:

- Ressourceneinsparungen und Qualitätssteigerungen,

- Kunden- bzw. Bürgerorientierung,[15]

- Mitarbeiter- bzw. Beschäftigtenorientierung[16] in öffentlichen Verwaltungen.[17]

In zahlreichen Untersuchungen wurden Bürgerorientierung, Mitarbeiterorientierung oder die Optimierung der öffentlichen Ressourcen analysiert.

Diese Untersuchungsansätze analysierten die Auswirkungen von Modernisierungsmaßnahmen auf die Bürger oder Mitarbeiter jedoch meist isoliert.

Eine ganzheitliche Betrachtung der Modernisierungsmaßnahmen, die sowohl die Auswirkungen auf die Bürger bzw. Kunden, Verwaltungsbeschäftigten, als auch auf die Organisation und Wirtschaftlichkeit der Verwaltung berücksichtigt, hat bislang gefehlt. So wurden beispielsweise die Auswirkungen von Bürgerbüros (BB) auf die Bürger, aber nicht auf die Verwaltungsbeschäftigten bzw. Arbeitnehmer (AN), Organisation (Org.) und Wirtschaftlichkeit der Verwaltung erhoben. Diese isolierten Betrachtungen von Auswirkungen auf einen bestimmten Bereich können jedoch Wechselwirkungen zwischen den Zielen einer Modernisierung nicht erfassen. Ziel der vorliegenden Untersuchung ist es, die Auswirkungen der Portale in der öffentlichen Verwaltung auf Bürgernähe, Mitarbeiterorientierung, Organisation und Wirtschaftlichkeit der Verwaltung in ihren gegenseitigen Folgewirkungen zu untersuchen.

Die folgenden Abbildungen machen den Unterschied zwischen den traditionellen Untersuchungskonzepte und dem ganzheitlichen Untersuchungsansatz deutlich.[18]

---

[14] Vgl. Grimmer, Klaus. Öffentliche Verwaltung in Deutschland. 2004. S. 50.
[15] Zur Differenzierung der Bezeichnungen Kunden- und Bürgerorientierung vgl. Bogumil, Jörg / Kißler, Leo. Vom Untertan zum Kunden. 1995. S. 12ff.
[16] An dieser Stelle soll erwähnt werden, daß die Begriffe Mitarbeiter, Verwaltungsmitarbeiter, Verwaltungsbeschäftigte, Verwaltungspersonal synonym verwendet werden. Es sind damit keinesfalls die Mitarbeiter aus der privaten Wirtschaft gemeint.
[17] Vgl. Banner, Gerhard. Kommunale Verwaltungsmodernisierung: Wie erfolgreich waren die letzten zehn Jahre? In: Schröter, Eckhard (Hrsg.) Empirische Policy- und Verwaltungsforschung. 2001. S. 283.
[18] Siehe hierzu auch die Synopse im Kapitel 1.3.1 Stand der Forschung.

BB	CC	E-Gov	BB	E-Gov.	BB
↓	↓	↓	↓	↓	↓
AN	AN	AN	Bürger	Bürger	Org. ...

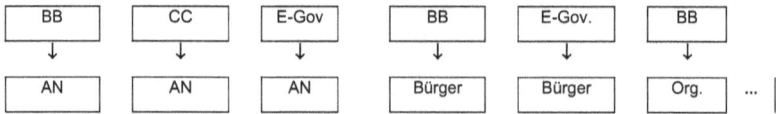

Abb. 1: Traditionelle Untersuchungskonzepte zur Analyse von Auswirkungen von Reformen auf Bürger, Arbeitnehmer und Organisation.

Quelle: Eigene Darstellung

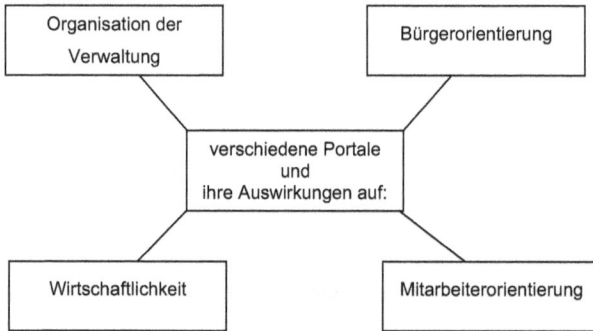

```
   Organisation der            Bürgerorientierung
     Verwaltung

             verschiedene Portale
                     und
             ihre Auswirkungen auf:

   Wirtschaftlichkeit          Mitarbeiterorientierung
```

Abb. 2: Der ganzheitliche Untersuchungsansatz der vorliegenden Arbeit

Quelle: Eigene Darstellung

1.2.2   Ziel der Arbeit

Ziel der vorliegenden Arbeit ist es, verschiedene Zugangsmöglichkeiten zu den Verwaltungen aufzuzeigen und deren Wirkungen auf die Bereiche Organisation, Mitarbeiterorientierung, Bürgernähe und Wirtschaftlichkeit in der Verwaltung herauszuarbeiten.

Dies erfordert eine Diskussion, sowohl der Sicht der Verwaltungsmitarbeiter und Bürger, als auch eine Analyse der Anforderungen an Organisation und Wirtschaftlichkeit der jeweiligen Kommunalverwaltung.

Empirisch und praxisnah sollen im Haupt- und Kernteil der Arbeit die folgenden Fragen diskutiert werden:

A: Leitfragen zur Personalentwicklung

- Was muß die Verwaltungsmodernisierung beinhalten und wie soll sie gestaltet werden, damit der einzelne Beschäftigte sie nicht als Arbeitsplatzgefährdung erlebt, sondern sie positiv unterstützt?

- Wie kann trotz sinkender finanzieller Ressourcen und erschwerten Arbeitsbedingungen, die Bereitschaft zu Modernisierungsmaßnahmen gesteigert, der Handlungsspielraum erweitert und die individuelle Verantwortungsbereitschaft und die Motivation der Beschäftigten erhöht werden?

- Wie kann die Nachhaltigkeit von Modernisierungsmaßnahmen gesichert werden, so daß die erreichten Vorteile der Modernisierungsmaßnahmen auch kontinuierlich erhalten bleiben und bei den Verwaltungsbeschäftigten der Eindruck von „Modernisierungsmoden" vermieden wird?

B: Leitfragen zur Bürgerorientierung

- Welche Maßnahmen sind notwendig, um den Bürgern die Vorzüge der Modernisierung zu vermitteln, so daß die Identifizierung mit der Dienstleistungskommune und das Vertrauen zu modernen Dienstleistungen gesichert ist und sie sich nicht in einer „Modernisierungsflut" verloren fühlen?

- Wie sind Portale für die Bürger zu gestalten, damit sie unkompliziert die qualitativ bestmögliche Leistung erhalten?

C: Leitfragen zur Organisation der Verwaltung

- Wie müssen Geschäftsprozesse verändert oder an die neuen Gegebenheiten angepaßt werden?

- Welche Auswirkungen haben die verschiedenen Portale auf die Aufbauorganisation der Verwaltung?

- Welche Auswirkungen entstehen durch die verschiedenen Portale für die Ablaufprozesse in der Verwaltung?

D: Leitfragen zur Wirtschaftlichkeit der Verwaltung

- Welche Auswirkungen haben die verschiedenen Portale auf die Wirtschaftlichkeit einer Verwaltung?

- Wie kann bei gleichbleibenden Ressourcen die Qualität der Verwaltungsleistungen gesteigert werden?

- In welchem Maße kann Wettbewerb die Wirtschaftlichkeit einer Verwaltung beeinflussen?

Grundlage der Analyse bilden exemplarische Fallstudien, die kritisch-konstruktiv Praxiserfahrungen auswerten, um Ansatzpunkte für eine zukünftige Durchführung und Umsetzung von Modernisierungsmaßnahmen aufzuzeigen.

1.3 Forschungsstand und Vorgehensweise

1.3.1 Stand der Forschung

Die Literatur zum NPM und NSM wird zunehmend unüberschaubar.[19] Die Auswirkungen automatisierter Datenverarbeitung auf die Binnenstruktur, Benutzer, das Verwaltungspersonal und die Wirtschaftlichkeit wurden schon in den 70er und 80er Jahre untersucht.[20] Die Portale in der öffentlichen Verwaltung wurden ebenfalls in den letzten Jahren ausführlich behandelt.[21] Aktuelle empirische Befunde und Beiträge, die Aufschluß sowohl über die verschiedenen Portale in der öffentlichen Verwaltung als auch ihre Wirkungen auf Organisation, Beschäftigten, Bürger und Wirtschaftlichkeit zeigen, sind dagegen eher „Mangelware". Eine Analyse aktueller Literatur und Praxis zeigt, daß die Mehrzahl der Kommunen nicht mehr in der Planungs- und Konzeptionsphase sind, sondern sich inzwischen in der Umsetzungsphase von Modernisierungsmaßnahmen befinden.[22] Gerade in dieser Phase ist es von besonderer Bedeutung, die Wirkungen der verschiedenen Portale der öffentlichen Verwaltung zu untersuchen und daraus Schlüsse zu ziehen.

---

[19] Vgl. Jann, Werner u.a. Status-Report Verwaltungsreform. 2004. S. 54f.

Kißler, Leo / Bogumil, Jörg / Greifenstein, Ralph / Wiechmann, Elke. Moderne Zeiten im Rathaus. 1997. S. 28ff. Banner, Gerhard. Kommunale Verwaltungsmodernisierung: Wie erfolgreich waren die letzten zehn Jahre? In: Schröter, Eckhard (Hrsg.) Empirische Policy- und Verwaltungsforschung. Lokale, nationale und internationale Perspektiven. Festschrift für Hellmut Wollmann. 2001. S. 279ff.

Reichard, Christoph / Röber, Manfred. Konzept und Kritik des New Public Management. In: Schröter, Eckhard (Hrsg.) Empirische Policy- und Verwaltungsforschung. Lokale, nationale und internationale Perspektiven. Festschrift für Hellmut Wollmann. 2001. S. 382. Hill, Hermann / Klages, Helmut. Wege in die neue Steuerung. 1996.

[20] Vgl. Brinckmann, Hans / Grimmer, Klaus / Lenk, Klaus / Rave, Dieter. Verwaltungsautomation. Thesen über Auswirkungen automatisierter Datenverarbeitung auf Binnenstruktur und Außenbeziehungen der öffentlichen Verwaltung. 1974. Grimmer, Klaus. Die Anwendung automatischer Datenverarbeitung in der öffentlichen Verwaltung. Entwicklungen und Auswirkungen. In: Bürgerdaten oder Datenbürger. 1976. S. 19-59. Grimmer, Klaus. Auswirkungen der Verwaltungsautomation auf Verwaltungsleistungen. In: Garstka, Hansjürgen / Schneider, Jochen / Weigand, Karl-Heinz (Hrsg.): Verwaltungsinformatik. 1980. S. 335-346. Grimmer, Klaus. Folgen des Einsatzes neuer Techniken in der Praxis der öffentlichen Verwaltung. In: Braun, Hans (Hrsg.): Technikbewertung im öffentlichen Dienst. 1989. S. 132-144.

[21] Vgl. Reinermann, Heinrich / Lucke, Jörn von. Portale in der öffentlichen Verwaltung. 2002.

Abele, Petra / Brinckmann, Hans / Grimmer, Klaus. BürgerBüros als innovative kommunale Serviceagenturen. 1995. Kißler, Leo. Das kleine Rathaus. Kundenorientierung und Produktivitätssteigerung durch den Bürgerladen Hagen. 1994. Helber, Stefan / Stolletz, Raik. Call Center Management in der Praxis. 2004. Schümann, Florian. Arbeitszufriedenheit und Wirtschaftlichkeit von Call Centern. 2003.

Feil, Hans-Joachim. Die telefonische Erreichbarkeit der Stadt. 2002. Halves, Jan-Peter. Call Center in Deutschland. 2001. Trauner, Gudrun. E-Government. Informations- und Kommunikationstechnik in der öffentlichen Verwaltung. 2002. Reinermann, Heinrich. Der öffentliche Sektor im Internet. 2000.

[22] Vgl. Deutscher Städtetag (Hrsg.) Städte auf dem Reformweg. Materialien zur Verwaltungsreform. Reihe A, Beiträge zur Kommunalpolitik, Heft 22, 1996. Wichmann, Manfred. Verwaltungsmodernisierung in kleineren und mittleren Kommunen. 1997. In: Kommunales Management im Wandel. S. 205ff.

Denn erst in dieser Phase können – anstelle von prognostizierten Werten – die realen Wirkungen der verschiedenen Portale auf die Beschäftigten, die Bürger aber auch auf die Wirtschaftlichkeit und Organisation der Verwaltung festgestellt werden.

Die folgende Synopse dokumentiert die Publikationen der letzten zehn Jahre zum Forschungsstand der hier untersuchten Portale in der öffentlichen Verwaltung.

In dieser Zusammenstellung wichtiger Forschungen und Veröffentlichungen konnten nicht alle Analysen und Beiträge erfaßt werden. Eine vollständige Auflistung ist nicht Gegenstand der Arbeit und würde quantitatv ihren Rahmen sprengen.

Die Synopse dieser Forschungen verdeutlicht jedoch die Vielzahl der Ansätze zum Thema. Allerdings wurden die Ziele und Maßnahmen der Reform meist isoliert betrachtet, eine vergleichende Analyse der Auswirkungen der verschiedenen Portale fehlt bisher.

Die folgende Synopse systematisiert die Forschungsliteratur nach:

Zugangsformen

- Bürgerämter, Bürgerbüros

- Call Center

- Elektronische Dienste und E-Government

Modernisierungsschwerpunkte:

- Organisation

- Bürgerorientierung

- Mitarbeiterorientierung

- Personalmanagement

- Wirtschaftlichkeit

- NSM / NPM

- Informationstechnik und Geschäftsprozesse

- Internationale Trends

Modernisierungsmaßnahmen in den einzelnen Verwaltungsebenen:

- Kommunen

- Länder / Neue Bundesländer

- Bund

Synopse von Publikationen der letzten 10 Jahre

Bürgerämter / Bürgerbüros

Untersuchungsgegenstand	Autoren	Buchtitel	Jahr
Kundenorientierung und Produktivitätssteigerung durch den Bürgerladen Hagen	Kißler, Leo	Das kleine Rathaus	1994
BürgerBüro	Lenk, Klaus; Klee-Kruse, Gudrun	Das BürgerBüro: Konzeptentwicklung für kommunale Dienstleistungsagenturen im ländlichen Raum	1994
Einwohnerservice	Abele, Petra; Brinckmann, Hans; Grimmer, Klaus	Einwohnerservice in den Stadtbezirken	1995
Bürgerbüros	Klee-Kruse, Gudrun; Lenk, Klaus	BürgerBüros als innovative kommunale Serviceagenturen	1995
Bürgerämter	Abele, Petra; Gerstlberger, Wolfgang	Das Ende der Schalterhallen. Bürgerämter als neues Gesicht der Verwaltung	1995
Bürgeramt der Stadt Unna	Dunker, Klaus	Das Bürgeramt der Stadt Unna als zukunftsweisendes Verwaltungskonzept	1996
Multifunktionale Serviceläden	Lenk, Klaus	Multifunktionale Serviceläden und Televerwaltung als Vorboten einer kooperativen und virtuellen Verwaltung	1997
Bürgeramt Berlin	Hohn, Stefanie	Der Reformprozeß in der öffentlichen Verwaltung vor dem Hintergrund der Informationsgesellschaft	1997
Bürgeramt	Städtetag	Geschäftsprozeßoptimierung im Bürgeramt	1997
Bürgeramt	Sensburg, Patrick	Publikumsumfrage Bürgeramt	1997
Bürgeramt Mellrichstadt	Körner, Beatrix	Das Bürgeramt von Mellrichstadt	1997
Rechtsfragen einer neuen Binnenstruktur kommunaler Verwaltung	Kirchhof, Ferdinand	Die Einrichtung von Bürgerämtern in Gemeinden und Kreisen	1998
Bürgeramt Trier	Sensburg, Patrick	Das Bürgeramt als Teil der kommunalen Verwaltungsreform am Beispiel Trier	1998
Bürgerämter	Kühnlein, Gertrud	Beschäftigung in Bürgerämtern	1998
Bürgerbüros, multifunktionale Serviceläden	Lenk, Klaus	„BürgerBüros" in der Verwaltungsgemeinschaft Bismark	1999
Bürgerämter gestalten	Abele, Petra	Bürgerämter gestalten. Dienstleistungen – Räume – Partizipation	1999
Neue Wege in der kommunalen und privaten Dienstleistung	Fobe, Karin; Rieger-Genenning, Kathrin	Bürgerämter und Nachbarschaftsläden	1999
Bürgerämter	KGSt	Bürgerämter. Eine Materialsammlung	1999
Bürger-Büro Bismark	Kregel, Bernd	Bürger-Büro Bismark	1999
Bürgeramt	Didzilatis, Jens	Einrichtung eines Bürgeramtes	1999
Bürgeramt Hannover-Südost	Stadt Hannover	Bürgergutachten: Bürgeramt Hannover-Südost	1999

Bürgerämter	Kraemer, Dieter	Bürgerämter sind nur der Anfang	2000
Multifunktionale Serviceläden	Lenk, Klaus	Multifunktionale Serviceläden: ein Modellkonzept für die öffentliche Verwaltung im Internet-Zeitalter	2000
Bürgeramt	Stadt Hagen	Viel Service aus einer Hand. Umfrage im zentralen Bürgeramt	2000
Multifunktionale Serviceläden	Lenk, Klaus; Klee-Kruse, Gudrun	Multifunktionale Serviceläden	2000
Bürgercenter	Wagner, Theodor	Mit Bürgercentern flexibel auf die Bedürfnisse eingehen	2001
Internet, Call Center, Bürgerbüro	Reinermann, Heinrich; Lucke, Jörn von	Portale in der öffentlichen Verwaltung	2002
Kundenorientierung in Bürgerbüros	Margies, Burkhard	Kundenorientierung in Bürgerbüros kleinerer Gemeinden	2002
Hochleistungsportale	Reinermann, Heinrich; von Lucke, Jörn	Hochleistungsportale für die öffentliche Verwaltung	2002
Aufgabenbündelung	Grömig, Erko	Bündelung verschiedener Aufgaben an einem Arbeitsplatz	2003

Call Center

Servicequalität am Telefon	Töpfer, Armin; Greff, Günter	Servicequalität am Telefon	1995
Den telefonischen Kundenservice erfolgreich organisieren	Wiencke, Wolfgang; Koke, Dorothee	Call-Center-Praxis	1997
Telearbeit und Call-Center	Bullinger, Hans-Jörg	Effiziente Arbeitsorganisation durch Telearbeit und Call-Center	1998
Gestaltung von Call Center	Heß, Klaus u.a.	Call Center. Handlungshilfe zur Gestaltung von Call Centern und Regelung automatischer Anrufverteilsysteme	1999
Erfolgsstrategien für serviceorientiertes Call-Center-Management	Schrick, Kirsten	Das innovative Call Center	1999
Praxisorientierte Marktstudie Call Center	Ottomann, Hans	Erfolgsfaktor Einrichtung im Call Center	1999
Räumliche Analyse einer standortunabhängigen Dienstleistung	Halves, Jan-Peter	Call Center in Deutschland	2001
Telearbeit	Liere, Heinke	Telearbeit – eine innovative Arbeitsform mit vielen Vorteilen	2001
Internet, Call Center, Bürgerbüro	Reinermann, Heinrich; Lucke, von Jörn	Portale in der öffentlichen Verwaltung	2002
Call Center Hamburg	Körs, Anna; von Lüde, Rolf; Nerlich, Mark	Call Center Markt Deutschland. Das Fallbeispiel Hamburg	2002
Möglichkeiten zur Verbesserung kommunaler Call Center	Feil, Hans-Joachim	Die telefonische Erreichbarkeit der Stadt	2002
Qualitätsanforderungen und Entwicklungstendenzen von Call Centern	Baumeister, Hella	Call Center in Bremen	2002
Kommunale Call Center	Feil, Hans-Joachim	Die telefonische Erreichbarkeit der Stadt	2002
Aufbau, Organisation und Führung	Hugo, Hubert	Call Center Management	2002

Telearbeit	Grömig, Erko	Telearbeit in der Kommunalverwaltung	2002
Call Center	Hild, Paul	Call Center	2002
Multimedia und Call Center	Grewenig, Ingo	Multimedia und Call Center	2002
Planung und Gestaltung von Call Centern	Sust, Charlotte A.	Call Center Design	2002
Wirtschaftlichkeit von Call Centern	Schümann, Florian	Arbeitszufriedenheit und Wirtschaftlichkeit von Call Centern	2003
Tätigkeitsstrukturen, Belastungen und Ressourcen	Timm, Elke	Arbeit im Call Center	2003
Wirtschaftlichkeit von Inbound-Call Centern	Schümann, Florian	Arbeitszufriedenheit und Wirtschaftlichkeit von Call Centern	2003
Kundeninteraktionsprozesse	Zapf, Michael	Flexible Kundeninteraktionsprozesse im Communication Center	2003
Virtuelle Unternehmen	Hegewald, Björn	Virtuelle Unternehmen: eine funktionsübergreifende Analyse	2003
Call Center	Büschelberger, Annette	Planungsqualität und Prozeßinnovationen	2004
Telefonzentrale	Leicher, Rolf	Telefonzentrale und Besucherempfang	2004
Erfolgreiche Call Center	Fojut, Simone	Call Center Excellence	2004
Teamarbeit in Call Centern	Busch, Christine	Streßmanagement für Teams: Entwicklung und Evaluation eines Trainings in Call Center	2004
Strukturen und Prozesse in Call Centern	Helber, Stefan; Stolletz, Raik	Call Center Management in der Praxis	2004
Arbeitsbedingungen in Call Centern	Benninghoven, Alfred; Tielsch, Rainer	Gesünder arbeiten in Call Centern	2004
Call Center Benchmarking	Meyer, Anton	Call Center Benchmarking. Was die Besten anders machen und wie Sie davon profitieren können	2005

Virtuelle Dienste und E-Government

Aspekte digitaler Signaturen	Michels, Markus	Kryptologische Aspekte digitaler Signaturen und elektronischer Wahlen	1996
Partizipation und Informationssysteme	Lenk, Klaus	Partizipationsunterstützung durch Informationssysteme	1997
E-Government und Innovationen	Lenk, Klaus	Electronic Government als Schlüssel zur Innovationen	1999
E-Government	Lenk, Klaus; Traunmüller, Roland	Electronic Government als ganzheitlicher Ansatz	2000
Gestaltung der Verwaltungsarbeit	Lenk, Klaus	Ganzheitliche Gestaltung der Verwaltungsarbeit als Schlüssel zu Electronic Government	2000
Internet und Datenschutz	Nedden, Burckhard	Vom Bürgerbüro zum Internet. Empfehlungen zum Datenschutz des Bundes und Länder	2000
E-Government und Recht	Bock, Christian	E-Government und Recht	2000

Veränderungen der Muster öffentlicher Verwaltungen	Reinermann, Heinrich	Der öffentliche Sektor im Internet	2000
E-Government	Lenk, Klaus; Traunmüller, Roland	E-Government – Ein Wegweiser	2001
E-Government	Schuppan, Tino	E-Government verändert Staat und Verwaltung	2001
E-Government	Jansen, Stephan A.; Priddat, Birger P.	Electronic Government	2001
Virtuelles Rathaus	Landsberg, Gerd	Mit dem virtuellen Rathaus fit für die Zukunft	2001
Internet und Verwaltung	Boehme-Nessler, Volker	Electronic Government: Internet und Verwaltung	2001
Ziele, Barrieren, Beispiele, Umsetzung	Reinermann, Heinrich; Lucke, Jörn von	Electronic Government in Deutschland	2002
E-Government	Schuppan, Tino	E-Government: Scharnier für den Wandel	2002
Neue Verwaltungsmodelle	Reichard, Christoph; Schuppan, Tino	Neue Verwaltungsmodelle braucht das (Flächen)Land: Verwaltungsmodernisierung mit E-Government	2002
E-Government	Reichard, Christoph; Schuppan, Tino	E-Government: Von der Mode zur Modernisierung	2002
E-Government	Daum, Ralf	Electronic Government in Kommunalverwaltungen	2002
Elektronische Verwaltungsreform	Mehlich, Harald	Electronic Government: Die elektronische Verwaltungsreform	2002
Geschäftsprozesse im E-Government	Meir, Joel	Geschäftsprozesse im E-Government	2002
E-Government-Aktivitäten	Penning-Proggenbeck, Jörg;Schuppan,Tino u.a.	Die E-Government-Aktivitäten Brandenburger Kommunen	2003
Online-Transaktionen	Bredow, Bianca von	Sichere Online-Transaktionen im Bereich von Electronic Government	2003
Integrierte Verwaltung	Lukaschewski, Karsten	Neue Wege zur integrierten Verwaltung	2003
E-Gesellschaft	Paul, Hansjürgen	Auf dem Weg in die E-Gesellschaft	2003
Wertschöpfungsprozesse und E-Government	Behjat, Shahab	Wertschöpfungsprozesse der öffentlichen Verwaltungen als Grundlage von E-Government	2003
E-Government	Traunmüller, Roland	Von der Verwaltungsinformatik zum E-Government	2004
(Neue) Bilder der Verwaltung	Hill, Hermann	(Neue) Bilder der Verwaltung	2004
Verwaltungsinformatik	Lenk, Klaus	Verwaltungsinformatik als Modernisierungschance	2004
Content Management	Rolles, Roland	Content Management in der öffentlichen Verwaltung	2004
Electronic Government und die Zukunft der öffentlichen Verwaltung	Lenk, Klaus	Der Staat am Draht	2004
Datenschutz	Yildirim, Nuriye	Datenschutz im Electronic Government	2004

25

Die elektronische Signatur	Skrobotz, Jan	Das elektronische Verwaltungs-verfahren	2005
E-Government	Passade, Kerstin; Labusch, Sonja	Bewertung des E-Government-Ansatzes als Instrument zur Modernisierung der öffentlichen Verwaltung	2005
Moderne Bürgerinformation	Müller, Ewald; Wetterich, Susanne	Rathaus im Klartext. Moderne Bürgerinformation	2005
Konzept zur innovativen Neuge-staltung	Schwiering, Katrin	Electronic Government	2005
Das Metaportal	Salzmann, Michael	E-Government als Geschäfts-modell. Das Metaportal	2005
E-Government	Asghari, Reza	E-Government in der Praxis	2005

Organisation

Anforderungen an das Personal- und Organisationsmanagement	Becker, Kai; Hansen, Peter	Die Reform in der öffentlichen Verwaltung	1997
Institutionelle Leistungsfähigkeit von Verwaltungsorganisationen	Gerstlberger, Wolfgang; Grimmer, Klaus; Kneissler, Thomas	Institutionelle Leistungsfähigkeit von Verwaltungsorganisationen	1997
Gestaltung öffentlicher Verwaltun-gen	Grimmer, Klaus	Struktur und Innovation	1997
Oganisationswandel	Budäus, Dietrich	Organisationswandel öffentlicher Aufgabenwahrnehmung	1998
Organisationsentwicklung	Schiedner, Felix	Modernisierung ohne Organisa-tionsentwicklung	2000
Politik in Organisationen	Bogumil, Jörg; Schmid, Josef	Politik in Organisationen	2001
Organisationswandel	Osner, Andreas	Organisationswandel: von der vertikalen zur horizontalen Ver-waltungsführung	2001
Lernende Organisation	König, Rainer; Berger, Christian; Feldner, Juliane	Die Kommunalverwaltung als lernende Organisation	2001
Organisationales Lernen	Barthel, Christian Grahm, Wolfgang	Der Prozess der Organisations-veränderung	2004

Bürgerorientierung

Wertewandel	Klages, Helmut	Perspektiven der Wertewandel-gesellschaft	1993
Kundenorientierung und Produkti-vitätssteigerung durch den Bürger-laden Hagen	Kißler, Leo	Das kleine Rathaus	1994
Kundenorientierung	Bogumil, Jörg; Kißler, Leo	Vom Untertan zum Kunden? Möglichkeiten und Grenzen von Kundenorientierung in der Kom-munalverwaltung	1995
Bürgerengagement, Wertorientie-rung	Gensicke, Thomas	Deutschland im Übergang –Le-bensgefühl, Wertorientierungen, Bürgerengagement	2000

Bürgerzufriedenheit	Fallberg, Andra	Bürgerzufriedenheit messen und optimieren	2000
Kundenorientierung	Popp, Thomas	Eingriffsverwaltung contra Kundenorientierung?	2000
Bürger-Behörden-Kontakt	Raithel, Jürgen	Bürger-Behörden-Kontakt	2001
Bürgerorientierung	Pröhl, Marga et. al.	Bürgerorientierte Kommunen in Deutschland	2002

Mitarbeiterorientierung

Mitbestimmung	Kißler, Leo; Greifenstein, Ralph; West, Klaus W.	Erneuerung der Mitbestimmung durch demokratische Partizipation	1997
Arbeitnehmervertretung	Killian, Werner; Schneider, Karsten	Arbeitnehmervertretung im „Konzern Stadt"	1999
Beschäftigtenbeteiligung	Kißler, Leo u.a.	Nachhaltige Partizipation. Beschäftigtenbeteiligung als Beitrag für mehr Chancengleichheit	2000
Partizipation	Kißler, Leo; Wiechmann, Elke	Partizipation im Rathaus auf dem Prüfstand von Forschung und Praxis	2001
Mitarbeiterzufriedenheit	Kail, Günter	Mitarbeiterzufriedenheit beeinflußt die Leistung	2001
Interessenvertretung im „Konzern Stadt"	Schneider, Karsten; Böck, Kathrin; Killian, Werner; Kneissler, Thomas	Interessenvertretung im „Konzern Stadt"	2001
Arbeitspolitik im „Konzern Stadt"	Schneider, Karsten	Arbeitspolitik im „Konzern Stadt"	2002
Mitarbeiterbefragung	Klages, Helmut; Masser, Kai	Mitarbeiterbefragung in der saaländischen Landesverwaltung	2002
Modernisierungsstrategien und deren Auswirkungen auf die Beschäftigten	Bandemar, Stephan von	Der öffentliche Sektor im Wandel	2002
Mitarbeiterzufriedenheit und Kundenorientierung	Bandemar, Stephan von u.a.	Arbeit im Dienstleistungssektor – Arbeitsorganisation, Mitarbeiterzufriedenheit und Kundenorientierung	2002
Auswirkungen der Verwaltungsreform auf das Verwaltungspersonal	Berg, Frank	Verwaltungsreform und Personal in Brandenburg	2002

Personalmanagement

Situation und Perspektiven der Fortbildung	Kühnlein, Gertrud; Wohlfahrt, Norbert	Leitbild lernende Verwaltung?	1995
Personalentwicklungs- und Qualifizierungskonzepte in der Kommunalverwaltung	Kühnlein, Gertrud; Wohlfahrt, Norbert	Zwischen Mobilität und Modernisierung	1995
Personalmanagement	Reinermann, Heinrich; Unland, Holger	Die Beurteilung – von Ritual zum Personalmanagement	1997
Personalmanagement	Reinermann, Heinrich; Unland, Holger	Die Beurteilung – vom Ritual zum Personalmanagement	1997
Personalmanagement	Wagner, Dieter u. a.	Personal und Personalmanagement in der modernen Verwaltung	1998

Internationale Recherchen und Fallbeispiele hinsichtlich lernende Organisation	Pröhl, Marga	Die lernende Organisation- Vertrauensbildung in der Kommunalverwaltung	1998
Personalmanagement	Wagner, Dieter	Personal und Personalmanagement in der modernen Verwaltung	1998
Strategisches Personalmanagement	Ridder, Hans-Gerd u. a.	Strategisches Personalmanagement in öffentlichen Verwaltungen	2000
Sechs Regeln für die Personalentwicklung	Bumiller, Meinrad	Der Beschäftigte in der Wissensgesellschaft	2001
Personalmanagement	Lorse, Jürgen u. a.	Personalmanagement im öffentlichen Dienst	2001
Personalentwicklung	Fedrow, Thomas	Personalentwicklung im Veränderungsprozeß	2003
Profis für Personalentwicklung	Drescher, Anne	Verwaltungen brauchen Profis für die Personalentwicklung	2003
Entwicklung der Beschäftigten	Flendt, Maria	Rotation fördert die Entwicklung der Beschäftigten	2003
Personalentwicklung	Fedrow, Thomas	Personalentwicklung ist Basis für Veränderungsprozesse	2004
Organisations- und Personalarbeit	Hopp, Helmut; Göbel, Astrid	Management in der öffentlichen Verwaltung.	2004

Wirtschaftlichkeit

Rechnungslegung der öffentlichen Verwaltung	Löw, Edgar	Die externe Rechnungslegung der öffentlichen Verwaltung	1994
Öffentliches Rechnungswesen	Lüder, Klaus; Kampmann, Brigitte	Harmonisierung des öffentlichen Rechnungswesens in der europäischen Gemeinschaft	1995
Neues kommunales Rechnungswesen	Lüder, Klaus.	Konturen eines neuen kommunalen Haushalts- und Rechnungsmodells	1995
Leistungssteigerung	Adamaschek, Bernd	Leistungssteigerung durch Wettbewerb in deutschen Kommunen	1997
Zur Managerialisierung und Ökonomisierung der öffentlichen Verwaltung	König, Klaus	Zur Managerialisierung und Ökonomisierung der öffentlichen Verwaltung	2000
Ökonomisierung der Verwaltung	Dieckmann, Johann u.a.	Ökonomisierung der öffentlichen Verwaltung	2000
Wirtschaftliches Handeln der Kommunen	Steffen, Karl-Heinz	Das wirtschaftliche Handeln der Kommunen auf dem Prüfstand	2001
Aktuelle Fragen zur wirtschaftlichen Betätigung von Kommunen	Reichard, Christoph	Kommunen am Markt	2001
Wirtschaftliche Betätigung	Reichard, Christoph	Kommunen am Markt	2001
Kommunale Entscheidungsprozesse im Spannungsfeld zwischen Parteienwettbewerb, Verhandlungszwängen und Ökonomisierung	Bogumil, Jörg u. a.	Modernisierung lokaler Politik	2001

Wirtschaftlichere öffentliche Verwaltungen	Bösl, Andreas	Wirtschaftlichere öffentliche Verwaltungen über neue Steuerungsmodelle	2001
Wirtschaftlichkeit in der öffentlichen Verwaltung	Schmidt, Jürgen	Wirtschaftlichkeit in der öffentlichen Verwaltung	2002
KLR und Wirtschaftlichkeit	Künzer, Arnold	Welchen Beitrag liefert die KLR zur Wirtschaftlichkeit?	2002
Kommunale Sonderfinanzierungsformen	Kröger, Christian, W.	Kommunale Sonderfinanzierungsformen	2002
Wettbewerb und Wirtschaftlichkeit	Andersen, Christoph; Kösling, Robert	Kommunales Forschungsprojekt „Konkurrieren statt Privatisieren"	2002
Ökonomisierung	Reichard, Christoph; Harms, Jens	Ökonomisierung des öffentlichen Sektors	2003
Wirtschaftlichkeit	Butzer, Hermann	Wirtschaftlichkeit durch Organisations- und Verfahrensrecht	2004
Wirtschaftlichkeitssteuerung	Fiebig, Helmut	Kommunale Kostenrechnung und Wirtschaftlichkeitssteuerung	2004
Effizienz in der Kommunalverwaltung	Schwarting, Gunnar	Effizienz in der Kommunalverwaltung. Dezentrale Verantwortung, Produkte, Budgets und Controlling	2005

NSM / NPM

Managementkonzepte	Strehl, Franz	Managementkonzepte für die öffentliche Verwaltung	1994
Dezentrale Ressourcenverwaltung	Klümper, Bernd	„Konzern Stadt" – Dezentralisierung der Ressourcenverwaltung	1994
Öffentliches Management	König, Klaus	Zur Kritik eines neuen öffentlichen Managements	1995
Verwaltungskooperation	Lenk, Klaus	Perspektiven der Verwaltungskooperation	1995
Produktivität öffentlicher Dienstleistungen	Naschold, Frieder; Pröhl, Marga	Produktivität öffentlicher Dienstleistungen	1995
Öffentlich-private Partnerschaften	Hewel, Brigitte	Verwaltung reformieren	1995
Modernes Verwaltungsmanagement	Grubwinkler, Wolfgang	Modernes Verwaltungsmanagement	1996
Lean Management	Reznicek, Leonhard	Lean Management für die öffentliche Verwaltung?	1996
Controlling in der Kommunalverwaltung – Entwicklung und Perspektiven	Hill, Hermann; Klages Hermann	Controlling im Neuen Steuerungsmodell	1996
Qualitätswettbewerb	Hill, Hermann; Klages, Helmut	Start zum 3.Speyerer Qualitätswettbewerb 1996	1996
Wege in die neue Steuerung	Hill, Hermann; Klages, Helmut	Wege in die neue Steuerung	1996
Produktbildung	Budäus, Dietrich u. a.	Produktbildung als zentrales Element von Verwaltungsreformen	1996
Leistungstiefe	Naschold, Frieder; Budäus, Dietrich u.a.	Leistungstiefe im öffentlichen Sektor	1996

29

Kommunalverwaltung	Reichard, Christoph; Wollmann, Helmut	Kommunalverwaltung im Modernisierungsschub?	1996
New Public Managment	Seidlmeier, Heinrich; Knauf, Jürgen T.	New Public Management in der kommunalen Verwaltung	1997
Risiken und Chancen eines Neuen Steuerungsmodells	Bogumil, Jörg; Kißler, Leo	Verwaltungsmodernisierung und lokale Demokratie	1997
Neues Steuerungsmodell	Reichard, Christoph	Neues Steuerungsmodell – Was kommt danach?	1997
Politikeinbindung	Reichard, Christoph	Politikeinbindung als Kernproblem Neuer Steuerungsprobleme	1997
Public Management Ausbildung	Reichard, Christoph	Public Management Ausbildung für die deutsche Kommunalverwaltung	1997
Kommunale Politik	Lenk, Klaus	Kommunale Politik erschöpft sich nicht im Management der kommunalen Eigenproduktion	1997
Deutsche Trends	Reichard, Christoph	Deutsche Trends der kommunalen Verwaltungsmodernisierung	1997
New Public Management	Budäus, Dietrich; Conrad, Peter; Schreyögg, Georg	New Public Management	1998
Produkte	Reichard, Christoph	Der Produktansatz im „Neuen Steuerungsmodell"	1998
NPM	Lenk, Klaus	New Public Management in der Eingriffsverwaltung	1998
NPM und Innovationen	Lenk, Klaus	„New Public Management" und kommunale Innovationen	1998
NPM und Ausbildung	Reichard, Christoph; Schedler, Kuno	Die Ausbildung zum Public Manager	1998
Konzepttransfer und NPM	Reichard, Christoph	Zur Naivität aktueller Konzepttransfers im deutschen Public Management	1998
NSM	Jann, Werner	Neues Steuerungsmodell	1998
Zwischenbilanz	Reichard, Christoph	Die Modernisierung der deutschen Verwaltung	1998
Verwaltungsmodernisierung in Berlin	Reichard, Christoph	Berliner Verwaltung auf Modernisierungskurs	1999
Neues Steuerungsmodell	Brandel, Rolf; Stöbe-Blossey, Sybille; Wohlfahrt, Norbert	Verwalten oder gestalten	1999
New Public Management in deutscher und internationaler Perspektive	Naschold, Frieder; Bogumil, Jörg	Modernisierung des Staates	2000
Veraltungsmodernisierung in Deutschland	Reichard, Christoph	Staats- und Verwaltungsmodernisierung in Deutschland	2000
Neues Steuerungsmodell	Ast, Susanne	Chancen und Grenzen des Neuen Steuerungsmodells im öffentlichen Bereich	2000
Leitbildentwicklung; Qualitätsmanagement; Kundenorientierung; Virtuelles Rathaus; Wettbewerbsfähigkeit	Büscher, Helmut; Hewel, Brigitte; Volz, Jürgen	Öffentliche Verwaltung – modern und zukunftsfähig	2000

New Public Management	Naschold, Frieder	Modernisierung des Staates	2000
Neue Steuerungsmodelle	Nickel, Stefan	Chancen und Risiken der Einführung „Neuer Steuerungsmodelle" in der öffentlichen Verwaltung	2000
Kritik des New Public Management	Reichard, Christoph; Röber, Manfred	Konzept und Kritik des New Public Management	2001
Zehn Jahre neues Steuerungsmodell	Hilbertz, Hans-Joachim	Der richtige Weg, aber noch nicht am Ziel	2001
Zwischenbilanz	Reichard, Christoph	Bilanz der ersten Modernisierungs-Dekade	2001
Zwischenbilanz nach zehn Jahren	Reichard, Christoph	Was hat die Reform gebracht?	2001
Der richtige Weg des Public Management	Plamper, Harald	Vom Ausland lernen? Der richtige Weg des Public Management	2001
Das „alte Steuerungsmodell"	Reichard, Christoph	Kein Rückfall ins „alte Steuerungsmodell"	2001
Public und Nonprofit Management	Budäus, Dietrich; Schauer, Reinbert; Reichard, Christioph	Public und Nonprofit Management	2002
Das Neue Steuerungsmodell	Reichard, Christoph	Das Neue Steuerungsmodell	2002
Das Neue Steuerungsmodell	Dahm, Sabine	Das Neue Steuerungsmodell auf Bundes- und Länderebene sowie die Neuordnung der öffentlichen Finanzordnung	2002
Das Neue Steuerungsmodell	Weiß, Karin	Das Neue Steuerungsmodell – Chance für die Kommunalpolitik?	2002
New Public Management	Reichard, Christoph	„New Public Management" als Auslöser zunehmender Ökonomisierung der Verwaltung	2003
New Public Management	Schedler, Kuno	New Public Management	2003
Struktur- und Erfolgsbedingungen von Kooperationsarenen im Rahmen des PPP	Ziekow; Windoffer	Public-Private-Partnership	2003
Wissensmanagement	Wagner, Dieter u.a.	Wissensmanagement in Politik und Verwaltung	2004
Wissensmanagement	Lenk, Klaus; Wengelowski, Peter	Wissensmanagement für das Verwaltungshandeln	2004
Wirkung der Neuen Steuerung	Maerker, Reinert	Modernisierung der Verwaltung – Sackgasse oder neue Ufer?	2004

Informationstechnik / Geschäftsprozesse

Instrumente zur Gestaltung von Arbeit und Technik	Grimmer, Klaus	Neue Instrumente für Innovationsprozesse zur Gestaltung von Arbeit und Technik in öffentlichen Büro- und Verwaltungsbereichen	1994
Verwaltungsreform und Informationstechnologie	Grimmer, Klaus	Verwaltungsreform und Informationstechnologie. Ein Blick über die Grenzen	1995
Geschäftsprozeßmanagement	Traunmüller, Roland	Geschäftsprozesse in der öffentlichen Verwaltung	1995

Business Process Reengineering	Lenk, Klaus	„Business Process Reengineering"	1995
Informationstechnische Visionen	Reinermann, Heinrich	Neubau der Verwaltung	1995
Informatische Perspektiven	Lenk, Klaus	Informatische und verwaltungswissenschaftliche Perspektiven	1995
Kommunikationstechnik	Jäger, Wieland u. a.	Verwaltungsreform durch neue Kommunikationstechnik?	1996
Neue Medien	Kubicek, Herbert; Schmid, Ulrich; Wagner, Heiderose	Bürgerinformation durch „neue" Medien?	1997
Change Management und Vernetzung in öffentlichen Verwaltungen	Hill, Hermann	Die kommunikative Organisation	1997
Modelle und Leitbilder	Lenk, Klaus	Verwaltungsmodelle und Informatikleitbilder	1997
Prozeßorientiertes Benchmarking	Mertins, Kai; Siebert, Gunnar	Prozeßorientiertes Benchmarking	1997
Verwaltungsautomation	Lenk, Klaus	Erschwert die Verwaltungsautomation den Gesetzesvollzug?	1998
Innovative Technik	Lenk, Klaus	Innovative Technik auf Intranet-Grundlage erhöht die Servicequalität der Verwaltung	1998
Prozeßdenken	Ehlers, Ulrich	Von der Zuständigkeitsorientierung zum Prozeßdenken	1998
Möglichkeiten, Anforderungen und Erfahrungen des Verwaltens und Regierens im Informationszeitalter	Reinermann / von Lucke	Regieren und Verwalten im Informationszeitalter	1999
Perspektiven einer radikalen Neugestaltung der öffentlichen Verwaltung mit Informationstechnik	Lenk, Klaus; Traunmüller, Roland	Öffentliche Verwaltung und Informationstechnik	1999
Internet, Multimedia	Kubicek, Herbert; Hagen, Martin	Internet und Multimedia in der öffentlichen Verwaltung	1999
Verwaltungsinformatisierung und -forschung im Zeitalter der Computernetze	Wind, Martin	Technisierte Behörden	1999
Informations- und Kommunikationstechnologie	Daum, Ralf	Integration von Informations- und Kommunikationstechnologie	2001
Informatisierung und Wandel	Grimmer, Klaus; Wind, Martin	Wandel des Verhältnisses von Bürger und Staat durch die Informatisierung der Verwaltung	2001
Geschäftsprozeßdenken	Lenk, Klaus	Notwendige Revisionen des Geschäftsprozeßdenkens	2002
Informationssysteme	Fischer, Ute	Verwaltungs-Informatinssysteme und Verwaltungsmodernisierung	2002
Online-Kommunikation zwischen Verwaltung und Bürgern; Bedingungen und Voraussetzungen	Reinermann; Franz,	Voraussetzungen der Online-Kommunikation zwischen Verwaltung und Bürgern	2002
Rahmenbedingungen, Gestaltungsperspektiven, Auswirkungen von Interaktionen zwischen Verwaltung und Bürger	Reinermann; Franz	Interaktion zwischen Verwaltung und Bürgern im Informationszeitalter	2004

Entscheidungsunterstützende Verfahren	Fisch, Rudolf; Beck, Dieter	Einsatz von entscheidungsunterstützenden Verfahren bei politisch-administrativen Entscheidungen	2005

Internationale Trends

Managementkonzepte in Europa	Banner, Gerhard; Reichard, Christoph	Kommunale Managementkonzepte in Europa	1993
Entwicklungen des öffentlichen Sektors in Europa	Naschold, Frieder	Ergebnissteuerung, Wettbewerb und Qualitätspolitik	1995
Europäische und nationale Aspekte	Nierhaus, Michael	Kommunale Selbstverwaltung	1996
Internationale Reformbeispiele	Pröhl, Marga	Internationale Strategien und Techniken für die Kommunalverwaltung der Zukunft	1997
Internationale Erfahrungen zentralstaatlicher Verwaltungsreform	Naschold, Frieder	Innovation, Effektivität und Nachhaltigkeit. Internationale Erfahrungen zentralstaatlicher Verwaltungsreform	1999
Verwaltungsreform aus deutscher und internationaler Perspektive	Naschold, Frieder; Bogumil, Jörg	Modernisierung des Staates. NPM und Verwaltungsreform in dt. und internationaler Perspektive	2000
Haushalts- und Rechnungswesen in Australien	Lüder, Klaus	Entwicklung und Stand der Reform des Haushalts- und Rechnungswesens in Australien	2000
Deutsche und niederländische Verwaltungen	Lademacher, Horst; Schleberger, Erwin	Die deutsche und niederländische Verwaltung zwischen Tradition und Reform	2000
Verwaltungsforschung und lokale, nationale und internationale Perspektiven	Schröter, Eckhard	Empirische Policy- und Verwaltungsforschung: lokale, nationale und internationale Perspektiven	2001
Internationale Perspektive	Reichard, Christoph	Verwaltungsmodernisierung in Deutschland in internationaler Perspektive	2001
Internationale Erfahrungen	Bühler, Bernd M.	Von Outputs zu Outcomes. Internationale Erfahrungen mit outcome-orientierter Steuerung	2002
Qualitätskriterien für europäische Verwaltungen	Keiler, Thorsten	Gemeinsame Qualitätskriterien für alle Verwaltungen Europas	2002
Verwaltungsreform in Japan	Takada, Atsusi	Die Verwaltungsreform in Japan	2002
Reform in Österreich	Wutscher, Werner	In Österreich gehört die Reform zum Regierungsprogramm	2002
Öffentliches Management in Österreich	Bauer, Helfried	Öffentliches Management in Österreich. Realisierungen und Perspektiven	2003
Schweizer Reformprojekte	Ritz, Adrian	Schweizer Reformprojekte zeigen vielschichtige Wirkung	2003

33

Modernisierung auf kommunaler Ebene

Lernen von Spitzenverwaltungen	Hill, Hermann; Klages, Helmut	Lernen von Spitzenverwaltungen	1995
Personalentwicklungs- und Qualifizierungskonzepte in der Kommunalverwaltung	Kühnlein, Gertrud; Wohlfahrt, Norbert	Zwischen Mobilität und Modernisierung	1995
Großstädtische Aufgabenerfüllung im Wandel	Budäus, Dietrich; Engelhardt, Gunther	Großstädtische Aufgabenerfüllung im Wandel	1996
Verwaltungsmodernisierung in Kommunalverwaltungen	Reichard, Christoph; Wollmann, Hellmut	Kommunalverwaltung im Modernisierungsschub?	1996
Controlling in der Kommunalverwaltung – Entwicklung und Perspektiven	Hill, Hermann; Klages Hermann	Controlling im Neuen Steuerungsmodell	1996
Verwaltungsmodernisierung	Schöneich, Michael; Dieckmann, Jochen; Kuban, Monika u.a.	Reformen im Rathaus. Die Modernisierung der kommunalen Selbstverwaltung	1996
Reform der Kommunalverwaltungen auf dem Prüfstand der Praxis	Kißler, Leo; Bogumil, Jörg; Greifenstein, Ralph; Wiechmann, Elke	Moderne Zeiten im Rathaus?	1997
Gleichstellungspolitik im kommunalen Modernisierungsprozeß	Wiechmann, Elke; Kißler, Leo	Frauenförderung zwischen Integration und Isolation	1997
Barrieren der kommunalen Verwaltungsmodernisierung	Bogumil, Jörg; Kißler, Leo	Stillstand auf der „Baustelle?	1998
Politisches Handeln in den Gemeinden	Wollmann, Helmut; Roth, Roland	Kommunalpolitik	1999
Kommunale Selbstverwaltung	Büchner, Christiane; Franzke, Jochen	Kommunale Selbstverwaltung	1999
Entlastungspotentiale und Durchsetzungschancen eines integrativen Ansatzes in Kommunalverwaltungen	Speier, Frank; Fiederer, Hans-Jürgen u.a.	Nachhaltige Entwicklung und kommunale Verwaltungsreform	2000
Ökonomische Effizienz und politische Steuerung in der Kommunalverwaltung	Osner, Andreas	Kommunale Organisations-, Haushalts- und Politikreform	2000
Strategisches Management	Eichhorn, Peter; Wiechers, Matthias	Strategisches Management für Kommunalverwaltungen	2001
Kommunale Entscheidungsprozesse im Wandel	Bogumil, Jörg	Kommunale Entscheidungsprozesse im Wandel	2002
Politisch-administrative Steuerung	Vernau, Katrin	Effektive politisch-administrative Steuerung in Stadtverwaltungen	2002
Kommunale Organisationsmodelle	Grimmer, Klaus	Verwaltungsmodernisierung und kommunale Organisationsmodelle	2003

Modernisierung auf Landesebene

Berlin – Brandenburg	Jann, Werner	Berlin-Brandenburg. Chance der Erneuerung von Landesverwaltungen	1997
Verwaltungsmodernisierung in den Ländern	Konzendorf, Götz	Verwaltungsmodernisierung in den Ländern	1998
Saarländische Landesverwaltung	Staatskanzlei Saarland	Modernisierung der saarländischen Landesverwaltung	2000
Hessen	Hessisches Ministerium der Finanzen	Konzept ergebnisorientierte Budgetierung für das Land Hessen	2001
Saarländische Kommunen	Fallberg, Andra	Bürgerservice saarländischer Kommunen verglichen. Interkommunale Vergleiche als Schritt zur Verwaltungsmodernisierung	2001
Voran in Rheinland-Pfalz	Böhret, Carl	Voran in Rheinland-Pfalz. Reform im Staat durch effiziente und bürgergerechte Verwaltung	2001
Landesverwaltung Brandenburg	Ausschuß für Verwaltungsoptimierung des Landes Brandenburgs	Aufgabenkritik in der Landesverwaltung Brandenburg	2002
Verwaltungsreform in Brandenburg	Berg, Frank	Verwaltungsreform und Personal im Land Brandenburg	2002
Neues Rechnungs- und Steuerungssystem	Purper, Christian	Hessische Kommunen nutzen doppische Systemlösung	2002
Nordrhein-Westfalen	Grunow, Dieter	Verwaltung in Nordrhein-Westfalen	2003
Brandenburgs Modernisierungsweg	Platzeck, Matthias	Die Verwaltung der Verwaltung muß erheblich verringert werden	2003
Verwaltungsreform in Mecklenburg-Vorpommern	Innenministerium Mecklenburg-Vorpommern	Verwaltungsreform in M-V. In Zukunft einfach besser: Eckpunkte zur Reform der öffentlichen Verwaltung im Land Mecklenburg-Vorpommern	2003
Modernisierungsaktivitäten in Thüringen	Vogel, Bernhard	Weniger staatliche Bürokratie und mehr Eigenverantwortung	2003
Reform des Haushalts- und Rechnungswesens	Budäus, Dietrich u.a.	Reformen des öffentlichen Haushalts- und Rechnungswesens in Deutschland	2004
Landesverwaltung Hessen	Grüttner, Stefan	Hessens Landesverwaltung konsequent auf Reformkurs	2004
Verwaltungsmodernisierung in Rheinland-Pfalz	Konzendorf, Götz	Verwaltungsmodernisierung und Bürokratieabbau in Rheinland-Pfalz	2004
Baden-Württemberg	Reiners, Markus	Modernisierung der Landesverwaltung Baden-Württemberg	2004

35

Neue Bundesländer

Aufgabentransformation in den neuen Bundesländern	König, Klaus	Vermögenszuordnung: Aufgabentransformation in den neuen Bundesländern	1994
Handlungspotentiale ostdeutscher Kreise und Kommunen im Transformationsprozeß und ihre Auswirkungen auf Institutionen und Personal	Wollmann;Berg; Nagelschmidt	Institutionen, Personal und Handlungspotentiale ostdeutscher Kreise und Kommunen	1994
Verwaltungsstabilität durch Einsatz von Informations- und Kommunikationstechnik	Grimmer, Klaus; Franz, Martin; Killian, Werner; Wirth, Roland	Verwaltungsstabilität in den neuen Bundesländern durch Einsatz von Informations- und Kommunikationstechnik	1994
Diskussion über aktuelle Reformvorhaben in den neuen Bundesländern	Hill, Hermann	Erfolg im Osten V	1996
Aufgaben- und Vermögenstransformation in den neuen Bundesländern	König, Klaus; Heimann, Jan	Aufgaben- und Vermögenstransformation in den neuen Bundesländern	1996
Verwaltungsaufbau in den neuen Ländern	Seibel, Wolfgang	Verwaltungsaufbau in den neuen Bundesländern	1996
Fortbildung und Personalpolitik	Kühnlein, Gertrud	Verwaltungspersonal in den neuen Ländern	1997
Aufschwung Ost	Reichard, Christoph	Aufschwung Ost bei der Verwaltungsmodernisierung?	1999
Kommunale Selbstverwaltung	Röhl, Andre	Aufbau der kommunalen Selbstverwaltung in den neuen Bundesländern	2001
Kommunalstrukturen	Nierhaus, Michael	Kommunalstrukturen in den Neuen Bundesländern	2002
Identifikation von Entbürokratisierungspotentialen in den neuen Bundesländern	Wegrich u. a.	Bürokratieabbau in Ostdeutschland	2003
Standortwettbewerb am Beispiel Ostdeutschlands	Blume, Lorenz	Kommunen im Standortwettbewerb	2003
Kommunalverwaltungen in den neuen Ländern	Albayrak, Dilek; Grimmer, Klaus; Kneissler, Thomas	Kommunalverwaltungen in den neuen Ländern. Befunde, Folgerungen, Wege	2003

Modernisierung auf Bundesebene und Modernisierung allgemein

Staat und Verwaltung	Böhret, Carl; Hill, Hermann; Klages, Helmut	Staat und Verwaltung im Dialog mit der Zukunft	1994
Studien zur Regierung und Verwaltung	Beck, Joachim u.a.	Arbeitender Staat	1995
Öffentliche Verwaltung in Deutschland	König, Klaus; Siedentopf, Heinrich	Öffentliche Verwaltung in Deutschland	1996
Verwaltungsentwicklung in Deutschland	Ellwein, Thomas	Der Staat als Zufall und als Notwendigkeit	1997
Öffentliches Management	König, Klaus	Modernisierung von Staat und Verwaltung	1997

Verwaltungsmodernisierung im Bund	König, Klaus; Füchtner, Natascha	„Schlanker Staat" – Verwaltungsmodernisierung im Bund	1998
Neuorganisation der Mittelinstanzen	Konzendorf, Götz	Neuorganisation der Mittelinstanzen	2000
Governance als entwicklungspolitischer Ansatz	König, Klaus; Adam, Markus	Governance als entwicklungspolitischer Ansatz	2001
Controlling in der Bundesverwaltung	Pommerehn, Jan	Strategisches Controlling in der Bundesverwaltung	2002
Zwischenbilanz Verwaltungsreform	Jann, Werner	Status-Report Verwaltungsreform: eine Zwischenbilanz nach zehn Jahren	2004
Modernisierung der Bundesverwaltung	Huxhold, Erika	Die Bundesverwaltung setzt ihre Modernisierung intensiv fort	2004

Abb. 3: **Synopse von Publikationen der letzten 10 Jahre**

Quelle: Eigene Darstellung

Transferiert man die Publikationen über Portale in der öffentlichen Verwaltung der letzten zehn Jahre in ein Diagramm, so sieht die Entwicklung und der Verlauf der Publikationen folgendermaßen aus: (Abb. 4)

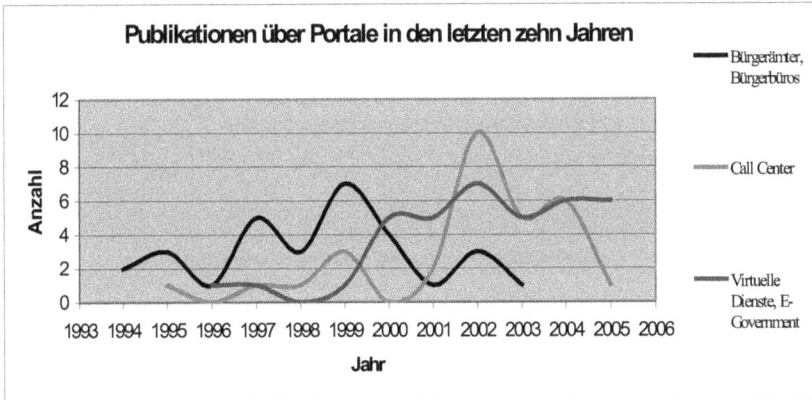

Abb. 4: **Publikationen über Portale in den letzten zehn Jahren**

Quelle: **Eigene Darstellung**

Die Diskussion um Bürgerämter und Bürgerbüros entstand im Verhältnis zu Call Centern und virtuellen Diensten früh. Mitte bis Ende der 90er Jahre hatten Bürgerämter und Bürgerbüros ihren Höhepunkt in der verwaltungswissenschaftlichen Diskussion in Deutschland. Ab dem Jahre 2000 nahm die Anzahl der Publikationen stetig ab, so daß aktuell in der verwaltungswissenschaftlichen Diskussion kaum neue Publikationen über Bürgerämter und Bürgerbüros festzustellen sind. Dies

37

kann mit der vollendeten Implementationen von Bürgerämtern und Bürgerbüros in den Kommunen begründet werden.

Die Publikationen über Call Center erreichten 2002 ihren Höhepunkt und setzten auch in den darauffolgenden Jahren – wenn auch etwas mäßig – den Trend fort.

Die Publikationen zu dem jüngsten Portal mit seinen virtuellen Diensten und E-Government erschienen später, als die Publikationen zu Bürgerämter, Bürgerbüros und Call Center. Die Intensität der Publikationen hält seit 2000 permanent an. Dies signalisiert, daß im Gegensatz zum persönlichen und telefonischen Portal die Diskussionen um das elektronische Portal noch lange nicht am Ende sind.

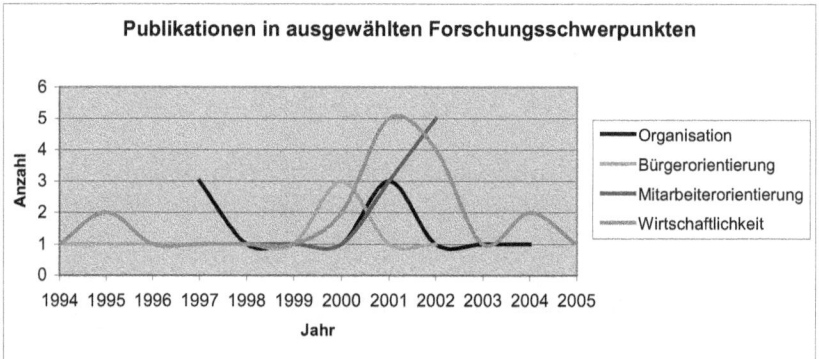

Abb. 5:   Publikationen in ausgewählten Forschungsschwerpunkten

Quelle: Eigene Darstellung

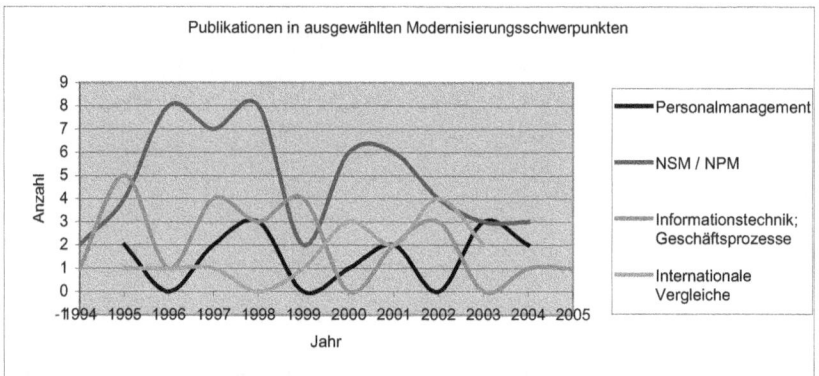

Abb. 6:   Publikationen in ausgewählten Modernisierungsschwerpunkten

Quelle: Eigene Darstellung

Modernisierung in den Verwaltungsebenen

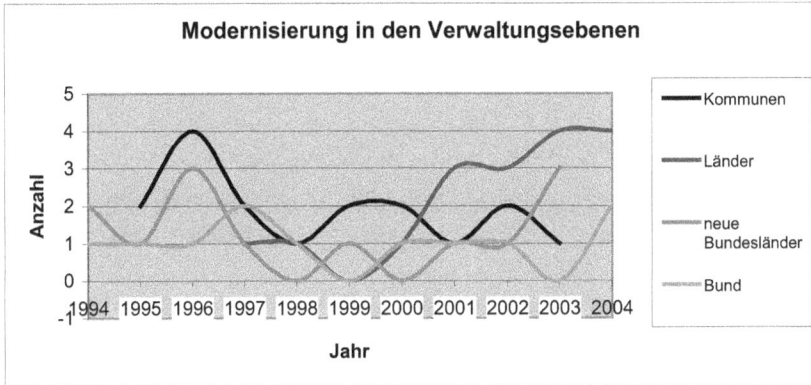

Abb. 7: **Modernisierung in den Verwaltungsebenen**

Quelle: **Eigene Darstellung**

Die Synopse zeigt, daß bis jetzt schwerpunktmäßig über die

- Entwicklungsgeschichte verschiedener Projekte,

- Rahmenbedingungen von Modernisierungsmaßnahmen,

- Personalentwicklung in öffentlichen Verwaltungen und

- Informations- und Kommunikationstechnologie in öffentlichen Verwaltungen

publiziert wurde. Es liegen jedoch bisher nur wenige Untersuchungen über die Auswirkungen der verschiedenen Portale auf die Bereiche Organisation, Bürgerfreundlichkeit, Beschäftigtenorientierung und Wirtschaftlichkeit in einer ganzheitlichen Form vor.

Sehr früh wurden Bürgerbüros thematisiert, in den letzten Jahren dominiertedas Thema Call Center und aktuell sind Online-Portale Gegenstand von Untersuchungen.

In der Diskussion gewannen dabei die Betrachtung der Mitarbeiter und die Wirtschaftlichkeit an Bedeutung. Organisation und Bürger wurden eher selten diskutiert.

Von den Ebenen der Verwaltung stand die Kommunalverwaltung im Mittelpunkt. Die Länderebene wurde überraschender Weise eher selten thematisiert.

Sehr früh wurde in großem Umfang das NSM vorgestellt, dem gegenüber werden Geschäftsprozesse eher wenig thematisiert.

Der Einsatz von IT weist eine Besonderheit auf. Der frühen Diskussion folgte eine Phase der Vernachlässigung, sie hat sich jedoch wieder belebt.

39

Eine ähnliche Entwicklung verzeichnet die Diskussion der Reformprozesse in den neuen Bundesländern. Einer intensiven Debatte zu Beginn der 90'er Jahre folgte erst gegenwärtig wieder eine stärkere Diskussionsphase. Dies gilt auch für die Diskussion der internationalen Entwicklungen.

1.3.2 Vorgehensweise

Forschungsgegenstand sind die Auswirkungen der unterschiedlichen Portale auf die Organisation, Mitarbeiter, Wirtschaftlichkeit und Bürgerfreundlichkeit.

In ausgewählten Stadtverwaltungen wurden mit Hilfe von qualitativen Erhebungsmethoden empirisch gesicherte Erkenntnisse über die Auswirkungen der verschiedenen Portale gewonnen.

Dafür wurde ein Mehrperspektivenansatz gewählt, um die unterschiedlichen Sichtweisen der beteiligten Akteure darzustellen. Der Untersuchungsansatz ist stark praxisorientiert.

Die Erhebungstechnik bedient sich eines multimethodischen Vorgehens, indem, ausgehend von einer Dokumentenanalyse, eine Vielzahl von schriftlichen Informationen zum Planungs-, Entstehungs- und Realisierungsprozeß der Verwaltungsmodernisierung und dem Betrieb von unterschiedlichen Portalen erhoben und die Eigenveröffentlichungen der untersuchten Städte analysiert wurden.

Neben dieser Dokumentenanalyse wurde auch die Methode der teilnehmenden Beobachtung eingesetzt.

Dabei wurden 25 Interviews in einem Umfang von je 90-180 Minuten geführt. Diese Interviews wurden per Aufnahmegerät mitgeschnitten und anschließend transkribiert.

Für die Interviews wurden Personen ausgewählt, die für die jeweiligen Portale verantwortlich zuständig waren. Ziel waren weniger quantitative Erhebungen, sondern entsprechend dem qualitativen Ansatz sollten typische Handlungsmuster herausgearbeitet werden. Dabei wurde für jedes Portal ein Fragebogen entwickelt.[23]

Die Befragung der Verwaltungsmitarbeiter als Experten spielte eine besondere Rolle. Sie diente dabei nicht nur als Diagnoseinstrument, sondern ebenso als Kommunikationsinstrument, um potentielle Wirkungen möglichst vielfältig zu erfassen.[24]

Die Expertenbefragung unterscheidet sich von klassischen Mitarbeiterbefragungen. In der vorliegenden Vorgehensweise war nicht Ziel, eine gruppenbezogene Mitarbeiterbefragung durchzuführen, bei der die Einstellungen von konkret spezifizierten Beschäftigtengruppen untersucht werden, sondern eine individuumbezoge-

---

[23] Die Fragebögen befinden sich im Anhang der Arbeit.
[24] Ausführliche Informationen über Mitarbeiterbefragung siehe: Bartel-Lingg, Gabriele. Die Mitarbeiterorientierung im Total Quality Management. 1996. S. 141.

ne Befragung. Dabei steht die Kommunikation mit einer konkret spezifizierten Führungskraft im Vordergrund. In der gruppenbezogenen Befragung sind alle Personen als Beurteiler miteinbezogen. In der individuumbezogenen Befragung dagegen kann zwischen Mitarbeiter, Kollegen oder der nächsthöheren Führungskraft gewählt werden. Bei einer gruppenbezogenen Befragung steht meist das Betriebsklima im Mittelpunkt und bei einer individuumbezogenen Vorgehensweise – je nach Eingrenzung – entweder eine Aufwärtsbeurteilung (Beurteiler sind Mitarbeiter), eine Gleichgestelltenbeurteilung (Beurteiler sind Kollegen) oder eine Chef-Beurteilung (Beurteiler sind Mitarbeiter aus der nächstniedrigen Hierarchie), wenn es um Führungsfragen geht.[25] In der vorliegenden Arbeit war dagegen Expertenwissen gefragt.

Für die Befragung waren dabei alle Personen relevant, die die fachliche Kompetenz besitzen, seien es Mitarbeiter, Personalrat, Projektverantwortliche oder Abteilungsleiter. Ziel war es, die typischen Fälle zu erarbeiten.

Ziel der Auswahl war, möglichst innovative und typische Kommunen für die einzelnen Zugänge zu finden. Dabei wurden auch Engagement, Mitteleinsatz und Mitwirkungsbereitschaft berücksichtigt.

Als Fallbeispiele wurden folgende Verwaltungen untersucht:

- Anhalt-Zerbst

- Dortmund

- Hagen

- Duisburg

- Karlsruhe

- Bremen

- Stuttgart

- Erfurt

Die untersuchten Kommunen sollten die unterschiedlichen Ansätze möglichst idealtypisch abbilden.

Angefangen mit Modellen des persönlichen Zugangs, wie in der Kreisverwaltung Anhalt-Zerbst, wird der Übergang zu umfangreicheren Leistungserstellungsmöglichkeiten in Bürgerämtern und Kundenbüros in den Städten Dortmund und Hagen hergestellt. Während die einfachste Form des persönlichen Zugangs nur eine Annahme- und Informationsstelle umfaßt, stellen die umfangreicheren Bürgerämter und Kundenbüros eine Rundumversorgung der Bürger mit Verwaltungsdienstleistungen sicher.

---

[25] Vgl. Scholz, Christian. Grundlagen eines marktorientierten Personalmanagements. In: Bruhn, Manfred (Hrsg.) Internes Marketing. Integration der Kunden- und Mitarbeiterorientierung. 1999. S. 109.

Für den telefonischen Zugang wurden die bundesweit bekannten Beispiele aus Duisburg und Karlsruhe gewählt. Für die Einrichtung eines Call Centers hatten die beiden Kommunalverwaltungen jedoch unterschiedlich lange Projektzeiten. Während in Duisburg die Implementierung eines Call Centers innerhalb von sechs Monaten erwartet wurde, konnte in Karlsruhe für das Projekt „Call Center" mehr Zeit in Anspruch genommen werden.

Im Bereich des elektronischen Zugangs wurden drei Musterbeispiele ausgewählt, mit deren Hilfe gezeigt werden kann, wie unterschiedlich die Kommunen den elektronischen Zugang gestalten können. Die Auswahl der untersuchten Stadtverwaltungen in Bremen, Stuttgart und Erfurt ist jedoch darauf zurückzuführen, daß sich die Auswirkungen der Portale deutlich unterscheiden, obwohl sie ähnlich gestaltet sind. Die untersuchten Städte sind insofern nicht beliebig, sondern ausgehend von der unterschiedlichen Wirkung ausgewählt worden.

Mit der Erhebung von primären Daten sollen Kenntnisse über den Ist-Zustand, über Entwicklungen, aber auch Informationen über die die Modernisierung beeinflussenden Faktoren sowie Chancen und Risiken erzielt werden.

Es werden sowohl empirische und prognostische Sichten, als auch normative Aussagen gemacht. Bei der empirischen und prognostischen Sicht handelt es sich um die Analyse der tatsächlichen Entwicklung und die Prognose wahrscheinlicher Veränderungen in der nahen Zukunft. Die normativen Aussagen dagegen gehen den Fragen nach, wie sehr z. B. in Zukunft die öffentliche Verwaltung ökonomisch denken und handeln soll, bzw. wie schlank oder wie bürgernah sie sein soll.

Die Ausgangsdaten der verschiedenen Portale im Kapitel 2. wurden in einer ex-post-Untersuchung zusammengetragen, während die Auswirkungen der verschiedenen Portale begleitend ermittelt wurden.

1.4. Zur Genese der Modernisierung

Die Veränderungen und Erwartungen in der Verwaltung, seitens der Politik und der Bürger haben eine breite Debatte über die Modernisierung des öffentlichen Sektors ausgelöst.

Der gegenwärtige Modernisierungsbedarf entstand aus einem Bündel von Ursachen[26]:

- aus der stagnierenden Wirtschafts- und Finanzentwicklung,

- dem Technologiefortschritt,[27]

---

[26] Vgl. Hill, Hermann / Frey, Michaela. Motivationsinstrumente für eine Innovation der öffentlichen Verwaltung. In: Verwaltung und Management. 1997. S. 7ff.

[27] Vgl. Grimmer, Klaus. Introvertierte Verwaltungspolitik als Technologiepolitik? In: Grimmer, Klaus / Häuser, Jürgen / Kuhlmann, Stefan / Simonis, Georg (Hrsg.) Politische Techniksteuerung. 1992. S. 137ff.

- dem gesellschaftlichen Wandel[28] und

- den gestiegenen Erwartungen der Bürger, Kunden und Verwaltungsbeschäftigten. [29]

Die Hauptursachen der Modernisierung werden in der folgenden Abbildung wie folgt zusammengefaßt.

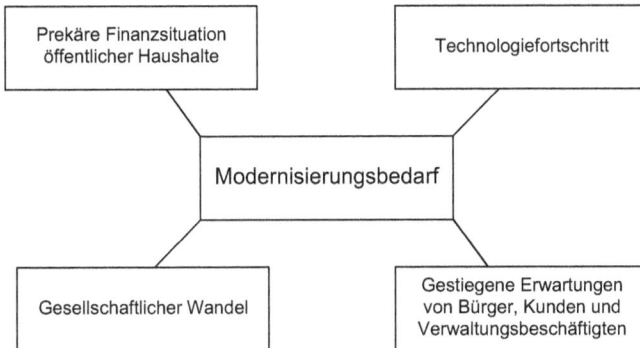

Abb. 8: Ursachen des Modernisierungsbedarfes in der öffentlichen Verwaltung

Quelle: Eigene Darstellung

Ausgangspunkt und Impulse der Verwaltungsreform spiegeln sich dabei in verschiedenen Formen der Verwaltungsreform wider. Diese lassen sich als Strukturreform, Aufgabenkritik[30] sowie als Veränderung der Verwaltungsprodukte unterscheiden.[31]

Kommunen, in denen die neuen Managementkonzepte[32] aus der Privatwirtschaft zuerst zum Einsatz kamen, dienten für viele andere Kommunen als Vorbild.[33] Dabei bestand bei zahlreichen Kommunen vor allem die Hoffnung, daß Konzepte aus der Wirtschaft die prekäre Finanzsituation wirksam verbessern könnten.[34] So entstand ein Trend zu Transfer von privatwirtschaftlichen Managementmethoden in

---

28   Vgl. Grimmer, Klaus. Öffentliche Verwaltung in Deutschland. 2004. S. 53.

29   Vgl. Hopp, Helmut / Göbel, Astrid. Management in der öffentlichen Verwaltung. 1999. S. 18f.

30   Grundlegend zu Aufgabenkritik vgl. Hill, Hermann. Aufgabenkritik, Privatisierung und neue Verwaltungssteuerung. 2004. S. 9ff.

31   Vgl. Beyer, Lothar / Brinckmann, Hans. Kommunalverwaltung im Umbruch. 1990. S. 11f.

32   Die Grundlagen des Verwaltungsmanagements sind erläutert in: Reichard, Christoph. Betriebswirtschaftslehre der öffentlichen Verwaltung. 1987. S. 133ff.

33   Als Beispiele können hier die Effizienz- und Effektivitätssteigerungen durch Geschäftsprozeßorientierung, Lean Management, Wissensmanagement etc. genannt werden.

34   Vgl. Deckert, Klaus / Wind, Ferdinand. Das Neue Steuerungsmodell. 1996. S. 6ff.

die Verwaltungen.[35] In der privaten Wirtschaft wurden bereits recht früh neue Konzepte des Lean Managements und des Business Reengineering entwickelt, um sich den veränderten Bedingungen durch tiefgreifende Umstrukturierungen anzupassen.[36] Vergleichbar tiefgreifende Maßnahmen erfolgten in der öffentlichen Verwaltung nur zögernd.[37]

Die ersten Reformmaßnahmen erfolgten eher binnenstrukturell, d. h. in den Bereichen des Finanzmanagements und der politischen Steuerung. In den Bereichen Bürgerorientierung, Demokratisierung, Qualitätspolitik und Wettbewerb waren lange Zeit keine Reformmaßnahmen zu verzeichnen, wie die Ergebnisse einer Erhebung zu den Resultaten der Einführung des NSM aufzeigte (s. Abb. 9.)

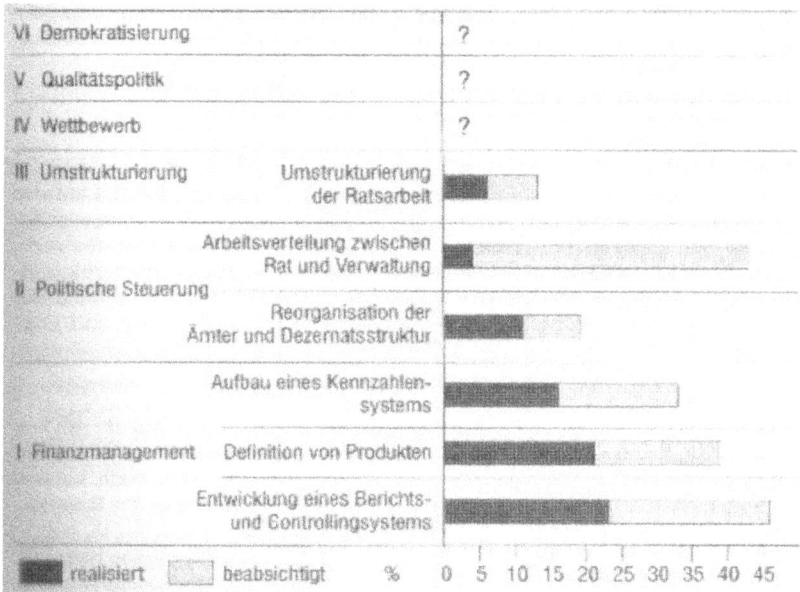

Abb. 9: Schwerpunkte der Verwaltungsreform

Quelle: Naschold, Frieder.[38] 1997. S. 57.

---

[35] Vgl. Naschold, Frieder / Bogumil, Jörg. Modernisierung des Staates. 2000. S.79ff.

[36] Vgl. Hammer, Michael / Champy, James. Business Reengineering: die Radikalkur für das Unternehmen. 2003. Hellstern, Gerd-Michael / Buchenau, Gerrit. Geschäftsprozessmanagement – Praxisorientiert umgesetzt! 2003.

[37] Vgl. Kißler, Leo / Bogumil, Jörg / Greifenstein, Ralph / Wiechmann, Elke. Moderne Zeiten im Rathaus? 1997. S. 21.

[38] Vgl. Naschold, Frieder. Ökonomische Leistungsfähigkeit und institutionelle Innovation. 1997. S. 57.

Die Orientierung auf binnenstrukturelle Faktoren zu Beginn der Reform erscheint verständlich.

Staatseinnahmen und Staatsausgaben fassen einen beträchtlichen Teil des Bruttoinlandprodukts. Verwaltungen gelten als „Umschlagplatz" für öffentliches Geld.[39] Die Diskussion um die Verwaltungsreform ist daher eng verknüpft mit der Finanzkrise der öffentlichen Hände.[40] So waren durch die wirtschaftliche Wachstumsschwäche nicht nur rückläufigen Steuereinnahmen, sondern ebenso erhöhte Ausgaben für Sozialleistungen zu verzeichnen. Die Budgetknappheit veranlaßte die Verantwortlichen in den öffentlichen Verwaltungen dem ökonomischen Prinzip stärker Rechnung zu tragen.[41] Allerdings ist die Wirtschaftlichkeit[42] nicht nur in Zeiten knapper Kassen erforderlich, sondern sie stellt einen Verfassungsauftrag dar.[43]

Die Finanzkrise setzt somit Politiker unter Druck und macht das Erreichen der finanzwirtschaftlichen Ziele in der Kommune zur Hauptaufgabe.[44]

Die Krise des öffentlichen Finanzsystems war ein maßgeblicher Impuls, die traditionellen Verwaltungsstrukturen durch betriebswirtschaftliche Elemente zu modifizieren. Nach Naschold gehört Deutschland seit Ende des vergangenen Jahrhunderts zu den Ländern, die kaum tiefgreifende Reformen hinsichtlich des Finanz- und Rechnungswesens durchgeführt haben. Bemängelt werden die veraltete Kameralistik, das unbrauchbare Buchführungsverfahren sowie die unzureichende Steuerungsfunktion der Haushaltspläne.[45]

Die Finanzkrise ist daher nicht der einzige Grund für die Reformmaßnahmen und nicht das einzige Ziel der Ökonomisierung.[46]

Die technologischen Fortschritte der letzten zwei Jahrzehnte haben enorme Veränderungen in der Gesellschaft mit sich gebracht. Diese Veränderungen erfolgten schnell und umfassend, sodaß als Folge Anpassungsschwierigkeiten und Kompe-

---

[39] Im Jahre 2000 hatten Bürger und Unternehmen in Deutschland 829,2 Milliarden Euro in Form von Steuern und Sozialausgaben an Bund, Länder sowie Gemeinden gezahlt. Dies entsprach knapp die Hälfte des Bruttoinlandsprodukts. Vgl. IW 2001, S. 67 ff.

[40] Vgl. König, Klaus. Zur Managerialisierung und Ökonomisierung der öffentlichen Verwaltung. 2000. S.49.

[41] Vgl. König, Klaus. Zur Kritik eines neuen öffentlichen Managements. 1995. S. 42.

[42] Unter Wirtschaftlichkeit wird das Verhältnis von Nutzen und Kosten verstanden. Der Grundsatz der Wirtschaftlichkeit gebietet es ein möglichst günstiges Verhältnis von Nutzen und Kosten anzustreben. Vgl. Schmidt, Jürgen. Wirtschaftlichkeit in der öffentlichen Verwaltung. 2002. S. 27f.

[43] Vgl. Reinermann, Heinrich. Neues Politik- und Verwaltungsmanagement: Leitbild und theoretische Grundlagen. Speyerer Arbeitshefte Nr. 130. 2000. S. 5f.

[44] Vgl. Hopp, Helmut / Göbel, Astrid. Management in der öffentlichen Verwaltung. 1999. S. 281.

[45] Vgl. Naschold, Frieder / Jann, Werner / Reichard, Christoph. Innovation, Effektivität, Nachhaltigkeit.1999. S. 49 f.

[46] Vgl. Hill, Hermann. Verwaltung im Umbruch. Speyerer Arbeitshefte Nr. 109. 1997. S. 34ff.
Grüning, Gernod. Grundlagen des New Public Management. 2000. S. 16f.

tenzkrisen entstanden sind. Es entstand ein wachsender Druck auf die Führung, die Verwaltung effektiver und effizienter zu gestalten.[47] Die Erwartungen an Effizienz und Effektivität der Verwaltung werden immer größer. Die Verwaltung soll nicht nur effizient, sondern auch schneller, bürgerfreundlicher, kommunikativer und kooperativer arbeiten.[48]

Die Defizite der öffentlichen Verwaltungen, die sich von einer unzureichenden Bürgerorientierung über Managementdefizite, wie fehlende strategische Zielvorgaben, bis hin zu einer unzureichenden Ressourcensteuerung, mangelhaften Verantwortungsstrukturen und fehlenden Leistungsanreizen erstrecken, führen zu Verlusten an Identität und Legitimität.[49] Die Beschäftigten einer Verwaltung und die Bürger identifizieren sich immer weniger mit Gemeinwohlaufgaben. Es sind jedoch nicht nur verwaltungsbedingte Ursachen.

Ein weiterer Grund ist die Herausforderung durch veränderte Lebensverhältnisse der Bürger. Im Gegensatz zu früher sind Bürger gegenwärtig zunehmend gezwungen, ihr Leben individuell zu gestalten.[50] Die Verluste an Identität und Legitimität wurden daher durch den Wertewandel innerhalb und außerhalb der Verwaltung mit beschleunigt.[51]

Für die Mitarbeiter der Verwaltung bedeuten gleichzeitig Modernisierungsmaßnahmen wie Organisationsauflösungen oder -veränderungen einen zusätzlichen Identitätsverlust, weil sie ihre traditionellen Aufgaben verlieren,[52] daher sind die Auswirkungen des NSM selbst wieder Verursacher von Problemen und Reformbedarf.

Das NSM diente in den 90'er Jahren als Orientierungsrahmen für die kommunale Verwaltungsreform.[53] Das Leitbild der Binnenmodernisierung[54], das NSM[55], war in

---

[47] Vgl. Abele, Petra. Bürgerämter gestalten. 1999. S. 131.

[48] Vgl. Beyer, Lothar / Brinckmann, Hans. Kommunalverwaltung im Umbruch. 1990. S. 21ff. König, Klaus. Zur Rationalität öffentlicher Verwaltung. In: Brink, Stefan (Hrsg.): Gemeinwohl und Verantwortung. Festschrift für Hans Herbert von Arnim. 2004. S. 87ff. Hill, Hermann. Die kommunikative Organisation: Change management und Vernetzung in öffentlichen Verwaltungen. 1997. S. 11ff.

[49] Vgl. KGSt (Hrsg.) KGSt-Politikerhandbuch zur Verwaltungsreform. 1996. S. 19ff.

[50] Vgl. Hill, Hermann. Modernisierung – Prozess- oder Entwicklungsstrategie? 2001. S.63.

[51] Vgl. Klages, Helmut. Traditionsbruch als Herausforderung. Perspektiven der Wertewandelsgesellschaft. 1993. Hopp, Helmut / Göbel, Astrid. Management in der öffentichen Verwaltung. 1999. S. 25f.

[52] Vgl. Kraemer, Dieter / Kaufung, Harald. Binnenmodernisierung der Kommunalverwaltung. In: Günther, Albert (Hrsg.) Verwaltungsmodernisierung. 2000. S. 104.

[53] Vgl. Banner, Gerhard. Kommunale Verwaltungsmodernisierung: Wie erfolgreich waren die letzten zehn Jahre? In: Schröter, Eckhard (Hrsg.) Empirische Policy- und Verwaltungsforschung. 2001. S. 291.

[54] Vgl. Naschold, Frieder / Bogumil, Jörg. Modernisierung des Staates. 1998. S. 69.

[55] Auf die Elemente des NSM wird an dieser Stelle aus Gründen der Themenrelevanz nicht näher eingegangen. Grundlegend kann aber auf Püttner, Günter. Handbuch der Kommunalen Wissenschaft und Praxis, 1982, S. 260; Banner, Gerhard. Kommunales Management im Wandel. 1997, S. 22; Banner, Gerhard. Steuerung kommunalen Handels. In: Roth, Roland / Woll-

den ersten Jahren der Anwendung als ein hervorragendes Instrument zur Modernisierung der Verwaltung verstanden worden.[56] Mit der Implementierung traten jedoch auch die Schwachpunkte des NSM hevor.

Naschold u. a. sprechen von strukturellen Schwächen und Leerstellen des NSM. Die Schwächen werden vor allem in der Konzentration der Reformmaßnahmen auf eine Binnen- und Funktionsorientierung gesehen, die den größeren und „bösartigen" Anforderungen aus der Gesellschaft nicht gewachsen sei.[57] Die Grundvorstellung und der prinzipielle Schwachpunkt des NSM sei die Trennung zwischen politischen Funktionen und Ausführungsfunktionen aus Gründen der Steigerung von Produktivität und Effizienz.[58] Dieses „Steuern auf Abstand" verursacht Schnittstellenkonflikte zwischen Verwaltung und Rat.[59]

Die zentralen Elemente des NSM zielen auf betriebliche Verbesserungen durch neue Steuerungsinstrumente. Der Faktor Politik bleibt dabei unreflektiert. Die Einbeziehung der Bürger wird vernachlässigt. Daher wird häufig die Einbeziehung von Bürger und Politik in das Konzept des NSM gefordert. Die Möglichkeit hierzu sieht Pröhl in der Weiterentwicklung des NSM zum strategischen Management. [60]

Im Rahmen der Reformen und Haushaltskonsolidierungsbestrebungen wurde die Mitarbeiterorientierung oft vernachlässigt.[61]

So wird häufig ein Kommunikationsproblem bei der Einführung des NSM angeführt.[62] Verwaltungsmitarbeiter betrachten das NSM häufig als Sparprogramm und setzen es mit systematischem Stellenabbau gleich.

Die traditionelle Hierachiestruktur bestätigt, daß Kommunalverwaltungen die interne Kommunikation vernachlässigen. Einfaches Beispiel hierfür waren und sind die

---

mann, Hellmut (Hrsg.) Kommunalpolitik. 1994. S. 350. Banner, Gerhard. Von der Behörde zum Dienstleistungsunternehmen. In: Verwaltung, Organisation, Personal. 1991, Heft 1. S. 6-11. KGSt. Das Neue Steuerungsmodell: erste Zwischenbilanz. Bericht Nr. 10. verwiesen werden.

[56] Vgl. Beyer, Lothar / Brinckmann, Hans. Kommunalverwaltung im Umbruch. 1990. S. 21ff.

[57] Vgl. Naschold, Frieder / Oppen, Maria / Wegener, Alexander. Kommunale Spitzeninnovationen. 1998. S. 28. Beyer, Lothar / Brecht, Ulrike. Potentiale und Blockaden der kommunalen Leistungserstellung. Eine Kritik des Neuen Steuerungsmodells. 2000.

[58] Vgl. Reichard, Christoph / Röber, Manfred. Konzept und Kritik des New Public Management. In: Schröter, Eckhard (Hrsg.) Empirische Policy- und Verwaltungsforschung. 2001. S. 371ff.

[59] Vgl. Pinkwart, Andreas. Erfolgsfaktoren der Verwaltungsreform. In: Büscher, Helmut / Hewel, Brigitte/ Volz, Jürgen (Hrsg.) Öffentliche Verwaltung – modern und zukunftsfähig. 2000. S. 8f.

[60] Vgl. Pröhl, Marga. Good Governance für Lebensqualität vor Ort. 2002. S. 67f.

[61] Vgl. Bogumil, Jörg / Kuhlmann, Sabine. Zehn Jahre kommunale Verwaltungsmodernisierung. In: Jann, Werner u.a. (Hrsg.) Status-Report Verwaltungsreform. Eine Zwischenbilanz nach zehn Jahren. 2004. S. 61. Bandemer, Stephan von / Born, Andreas / Hilbert, Josef. Arbeit im Dienstleistungssektor – Arbeitsorganisation, Mitarbeiterzufriedenheit und Kundenorientierung. In: Brödner, Peter / Knuth, Matthias (Hrsg.): Nachhaltige Arbeitsgestaltung: Trendreports zur Entwicklung und Nutzung von Humanressourcen. 2002. S. 379-429.

[62] Vgl. Hill, Hermann. Die kommunikative Organisation. In: Hill, Hermann (Hrsg.). Die kommunikative Organisation: Change management und Vernetzung in öffentlichen Verwaltungen.1997, S. 11ff. Köln.

vielen Dezentralisierungsvorhaben[63] ohne vorhandene interne Kommunikation zwischen den verschiedenen Verwaltungseinheiten und dem Verwaltungspersonal.[64] Aus Sicht der KGSt fehlt eine effektive Kommunikation und Personalentwicklung in den Kommunen. Meist wird nach dem top down Prinzip vorgegangen. Das Hauptziel im Personalentwicklungskonzept der KGST, die Erhöhung der Motivation und Zufriedenheit bei den Mitarbeitern, wird in der Praxis oft nicht erfüllt.[65] In der Konzentration des NSM auf Einführung von betriebswirtschaftlich-finanztechnischen Instrumenten, wie der Kosten- und Leistungsrechnung, Aufstellung von produktorientierten Haushaltsplänen, dezentraler Ressourcenverantwortung werden weiche Faktoren vernachlässigt.[66] Am Beispiel der Einführung der Produktorientierung als wichtiges Element des NSM wird dies deutlich.

Das NSM gilt als Orientierungsrahmen für kundenorientiertes Verhalten, an den sich die meisten Kommunalverwaltungen halten.[67]

Ein Produkt in der öffentlichen Verwaltung entspricht nicht der Produktvorstellung aus der Wirtschaft[68]. Das Produkt in der Wirtschaft ist eine Handelsware. In der öffentlichen Verwaltung spielt dagegen das Outcome eine große Rolle.[69] Die Produkte bilden dabei die Grundlage für interkommunale Vergleiche.[70] Ein verbessertes Konzept liegt vor, wenn nicht eine Outputorientierung[71] verfolgt, sondern dem Outcome entscheidende Bedeutung zugemessen wird.[72]

In der ersten Phase, im „alten" Neuen Steuerungsmodell, wurde auch dem Wettbewerb und der Kooperation nur unzureichend Rechnung getragen. Diese Dynamisierungselemente könnten im Neuen Steuerungsmodell als externe Motoren wirken, wenn sie berücksichtigt würden.[73]

---

[63]   Die Motive für Dezentralisierung sind vielfältig. Nach Grimmer werden Dezentralisierungen in Deutschland häufig aus finanziellen Gründen vorgennommen. Desweiteren bestehen Hoffnungen auf mehr Effizienz und Effektivität. Näheres vgl. Grimmer, Klaus. Öffentliche Verwaltung in Deutschland. 2004. S. 83.

[64]   Vgl. Wallerath, Maximilian. Verwaltungserneuerung. 2001. S. 13ff.

[65]   Vgl. König, Rainer / Berger, Christin / Feldner, Juliane. Die Kommunalverwaltung als lernende Organisation. 2001. S. 94 ff.

[66]   Vgl. Mäding, Heinrich. Budgetierung zwischen Haushaltskonsolidierung und Verwaltungsreform. In: difu-Arbeitshefte, 2001, S. 12 ff.

[67]   Vgl. Kißler, Leo. „Kundenorientierung" der Kommunalverwaltung – eine dritte Säule der lokalen Demokratie? In: Bogumil, Jörg / Kißler, Leo. (Hrsg.) Verwaltungsmodernisierung und lokale Demokratie. 1997. S. 95ff.

[68]   Def. Produkte: In der öffentlichen Verwaltung ist ein Produkt etwas, was von einem Fachbereich oder einem Amt einer anderen Organisationseinheit geliefert wird. Damit wird der Bedarf eines anderen gedeckt, der dafür einen Preis zu entrichten hat. Vgl. hierzu: Bertelsmann-Stiftung. Kommunales Management in der Praxis. 1997. S. 15.

[69]   Vgl. Reichard, Christoph. Kommunen am Markt. 2001. S. 14ff.

[70]   Vgl. KGSt-Produktbuch für Gemeinden, Städte und Kreise. Nr. 5. 1997. S. 9.

[71]   Vgl. KGSt-Politikerhandbuch zur Verwaltungsreform. 1996. S. 68ff.

[72]   Vgl. Dunker, Klaus. Instrumente des Neuen Steuerungsmodells. In: Dieckmann, Johann (Hrsg.): Ökonomisierung der öffentlichen Verwaltung. 2000. S. 44f.

[73]   Vgl. Pröhl, Marga. Good Governance für Lebensqualität vor Ort. 2002. S. 76.

Viele Kritiker argumentieren, daß das Neue Steuerungsmodell seine volle Wirkung nicht entfalten konnte, weil es keine ganzheitlichen Reformansätze, die alle Bestandteile aufeinander beziehen, berücksichtigt.[74]

Folglich werden nach jeder Reform die Fragen gestellt, warum bestimmte Modernisierungsmaßnahmen nicht erfolgreich verlaufen sind, ihre Wirkung nicht erzielt haben oder warum die Verwaltungsreform stockt.[75] Hofmeister[76] nennt hierbei sechs Gründe für dieses Stocken:

- die Vernachlässigung der Verwaltungskultur,

- der geringe und unklare Nutzen für die Beteiligten der Reform,

- der anfängliche Reformeifer, der ziemlich schnell abnahm,

- der Zweifel an der Umsetzung von Managementkonzepten,

- das mangelnde Vertrauen zur Verwaltungsführung,

- die distanzierte Haltung der Politik.

Klages[77] unterstreicht in diesem Zusammenhang die Notwendigkeit der Nachhaltigkeit von Modernisierungsmaßnahmen.

Demnach ist die Verwaltungsmodernisierung, die dem Modell des NSM folgte, nach über 10 Jahren nicht mehr als ausreichend nachhaltig zu bewerten.[78]

Vor allem dürfen Modernisierungsmaßnahmen nicht auf die Modernisierung der internen Strukturen reduziert werden, auch wenn die Binnenmodernisierung einen wesentlichen Grundbaustein einer Reform darstellt.[79]

Die Defizite der ersten Modernisierungsphase haben daher immer noch Gültigkeit. [80] (s. Abb. 10)

---

[74] Vgl. Banner, Gerhard. Kommunale Verwaltungsmodernisierung: Wie erfolgreich waren die letzten zehn Jahre? In: Schröter, Eckhard (Hrsg.) Empirische Policy- und Verwaltungsforschung. 2001. S. 290.

[75] Vgl. Ellwein, Thomas/ Hesse, Joachim Jens. Thesen zur Reform der öffentlichen Verwaltung in Deutschland. In: Staatswissenschaften und Staatspraxis. 1996, Heft 4, S. 469ff.

[76] Vgl. Hofmeister, Albert: Warum stockt die Verwaltungsreform? In: Verwaltung und Management, 2003, Heft 3, S. 60-61.

[77] Vgl. Klages, Helmut: Nachhaltige Verwaltungsmodernisierung. In: Verwaltung und Management, 2003, Heft 1, S. 4ff. Dabei verweist er auf den Nachhaltigkeitsbegriff, der auf der UN-Umweltkonferenz von Rio de Janeiro im Jahr 1992 geprägt wurde hin und versteht unter Nachhaltigkeit die Zukunftsfähigkeit dessen, was in der Welt geschieht, im Sinne eines ausgewogenen Dreiklangs von Wirtschaft, Ökologie und sozialem Verantwortungsbewußtsein.

[78] Vgl. Fiedler, Jobst. Zur Praxisumsetzung umfassender Verwaltungsreformen in Großstädten: Die Hauptaufgabe liegt noch vor uns. In: Schröter, Eckhard (Hrsg.) Empirische Policy- und Verwaltungsforschung. 2001. S. 306ff.

[79] Vgl. Pröhl, Marga (Hrsg.) Good Governance für Lebensqualität vor Ort. 2002. S. 47.

[80] Vgl. Banner, Gerhard. Modernisierung der Kommunalverwaltung: Der Rückstand wird aufgeholt. In: Naschold, Frieder / Pröhl, Marga (Hrsg.) Produktivität öffentlicher Dienstleistungen. 1995. S. 283ff.

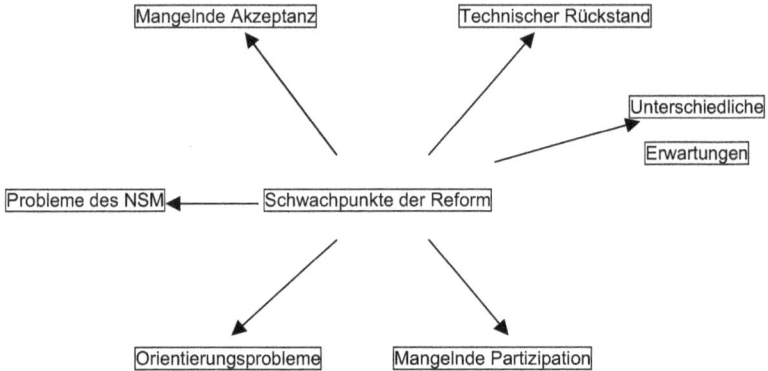

Abb. 10: Schwachpunkte der Reform

Quelle: eigene Darstellung

1.5. Leistungsangebot der Kommunalverwaltungen und Formen der Inanspruchnahme von Verwaltungsleistungen

Öffentliche Leistungen werden sowohl auf der Bundes- und Länderebene, als auch in 32 Regierungsbezirken, 117 kreisfreien Städten, 323 Landkreisen sowie von 14197 Gemeinden erbracht.[81] Das Leistungsangebot der Kommunalverwaltungen beruht auf dem Verwaltungszweck.[82]

Die ökonomische Theorie der Politik erklärt die Ausweitung des Leistungsangebots durch Verwaltungen und Politiker mit dem System, d. h. der Notwendigkeit, sich bei den Wählern durch Versprechungen von mehr Wohlfahrt für die Gesellschaft zu profilieren.[83] Nach Reichard hat jedoch der Glaube an den umfassenden Wohlfahrtsstaat mit dessen Leistungsfähigkeit abgenommen,[84] während gleichzeitig ein Richtungswechsel in der Erwartungshaltung der Gesellschaft zu beobachten ist. Es existiert eine Tendenz von der „Ordnungskommune" zur „Bürgerkommune".[85] (vgl. Abb. 11)

---

[81] Vgl. Statistisches Bundesamt 2001, Stand: 31.12.1998.

[82] Vgl. Palupski, Rainer. Marketing kommunaler Verwaltungen. 1997. S. 41.

[83] Vgl. Weber, Michael. Das Wachstum von Verwaltungsorganisationen. 1994. S. 257.

[84] Vgl. Reichard, Christoph. Kommunale Wirtschaft im Wandel – Chancen und Risiken. 2000. S. 15ff.

[85] Vgl. Grunow, Dieter. Leistungsverwaltung: Bürgernähe und Effizienz. In: Wollmann, Helmut; Roth, Roland (Hrsg.) Kommunalpolitik. 1999. S. 397ff.

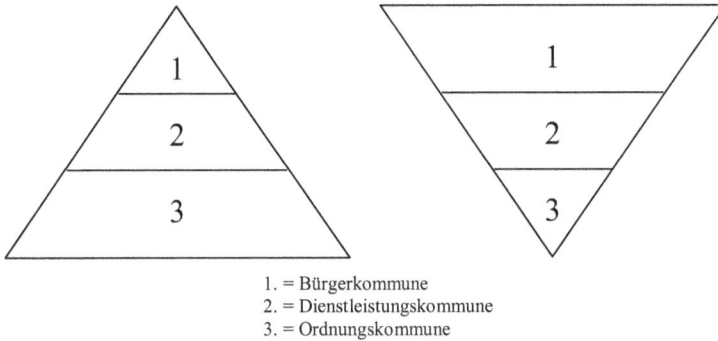

1. = Bürgerkommune
2. = Dienstleistungskommune
3. = Ordnungskommune

Abb. 11: Wertewandel: von der Ordnungskommune zur Bürgerkommune

Quelle: Eigene Darstellung

Eine Diskussion des Leistungsangebots der Kommunalverwaltungen erfordert eine Verständigung darüber, was Leistungen sind. Die Anwender des NSM verstehen unter Leistung kein angestrebtes Ideal, sondern etwas, was praktisch eingefordert und theoretisch bearbeitet wird.[86] Leistungen können jedoch von unterschiedlichen Anbietern produziert und angeboten werden.[87] Daher ist zwischen verwaltungseigenen Leistungen und Dienstleistungsangeboten, die zum Teil oder ganz von anderen Trägern angeboten werden, zu unterscheiden.[88]

Mit den verwaltungseigenen Leistungen sind Leistungen gemeint, die die Verwaltungen selbst erbringen. Das sind Leistungen z. B. des Sozialamtes, des Wohnungsamtes, des Einwohnermeldeamtes, Jugendamtes etc.

Doch aus Kosten-, Kompetenz- und Strategiegründen werden Verwaltungsleistungen zunehmend von anderen Einrichtungen bzw. Institutionen erbracht. Alternative Anbieter von Verwaltungsdienstleistungen in deutschen Kommunen finden sich besonders bei der Bereitstellung von Leistungen im Sozial- und Gesundheitsbereich.[89]

---

[86]   Vgl. Koch, Rainer. New Public Service. Öffentlicher Dienst als Motor der Staats- und Verwaltungsmodernisierung. 2003, S. 39.

[87]   Vgl. Pröhl, Marga. Good Governance für Lebensqualität vor Ort. 2003. S. 58ff.

[88]   Vgl. Schwarz, Monika. Privatisierung und Deregulierung öffentlicher Dienstleistungen ohne Alternative? In: Lorenz, Frank / Schneider, Günter (Hrsg.) Wenn öffentliche Dienste privatisiert werden. 2004. S. 10ff.

[89]   Vgl. Pröhl, Marga. Good Governance für Lebensqualität vor Ort. 2002. S. 59.

Pröhl sieht die alternative Form der Dienstleistungserbringung durch Verkauf von Vermögenswerten der Kommune, Outsourcing und Vergabe, Deregulierung, Franchise, Public Private Partnerships etc.

Auch die Formen der Inanspruchnahme von Verwaltungsleistungen haben sich verändert. Mit den gestiegenen Erwartungen an die Leistungen werden vermehrt bürgerfreundliche Zugänge zu den Behörden gefordert.[90] Erwartet werden leichtere Zugänge und die Inanspruchnahme von Verwaltungsleistungen rund um die Uhr. Die Formen der Inanspruchnahme von Verwaltungsleistungen werden gleichzeitig vielfältiger, da mit der modernen Informationstechnik auch eine Vielfalt an Verwaltungszugängen möglich ist.[91]

Ausgehend von E-commerce und dem Modell der „Banken 24" wird inzwischen über die „Verwaltung 24" gesprochen.

Somit sind die Formen der Inanspruchnahme von Verwaltungsleistungen durch Bürger bzw. Kunden wie folgt zu betrachten:

a) persönlich

b) telefonisch

c) virtuell

d) hybrid

Die Form der Bereitstellung von Dienstleistungen in Kommunalverwaltungen besitzt mehrere Seiten.[92] Bei jeder Form der Inanspruchnahme sind daher die Voraussetzungen in Betracht zu ziehen. Zum Beispiel setzt die persönliche Form der Inanspruchnahme von Dienstleistungen ein persönliches Erscheinen der Bürger und bestimmte örtliche Gegebenheiten wie ein Bürgerbüro oder eine Bürgerservicestelle voraus.

Die telefonische Inanspruchnahme setzt neben der Verfügung über entsprechende technische Voraussetzungen beider Seiten auch eine entsprechende Organisation, ein Anrufverteilsystem, voraus, das all die eingehenden Anrufe annimmt und an die Beschäftigten der Servicestelle weiterleitet.

Auch die virtuelle Form der Inanspruchnahme setzt nicht nur technische Geräte, sondern ebenso organisatorische Maßnahmen, Software bzw. Zugangsmöglichkeiten von beiden Seiten voraus.

Für eine Bestandsaufnahme soll in diesem Abschnitt der Arbeit mit der konventionellen Form der Inanspruchnahme, den persönlichen Besuch einer Behörde oder eines Amtes, begonnen werden, um dann die modernen Formen der Inanspruchnahme, z. B. durch telefonischen Kontakt bis hin zu aktuellen und zukünftigen Formen, virtuell und interaktiv, zu betrachten.

---

[90] Vgl. Reinermann, Heinrich. Der öffentliche Sektor im Internet. 2000. S. 30ff.

[91] Vgl. ebenda, S. 82f.

[92] Vgl. Daum, Ralf. Integration von Informations- und Kommunikationstechnologie für bürgerorientierte Kommunalverwaltungen. 2002. S. 168 ff.

- **Persönliche Kontaktformen**

Der persönliche Besuch des Bürgers bzw. Kunden, um eine Dienstleistung in Anspruch zu nehmen, kann im jeweiligen Amt erfolgen. Eine Dienstleistung kann ebenfalls in Bürgerämtern, Bürgerbüros, Bürgerläden, Bürgerservicestellen etc. angeboten werden, die Verwaltungsleistungen unter einem Dach und aus einer Hand in gebündelter Form anbieten.[93]

Diese gebündelte Form wird im Kapitel 2. der Arbeit näher betrachtet. Der gebündelte Verwaltungszugang kann in zwei Varianten aufgeteilt werden.[94] Die Bürgerämter, Bürgerbüros, Bürgerläden etc. können als „First-Stop-Shops" bezeichnet werden, die mit gebündelten Dienstleistungen die „erste Anlaufstelle" für die Bürger sind. Die andere Variante, die sog. „One-Stop-Shops", die zwar auch wie die „First-Stop-Shops" ihre Leistungen in gebündelter Form anbieten, unterscheidet sich im Leistungsangebot. Denn „First-Stop-Shops" verfügen über eine Produktpalette, die die häufig nachgefragten Produkte zu Verfügung stellt.

„One-Stop-Shops" dagegen sind nicht auf die Produkte, sondern auf die Lebenslagen der Bürger abgestimmt.[95] Doch für das Anbieten von Problemlösungen für die Lebenslagen der Bürger sind einige Voraussetzungen zu erfüllen. Das Verwaltungspersonal[96] muß sowohl über Generalwissen und (Hinter-)grundinformationen verfügen, als auch die Entscheidungskompetenz besitzen, die es ihm ermöglichen, das jeweilige Problem der Bürger zu lösen.[97]

- **Telefonische Kontakte**

Die Inanspruchnahme von Verwaltungsleistungen durch Telefonkontakt kann je nach Umfang von Nachfrage und Angebot von Dienstleistungen verschieden sein. Auch wenn der telefonische Zugang zu Verwaltungsleistungen einen Weg unter den multiplen Zugängen zu den Verwaltungen darstellt, ist dennoch der Umfang des Leistungsangebots per Telefon unterschiedlich.

Während in vielen Verwaltungen durch Telefonkontakt nur die Grundinformationen, wie z. B. Öffnungszeiten, zuständige Sachbearbeiter, Zimmernummer etc. gegeben werden, wächst zunehmend die Vorstellung von einer Verwaltung, die 24 Stunden, 7 Tage die Woche erreichbar ist. Die Wünsche tendieren zu einer sog. „V24".[98] Diese Vorstellung bewegt sich wiederum in Richtung Call Center[99] und in-

---

[93] Vgl. Kirchhof, Ferdinand. Die Einrichtung von Bürgerämtern in Gemeinden und Kreisen. 1998. S. 9. Oder grundlegend Abele, Petra / Akcay, Cahit / Grimmer, Klaus. Wege zum Bürgeramt. Arbeitspapiere der Forschungsgruppe Verwaltungsautomation, Nr. 53. 1993.

[94] Vgl. Daum, Ralf. Integration von Informations- und Kommunikationstechnologien für bürgerorientierte Kommunalverwaltungen. 2002. S. 168.

[95] Vgl. ebenda, S. 169.

[96] In diesem Fall könnte es auch als Ansprechperson genannt werden.

[97] Vgl. Lenk, Klaus. Führungsinformation: Was heute mit technischer Unterstützung möglich ist. In: Reinermann, Heinrich (Hrsg.): Chancen der Informationstechnik für die Führung in Politik und Verwaltung. 1991. S. 16ff.

[98] Vgl. Reinermann, Heinrich. Der öffentliche Sektor im Internet. 2000. S. 28f.

tegrierte Call Center in Bürgerbüros, die sowohl den Bereich des telefonischen Zugangs, als auch den des elektronischen Zugangs berühren.

- **Virtuelle und hybride Zugangsformen**

Der elektronische Zugang zählt zu den modernsten Zugängen und wird daher häufig als Schlüssel zur Verwaltungsmodernisierung bezeichnet.[100] Er kann auch als multipler Zugang konzipiert sein.[101] Der elektronische Zugang erfordert eine grundsätzliche Realisierung. Die Anwendung von digitalen Informationen kann dabei zur einer verbesserten Verwaltung und Nutzung des Datenkapitals führen. Die Bildung eines digitalen Datenkapitals ist dabei Voraussetzung für eine integrierte Verwaltung.

Durch das elektronische Portal wird nicht nur die leichtere Erreichbarkeit, sondern ebenso Leistungsintegration gewährleistet. Sie ermöglicht Interaktivität und zeitnahes Verwaltungshandeln.[102] Sie kann die Transparenz im öffentlichen Sektor erhöhen und neue bürgernahe Dienstleistungen ermöglichen.[103] Verbunden mit diesen neuen Dienstleistungen wird eine Intensivierung von Behördenwettbewerb, Bürgerengagement, Interaktivität, Individualisierung des Verwaltungshandelns erhofft. Durch diese Formen entstehen neue Bürger-Verwaltungs-Beziehungen, deren Konturen und Verwaltungsmuster im Folgenden vorgestellt werden.

---

[99] Vgl. grundlegend hierzu: Helber, Stefan / Stolletz, Raik. Call Center Management in der Praxis. 2004. Brandel, Rolf. Leitfaden für Call Center in öffentlichen Verwaltungen. In: Städte und Gemeinderat. 2001. Heft 5, S. 8-10.

[100] Vgl. grundlegend: König, Klaus. Öffentliche Verwaltung und Globalisierung. In: VerwArch 2001, S. 475. Kubicek, Herbert / Wind, Martin. EGovernment ist mehr als Formulare zum Herunterladen. In: Der Städtetag. 2002. S. 11. Lucke, Jörn von / Reinermann, Heinrich. Speyerer Definition von Electronic Government. In: Reinermann, Heinrich / Lucke, Jörn von (Hrsg.) Electronic Government in Deutschland. 2002. S. 1ff. Reinermann, Heinrich. Kann Electronic Government die öffentliche Verwaltung verändern? In: Verwaltungsrundschau. 2002, Heft 5. S. 164. Bogumil, Jörg. Umgestaltung des Verhältnisses zwischen Rat und Verwaltung. Das Grundproblem der Verwaltungsmodernisierung. In: VerwArch. 2002. S. 129. Schuppan, Timo / Reichard, Christoph. E-Government: Von der Mode zur Modernisierung. Landes- und Kommunalverwaltung. 2002. Heft 3. S. 105. Lenk, Klaus / Traunmüller, Roland 2001: Electronic Government – Ein Wegweiser. In: Computer kommunikativ, Heft 4, 2001, S. 15ff.

[101] Vgl. Reinermann, Heinrich. Der öffentliche Sektor im Internet. 2000. S. 30f.

[102] Vgl. Reichard, Christoph / Schuppan, Tino. E-Government greifbar machen. In: Kommune 21, Heft 5, 2002, S. 26f.

[103] Vgl. Reichard, Christoph / Schuppan, Tino. Neue Verwaltungsmodelle braucht das (Flächen-) Land: Verwaltungsmodernisierung mit E-Government. In: ITAS – Zeitschrift Technikfolgenabschätzung, 2002, Heft 3/4, S. 39ff.

1.6. Die Entwicklung von Portalen

1.6.1 Die Entwicklung von Bürgerämtern, Bürgerbüros bzw. Bürgerläden

Bürgerbüros gelten als wichtige Maßnahme, um Kontakte mit den Bürgern zu ermöglichen.[104]

Anlaß für die Entstehung von Bürgerbüros und Bürgerämtern war die schwache Bürger- und Arbeitnehmerorientierung.[105] Bürgerämter und Bürgerbüros können neben dem Qualitätsmanagement[106] und Produktbewußtsein sowie der Bürgerbeteiligung[107] als Strategien der Bürgerorientierung betrachtet werden.[108]

Der Umsetzung der Grundidee von Bürgerämtern und Bürgerbüros folgten Veränderungen in den Bereichen Organisation, Personal und Planung.[109]

Die vielfältigen Aufgaben in Bürgerämtern und Bürgerbüros stellen für das Verwaltungspersonal eine Arbeitsbereicherung dar. Nur gelegentlich wird diese Aufgabenvielfalt als höhere Arbeitsbelastung empfunden.[110]

Einhergehend mit der Arbeitsbereicherung wird von den Beschäftigten ein verändertes Qualifikationsprofil erwartet. Weiterbildungsmaßnahmen sollen dabei neben

---

[104] Über Bürgerbüros wurde bisher viel veröffentlicht. Siehe u. a.: Dunker, Klaus / Noltemeier, Albert. Organisationsmodelle für ein Bürgeramt und deren Realisierung in der Stadt Unna. 1985. Lenk, Klaus. Das eine Fenster zu allen Verwaltungs- und Dienstleistungen. Alte und neue Wege und Formen der Interaktion zwischen Bürger und Verwaltung. In: Gora, Walter / Bauer, Harald (Hrsg.) Virtuelle Organisationen im Zeitalter von E-Business und E-Government. 2001, S. 350. Henkel, Gerhard. Bürgerbüro – Bürgerladen – Komm-In: multifunktionale Dienstleistungszentren im ländlichen Raum. 2002. S. 21ff. Klee-Kruse, Gudrun / Lenk, Klaus. Auf dem Weg zum BürgerBüro – Konzeptentwicklung und Stand der Arbeiten. In: Kißler, Leo / Bogumil, Jörg / Wiechmann, Elke (Hrsg.) Anders verwalten. 1993. S. 203ff.

[105] Auch an dieser Stelle soll erinnert werden, daß mit den Begriffen Arbeitnehmer, Mitarbeiter, Beschäftigten und Personal immer die Verwaltungsmitarbeiter, Verwaltungsbeschäftigten oder das Verwaltungspersonal gemeint sind.

[106] Näheres hierzu vgl. Barthel, Christian / Harney, Klaus. Die Praxis des Qualitätsmanagements in der öffentlichen Verwaltung. 2004. Hill, Hermann. Qualität in der öffentlichen Verwaltung. In: Stadt und Gemeinde, 1996, S. 180ff.

[107] Grundlegend hierzu vgl. Hill, Hermann. Bürgermitwirkung unter neuen Perspektiven im multimedialen Zeitalter. In: Kubicek, Herbert u.a. (Hrsg.) Multimedia@Verwaltung. Jahrbuch Telekommunikation und Gesellschaft. 1999. S. 234ff.

[108] Vgl. Bogumil, Jörg / Kißler, Leo. Vom Untertan zum Kunden? Möglichkeiten und Grenzen von Kundenorientierung in der Kommunalverwaltung. 1995. S. 65ff.

[109] Vgl. Abele, Petra / Gerstlberger, Wolfgang. Das Ende der Schalterhallen. Bürgerämter als neues Gesicht der Verwaltung. Arbeitspapiere der Forschungsgruppe Verwaltungsautomation an der Universität Gesamthochschule Kassel, Nr. 58.1995. S. 3. oder Abele, Petra / Akcay, Cahit / Grimmer, Klaus. Wege zum Bürgeramt. 1993. S. 5ff. bzw. Klee-Kruse, Gudrun / Lenk, Klaus. BürgerBüros als innovative kommunale Serviceagenturen. 1995. S. 1ff.

[110] Vgl. Klages, Helmut. Die Situation des öffentlichen Dienstes. In: König, Klaus (Hrsg.) Öffentliche Verwaltungen in Deutschland. 1997. S. 522.

breiten Kenntnissen auch die soziale Kompetenz fördern.[111] So müssen beispielsweise entsprechende Qualifizierungsmaßnahmen getroffen werden, die neben Einarbeitung in neue fachliche Themen auch Kommunikations- und Verhaltenstraining und damit eine Stärkung der sozialen Kompetenz beinhalten.

Die soziale Kompetenz gilt neben der fachlichen Kompetenz als Schlüsselkompetenz, da sie sowohl im Publikumsverkehr, als auch auf kollegialer Ebene, z. B. für das Arbeiten in Teams, unumgänglich ist.[112]

Für die Realisierung wirksamer Ergebnisse bilden Fach- und Sozialkompetenz wichtige Voraussetzung, um die Ziele der Bürgerämter zu erreichen.

Durch die Einrichtung von Bürgerämtern wird eine Erhöhung der Bürgerfreundlichkeit erwartet. Darunter fallen nicht nur die verbesserten Kommunikationsmöglichkeiten mit den Bürgern, sondern auch die Erweiterung der Öffnungszeiten, beschleunigte Bearbeitung von Bürgeranliegen und eine zielgerichtete Bedienung des Bürgers.

Zu den Zielen bei der Einrichtung von Bürgerämtern zählt aber auch die Nutzung von Rationalisierungsmöglichkeiten, die zu Veränderungen in der Arbeitsorganisation führt.

Ein Ziel des Verwaltungsmanagements aber auch des Verwaltungspersonals ist die Flexibilisierung der Arbeitszeiten in der Verwaltung, um die Bürgerorientierung in den Bürgerämtern zu sichern.

Mit Hilfe von unterschiedlichen Leistungsanreizen wird die Umsetzung angestrebt. Zwei Arten von Leistungsanreizen sind zu unterscheiden, immaterielle Leistungsanreize und materielle Leistungsanreize.

Unter immaterielle Leistungsanreize fallen z. B. Verbesserung der Arbeitsbedingungen, flexible Arbeitszeiten, Angebot von Fort- und Weiterbildungsmaßnahmen, Anreicherung der Arbeit oder ganz einfach die Gewährung von bestimmten Vergünstigungen. Die materiellen Leistungsanreize beinhalten hingegen Prämien, Leistungszulagen, Funktionszulagen etc.

Das einst als Modell gestartete Vorhaben von Bürgerbüros, Bürgerämtern bzw. Bürgerläden ist inzwischen zum Normalfall geworden.[113]

---

[111] Vgl. Franz, Arne. Gibt es für kommunale Bürgerämter/Bürgerbüros einen dauerhaften Stellenwert im Konzept des elektronischen Rathauses? In: Verwaltung und Management. 2003. Heft 1. S. 18ff.

[112] Vgl. Klee-Kruse, Gudrun / Lenk, Klaus. BürgerBüros als innovative kommunale Serviceagenturen. 1995. S. 21f.

[113] Vgl. Kühnlein, Gertrud. Verwaltungsmodernisierung und Nutzerorientierung: Bürgerbüros und gebündelte Verwaltungsleistungen. In: Boeßenecker, Karl-Heinz / Trube, Achim / Wohlfahrt, Norbert. (Hrsg.) Verwaltungsreform von unten? 2001. S. 129.

1.6.2 Die Entwicklung von Call Centern

Call Center sind Organisationseinheiten, deren Ziel darin besteht, einen serviceorientierten und effizienten telefonischen Dialog mit Kunden und Bürgern durch den Einsatz modernster Informations- und Kommunikationstechnologien zu ermöglichen.[114]

Nach Grabow[115] sind Call Center keine Telefonzentralen mit erweiterten Funktionen wie die halbautomatisierte Weitervermittlung der Anfragen an die zuständige kommunale Dienststelle, sondern eine Service-Einrichtung für Fachauskünfte. Im Allgemeinen kann zwischen drei Arten von Call Center unterschieden werden:

1. Zentrales Call Center

2. Fachbereichs Call Center

3. Bürgerbüro Call Center

Auch wenn sich im Vergleich zu anderen Ländern, wie USA oder Großbritannien, Call Center erst später im Laufe der 90'er Jahre in Deutschland entwickelt haben, haben sie sich inzwischen im gesamten Bundesgebiet rasch verbreitet. Motivation für die rasche Entwicklung von Call Centern waren vor allem die Vorteile, die durch die Einrichtung eines Call Centers für den Bürger aber auch für die Kommunen in Form von zentraler, längerer, multipler Erreichbarkeit, schneller Bearbeitung durch verbesserte Geschäftsprozesse

und Entlastung der Arbeitnehmer insgesamt die Steigerung der Zufriedenheit bei den Bürgern und beim Verwaltungspersonal zur Folge hatten.[116]

Daß die Call Center aus der privaten Wirtschaft abgeleitet wurden und welche Auswirkungen sie auf die Kommunen haben, bewertet der Münchener Oberbürgermeister in einer seiner Reden folgendermaßen: „Je mehr Call Center in der freien Wirtschaft geschaffen werden, desto höher werden auch die Erwartungen an die Kommunen."[117]

Für Call Center existiert eine Vielzahl von Arbeitszeitregelungen. Allgemein werden jedoch in der Praxis „kapazitätsorientierte und variable Arbeitszeiten" angewandt.[118]

---

[114] Vgl. Henn, Harald / Kruse, Jan P. / Vier, Olav: Handbuch Call Center Management. 1996. S. 13ff.

[115] Vgl. Grabow, Busso. Information, Kommunikation und Multimedia in Städten. 2000. S. 87.

[116] Vgl. ebenda, S. 88.

[117] Der Münchener OB Christian Ude in einer seiner regelmäßigen Kolumne unter www.muenchen.de und im Wochenblatt (hier: 42/1999) vgl. http://www.munich.de/06/99/1019.htm, vom 20.03.2003.

[118] Vgl. Gundthof, Lars / Holtgrewe, Ursula: Call Center –Rationalisierung im Dilemma. In: Brose, Hanns-Georg (Hrsg.) Die Reorganisation der Arbeitsgesellschaft. 2000. S. 173-203.

Da Call Center Dienstleistungen vom Standort unabhängig sind, ist es gleichgültig ob ein Call Center in der Innenstadt oder am Stadtrand lokalisiert ist.[119]

1.6.3   Die Entwicklung von Online-Leistungen

Online-Leistungen basieren auf dem Internet. Sie ermöglichen eine bessere Informationsversorgung aller an einer Verwaltungsangelegenheit Beteiligten sowie die Transparenz und die Möglichkeit von Partizipation.[120]

Dazu zählt auch die erhöhte Bürgernähe[121] durch Zeit- und Wegersparnis sowie die Orts- und Zeitunabhängigkeit beim Leistungsangebot und bei der Leistungserbringung.[122] Der Abbau von Informationsdefiziten und somit der höhere Informationsgrad[123] bei den verwaltungseigenen Mitarbeitern ist ein intrinsischer Vorteil, der zur Steigerung der Dienstleistungsqualität einer Verwaltung führt.

Die Verwaltungsinformatisierung wird von Brinckmann und Kuhlmann[124] in vier Phasen unterteilt. Die fünfte Phase wurde durch Wind als Erweiterung bis in die 90er Jahre hinzugefügt.[125] Die folgende Tabelle gibt einen kurzen Überblick über die Informatisierungsphasen in der öffentlichen Verwaltung.

---

[119]   Vgl. Halves, Jan-Peter. Call Center in Deutschland. 2001. S. 42.

[120]   Vgl. Kubicek, Herbert / Hagen, Martin. Internet und Multimedia in der öffentlichen Verwaltung. 1999. S. 17. Beyer, Lothar / Brandel, Rolf. Amtsstunden rund um die Uhr? Öffentliche Verwaltungen öffnen neue „Portale". S. 76. Greifenstein, Ralph / Jansen, Peter / Kißler, Leo. Neue Technologien und Mitbestimmung am Arbeitsplatz. 1990.

[121]   Bzgl. der Maßstäbe des bürgernahen Verwaltungshandels vgl. Bogumil, Jörg / Kißler, Leo. Vom Untertan zum Kunden? Möglichkeiten und Grenzen von Kundenorientierung in der Kommunalverwaltung. 1995. S. 19.

[122]   Vgl. Brinckmann, Hans / Wind, Martin. Teleadministration. Online-Dienste im öffentlichen Sektor der Zukunft. 1999. S. 11ff.

[123]   Falkenstein, Schwabe und Krcmar unterteilen in dieser Hinsicht die Informationen in:
a.)   Informationen über soziale, und politische Rechte und Pflichten
b.)   Orientierungs- und Wegweiserinformationen
c.)   Strukturinformationen
d.)   Alltags- und Fachinformationen
e.)   Demokratische Informationen.
Vgl. Falkenstein, Frank / Schwabe, Gerhard / Krcmar, Helmut. Bürgerinformation im Internet: Anspruch, Realität und Potential. 1996. S. 1ff.

[124]   Vgl. Brinckmann, Hans / Kuhlmann, Stefan. Computerbürokratie. Ergebnisse von 30 Jahren öffentlicher Verwaltung mit Informationstechnik. 1990. S. 20.

[125]   Vgl. Wind, Martin. Technik für das Volk! In: Killian, Werner / Kneissler, Thomas (Hrsg.) Demokratische und partizipative Verwaltung. 1999. S. 79ff.

Phase	Dauer	Technisch-organisatorische Orientierungen
Pionierzeit	1950-1970	- Versuche und Grundlegungen bei rechenbaren Tei laufgaben
Gründerzeit	1965-1975	- Durchbruch der „Automatisierung" bei Massenverfahren
Konsolidierungszeit	1975-1985	- Ausweitung der „Automatisierung"
		- Dezentralisierung des Sachbearbeiterzugriffs auf DV-Systeme
Zeit der Neuorientierung	1982-1995	- Verselbständigung dezentraler DV
		- Gewachsene Ansprüche an Informatisierung
		- Kommunikationstechnische Vernetzung
		- Neue Integrationskonzepte
		- Versuch der Informatisierung komplexer Entscheidungsstrukturen (Expertensysteme)
Zeit beginnender Virtualität	Seit Mitte der 90er	- Computer als Medium
		- Einbindung ins Internet
		- Integration bestehender Systeme mittels Intranet
		- Leitbild „virtuelle Verwaltung"
		- Workflow- und Groupware-Systeme als neue Option

Abb. 12: Informatisierungsphasen in der öffentlichen Verwaltung Deutschlands

Quelle: Wind, M. in Fortführung von Brinckmann, H. und Kuhlmann, S. 1990.[126]

Die Entwicklung von Online-Leistungen wird unterschiedlich eingeschätzt.[127] Verwaltungen, die geringe Fortschritte bei Online-Leistungen gemacht haben, stufen sich in der Regel in der Aktivitätenskala hoch ein. Dagegen fällt die Selbsteinstufung bei Kommunen mit fortgeschrittenen Online-Leistungen gering aus. Die Begründung liegt darin, daß technisch fortgeschrittene Kommunen den „Online-Leistungs-Markt" besser einschätzen können und der Auffassung sind, daß Online-Leistungen noch in der Entwicklungsphase sind und daß noch vieles verbessert werden muß. Dagegen ist die Selbstbewertung von weniger fortgeschrittenen Kommunen deshalb so hoch, weil sie die Online-Leistungen nicht tiefgehend, sondern nur aus „Imagezwecken" betreiben. Deren Vertreter wissen in der Regel nicht,

---

[126] Vgl. Wind, Martin. Technisierte Behörden. 1996. S. 136. Die vier Phasen der Tabelle stammen aus Brinckmann, Hans / Kuhlmann, Stefan. Computerbürokratie. Ergebnisse von 30 Jahren öffentlicher Verwaltung mit Informationstechnik. 1990. S. 20.

[127] Entwicklungen von E-Government auf der Bundesebene können beispielsweise über www.bund.de/BundOnline-2005htm oder Kleindiek, Ralf. BundOnline 2005 – Electronic Government Strategie des Bundes. In: Reinermann, Heinrich / Lucke, Jörn von (Hrsg.) Electronic Government in Deutschland. 2002 eingesehen werden. Ein Überblick über die Entwicklungen des E-Governments auf Landesebene findet sich bei Städler, M. Die Electronic Government-Aktivitäten der Länder. Verwaltung und Management. 2002. S. 170. Die Entwicklungen auf der Ebene der Kreise, Städte und Gemeinden können beispielsweise unter www.mediakomm.net oder Grabow, Busso / Siegfried, C. Virtuelle Rathäuser und die Media@Komm-Modellprojekte, in: Reinermann, Heinrich / Lucke, Jörn von (Hrsg.) Electronic Government in Deutschland. 2002 eingesehen werden.

wie umfangreich Online-Leistungen sein können und wie schnell sich E-Government entwickelt. Da sie das Ausmaß der Fortschritte auf dem IT-Markt nicht einschätzen können, hoffen sie mit kleinen „E-Government-Randprojekten" einen modernen Eindruck machen zu können.[128]

Insgesamt wird Deutschland auf dem Weg zur elektronischen Verwaltung als durchschnittlich bis gut bewertet, jedoch schneidet es bei der Ausschöpfung vorhandener Potentiale international deutlich schlechter ab.[129]

Eine Gemeinsamkeit von Call Center, Bürgerbüros und Online-Leistungen besteht darin, daß sie alle Querschnittszuständigkeiten, den gleichen Ansatz verfolgen, für den Bürger möglichst viele Dienstleistungen direkt anzubieten, elektronischen Zugriff auf Datenbestände haben und One-Stop-Shop-Charakter tragen.[130]

---

[128] Vgl. Grabow, Busso / Floeting, Holger. Wege zur telematischen Stadt. Beitrag zum Jahrbuch Telekommunikation und Gesellschaft 1999, Band 7, S. 3ff.

[129] Vgl. E-Government in den Städten. Positionspapier und Leitfaden des Deutschen Städtetages. Stand: Juni 2002, S. 2.

[130] Vgl. Grabow, Busso. Information, Kommunikation und Multimedia in Städten. Heft 6, 2000. S. 87. Hill, Hermann. Multimedia – Chancen und Herausforderungen für Verwaltungen und Bürger. Verwaltung und Management. Heft 4, 1996. S. 196ff.

2. Portalanalyse am Beispiel ausgewählter Städte

2.1 Das Portal des persönlichen Zugangs

2.1.1 Das einwohnermeldeamtähnliche Bürgeramt der Kreisverwaltung Anhalt-Zerbst

2.1.1.1 Ausgangspunkt und Zielsetzung der Bürgerämter

Ausgangspunkt für das Projekt „Bürgerämter" waren die Ergebnisse einer Bürger- bzw. Kundenbefragung im Frühjahr 1997[131] und die Durchsetzung des Leitbildes der Kreisverwaltung mit ihren drei Säulen „Bürgerzufriedenheit, Mitarbeiterzufriedenheit und Wirtschaftlichkeit".

Der Landkreis Anhalt-Zerbst ist im Rahmen einer Gebiets- und Verwaltungsreform in Sachsen-Anhalt im Jahre 1994 entstanden.[132]

Das Thema Kommunalreform war so bereits unmittelbar nach der Gebietsreform[133] wieder aktuell, zu einem Zeitpunkt, als die Kommunen gerade dabei waren, sich stärker auf die Qualität und Effektivität der Verwaltungsarbeit zu konzentrieren. Das Thema wurde von der Landesebene auf die Tagesordnung gebracht und die Diskussion über Leitbilder wurde wieder aktuell. Die Rückkehr zur Reform wurde damit begründet, daß die Reformmaßnahmen aus dem Jahre 1994, in deren Folge der Landkreis Anhalt-Zerbst entstanden war, zu „kurz" gegriffen habe.

Im Verhältnis zu anderen Kommunen hatte die Kreisverwaltung Anhalt-Zerbst den Vorteil, daß sie auf die Erfahrungen der letzten Gebietsreform zurückgreifen konnte. Von 2000 bis 2002 befand sich die Kreisverwaltung in der sogenannten freiwilligen Phase, in der die Gemeinden und Landkreise aufgefordert wurden abzuschätzen, ob ein freiwilliger Zusammenschluß von umliegenden Gebietskörperschaften für ihre eigene Entwicklung von Vorteil ist oder nicht.[134]

Durch die Bündelung von publikumsintensiven öffentlichen Aufgaben in den Bürgerämtern sollte ein wesentlicher Schritt in der Entwicklung der Kreisverwaltung

---

[131]   Vgl. Verwaltunseigene Unterlagen, Bürgerbefragung 1997.

[132]   Dieser Landkreis ist zwar einwohner- und bevölkerungsmäßig mit knapp 80.000 Einwohnern ein sehr kleiner Kreis, jedoch flächenmäßig betrachtet mit seinen 1225 km2 ein relativ großer Landkreis.

[133]   Grundlegend zu Gebietsreform vgl. Laux, Eberhard. Erfahrungen und Perspektiven der kommunalen Gebiets- und Funktionalreformen. In: Wollmann, Helmut / Roth, Roland (Hrsg.) Kommunalpolitik.1999. S. 168ff.

[134]   Mit dem Beschluß des Kreistages des Landkreises Anhalt-Zerbst vom 2. März 2000 wurde einstimmig für den Erhalt des Landkreises Anhalt-Zerbst als Ganzes und danach in den Gremien eindeutig gegen eine drohende Zersplitterung des Landkreises ausgesprochen. Verwaltungseigene Unterlagen, Zeitplan der Kommunal- und Gebietsreform im Land Sachsen-Anhalt.

Anhalt-Zerbst zu einer modernen Dienstleistungsverwaltung für die Bürger gegangen werden.

Die wichtigsten bürger- bzw. kundenorientierten Ziele waren:

- die Bereitstellung eines bürgerorientierten Dienstleistungsangebotes in einem optimalen zeitlichen Rahmen,

- die freundliche und fachkundige Beratung durch gut geschulte Mitarbeiter aus einer Hand und damit

- die Reduzierung von Warte- und Wegzeiten der Bürger.

2.1.1.2   Das Anhalt-Zerbster-Konzept zur Umsetzung von Bürgerämtern in den Verwaltungskomplexen Zerbst und Rosslau

Im Gegensatz zu Bürgerbüros, in denen in sog. multifunktionale Serviceläden im Verbund kommerzieller Dienstleistungsanbieter und öffentlicher Verwaltung den Bürgern eine umfassende Dienstleistungspalette angeboten wird, sind die Bürgerämter in Anhalt-Zerbst durch Bündelung publikumsintensiver kommunaler Aufgaben geprägt.

Die Außenstelle in Wörlitz wurde nach dem Vorbild des Landkreises Wittenberg den Funktionen eines Bürgeramtes ähnelnd neu gestaltet. Die einzurichtenden Bürgerämter sollten unter Beachtung von bisherigen Erkenntnissen und permanenten Bürgerbefragungen geplant und umgesetzt werden.

Diesbezüglich waren folgende Voraussetzungen zu erfüllen:

- Eine genaue Definition der Dienstleistungspalette im Rahmen der Bürgerberatung,

- zur Verfügungsstellung aller notwendigen Materialien wie z. B. Formulare, Anträge, Info-Broschüren etc.,

- Nutzung der vorhandenen Kommunikations- und Bürotechnik,

- Sicherung der räumlichen Voraussetzung sowie die bürgeramtsgerechte Gestaltung,

- Sicherung der personellen Voraussetzungen durch Bürgerberatung an beiden Standorten mit sich überlappender Dienstzeit,

- Erfüllung der subjektiven Voraussetzungen durch umfassende Verwaltungserfahrungen sowie Kenntnissen im Umgang mit Bürgern,

- rechtzeitige Sicherung von Qualifizierungsmaßnahmen vor dem Einsatz des Bürgeramtspersonals.

Die Frequenz der Bürgeramtsbesucher sowie deren Nachfrage nach Verwaltungsleistungen verschiedener Art wurden statistisch festgehalten und ausgewertet. Schon im ersten Jahr wurden die Bürgerämter insgesamt 47.289mal in Anspruch genommen, eine Zahl, die für einen kleinen Landkreis das große Interesse der

Bürger wiedergibt und einen Ausbau notwendig macht. Die meist in Anspruch genommenen Dienstleistungen stammen u. a. aus den Bereichen Abfallwirtschaft, amtliche Beglaubigungen, Ausländerangelegenheiten, BaföG, Ermäßigungen von Elternbeiträgen für den Besuch einer Kindertageseinrichtung, Erziehungsgeld, Familienerholung, Wohngeld u.s.w.

Die Bearbeitungsdauer der einzelnen Anliegen ist sehr unterschiedlich. Während für eine Formularabgabe nicht einmal fünf Minuten benötigt werden, nehmen komplexe Vorgänge, wie z. B. die ausführliche Beratung, fast eine Stunde in Anspruch.

Schon im ersten Jahr konnte die positive Resonanz der Bürger festgestellt werden. Unterstützt wurde dies durch die bürgerfreundlichen Öffnungszeiten, die in der Woche 52 Stunden betrugen.

Auch der Monatsdurchschnitt der bearbeiteten Fälle in den Bürgerämtern ist von anfänglich mit 1200 Fällen zum Ende des Jahres auf 3300 bearbeitete Fälle pro Monat angestiegen.

Die positive Resonanz deutete auf die kontinuierliche Erweiterung des Dienstleistungskatalogs. Im Laufe der Zeit wurden auch viele weitere Aufgaben in den Dienstleistungskatalog aufgenommen. Beispielsweise wird die vollständige Bearbeitung von Anträgen der Bürger übernommen, die zuvor durch die Fachämter bearbeitet wurden.

Durch die zunehmende Leistungsbreite und -tiefe ist die permanente Qualifizierung der Bürgerberater unumgänglich geworden.

Für Schwerpunktaufgaben erfolgten durch Kooperation mit den jeweiligen Fachämtern interne Schulungen.

Die Notwendigkeit im Sinne des Bürgeranliegens nach einem breiten Sprechzeitenspektrum, kurzen Wegen, geringer Wartezeiten usw. wird gegenwärtig durch alle Beteiligten zunehmend akzeptiert. Zu erwähnen bleibt dennoch die anfängliche Angst in den Fachämtern um den eigenen Arbeitsplatz durch die Abgabe von eigenen Aufgaben an die Bürgerämter.

Nach der erfolgreichen Planungs- und Implementierungsphase plant die Kreisverwaltung Anhalt-Zerbst für die Zukunft im Zusammenhang mit der prozeßbegleitenden Projektarbeit folgende Arbeitsschwerpunkte:

- die kontinuierliche Erweiterung des Aufgabenkatalogs der Bürgerämter,

- die Verbesserung der technischen Ausstattung und der Qualität der Beratertätigkeit, z. B. durch regelmäßige Fortbildung der Mitarbeiter,

- die schrittweise Schaffung von Möglichkeiten für den Bürger, einige Anliegen auch per Internet online zu erledigen.

2.1.2 Die Bürgerdienste der Stadtverwaltung Dortmund

2.1.2.1 Das neue Dienstleistungszentrum in der Innenstadt

Das Dienstleistungszentrum (DLZ) der Stadtverwaltung Dortmund besteht aus 32 neugestalteten Büroarbeitsplätzen, die mit 55 Mitarbeitern zeitversetzt besetzt werden. Das „besonders" Neue im DLZ ist, daß erstmalig in der Innenstadt Leistungen aus dem Bereich Einwohnerwesen und Kfz-Zulassung „aus einer Hand" angeboten werden.

Durch eine Personenaufrufanlage wird der Besucherstrom den einzelnen Wartebereichen zugeordnet. In den Serviceteams werden die Bürger durch einen Ansprechpartner ganzheitlich, von der Entgegennahme des Antrags bis zur Erledigung und ggf. Entrichtung der Gebühren, bedient.

In den back offices werden die vor- und nachbereitenden sowie nicht eilenden Aufgaben erledigt. Dazu zählen beispielsweise die Überprüfung der Anträge auf Richtigkeit oder Planung des Tagesgeschäfts des front-offices.

Da die Dortmunder Verwaltung nicht nur die Bürger, sondern auch die Kaufleute mit modernen Dienstleistungen bedient, wurde für diese der Händlerschalter eingerichtet, damit z. B. Kfz-Händler ohne Wartezeiten ihre Massenzulassungen bearbeiten lassen können.

Auch die Führerscheinstelle ist im Gebäudekomplex Dienstleistungszentrum Bürgerdienste untergebracht.

Als Bestandteil der Stadtverwaltung Dortmund sind die Bürgerdienste im Dienstleistungszentrum die Einheit mit den meisten Kundenkontakten und den höchsten bzw. häufigsten Aufgabenbündelungen. Das Bindeglied zwischen Politik, Verwaltung und den Bürgern wird durch die Aufgabenwahrnehmung der Bürgerdienste gewährleistet. Die Dortmunder Bürgerdienste sind so lokalisiert, daß der Bürger sie in wohnnaher Lage mit allen öffentlichen Verkehrsmitteln erreichen kann.

Die Kooperation und Kommunikation der Bürgerdienste zu anderen Verwaltungseinheiten und zu den Bürgern und Kunden ist groß. Somit werden durch die Bürgerdienste jährlich ca. 2,5 Mio. Briefkontakte, ca. 1,5 Mio. Telefonkontakte und ca. 1 Mio. persönliche Kontakte hergestellt. Die Tendenz ist steigend.

Auf diesen drei verschiedenen Kommunikationswegen werden neben Einwohnermeldeangelegenheiten auch Führerschein- und Fahrschulangelegenheiten, Gewerbeangelegenheiten, Kraftfahrzeugzulassungsangelegenheiten, Rentenangelegenheiten, Stadtbezirkmarketing, Standesamtsangelegenheiten, Wohngeldangelegenheiten etc. erledigt.

2.1.2.2 Ziele des Dienstleistungszentrums

Die drei großen Ziele des Dienstleistungszentrums sind die Bürger- und Mitarbeiterorientierung sowie die Wirtschaftlichkeit.

a.) Die Bürgerorientierung

Den Bürgern kommt man im DLZ der Stadtverwaltung Dortmund in vielerlei Hinsicht entgegen. Die gegenseitige Wertschätzung, Akzeptanz, Distanz aber auch das Einfühlungsvermögen spielen dabei eine besondere Rolle.

In den Arbeitsprozessen werden die Bedürfnisse der Bürger berücksichtigt, indem ihnen offene Kommunikation ermöglicht und ein partnerschaftlicher Umgang gewährleistet wird.

Die Bürgerorientierung spiegelt sich auch in der Organisation wieder. Kurze Wege, Bündelung von Dienstleistungen, klare Zuständigkeiten sind hierfür die charakteristischen Eigenschaften.

Dabei wird die optimale Erreichbarkeit durch verläßliche Anwesenheit und die bedarfsorientierten Öffnungszeiten sowie durch sichere Terminvergabe gesichert.

b.) Mitarbeiterorientierung

Bei der Mitarbeiterorientierung werden Instrumente des modernen Managements wie z. B. effektive Personalentwicklungskonzepte, Mitarbeitergespräche, Teamarbeit, Zielvereinbarungen etc. eingesetzt. Die Zusammenarbeit der Mitarbeiter untereinander und mit dem Verwaltungsmanagement ist durch einen offenen Dialog sowie durch abgestimmtes Agieren charakterisiert. Auf diese Weise lassen sich Eigenverantwortung, Motivation und vor allem Zufriedenheit resultieren.

c.) Wirtschaftlichkeit

Auch wenn zur Bürgerorientierung der Service ausgeweitet und zur Mitarbeiterorientierung moderne und aufwendige Methoden eingesetzt werden, wird in der Stadtverwaltung Dortmund oft die Frage gestellt, ob die Leistungen nicht kostengünstiger angeboten werden können. Arbeitsabläufe werden daher ständig untersucht und optimiert.

2.1.3 Die Bürgerämter und das Kundenbüro der Stadtverwaltung Hagen[135]

2.1.3.1 Ausgangssituation und Entwicklungen

Die Stadtverwaltung Hagen[136] hatte sich schon im Jahre 1993 mit größeren Schritten auf dem Weg zur Verwaltungsreform gemacht.[137]

Zuvor hatte sie im Herbst 1992 mit einem Mitarbeiter der KGST eine gemeinsame Informationsveranstaltung von Politik und Verwaltung zum Thema „Veränderungen in der Verwaltungssteuerung" unter der Überschrift „Tilburger Modell" organisiert. Die Stadtverwaltung wollte aus dem persönlichen Portal für Informationsbereiche „Neue Rathäuser" gestalten. Dort sollte die abschließende Beratung oder die zielgerichtete Weiterleitung stattfinden. Für die Fachbereiche und Fachämter sollten dann nur noch die von den Bürgerämtern und Kundenbüros nicht bearbeiteten Aufgaben belassen werden.

Im Jahre 1995 sind in Hagen fünf dezentrale Bürgerämter eingerichtet worden, die auch als „kleines Rathaus" bezeichnet werden.

Durch die Bürgerämter wurden vor allem die Ziele Bürgerorientierung und Mitarbeiterorientierung erreicht. Wirtschaftlichkeit war im Hinblick auf die Einrichtung

---

[135] Über die Modernisierungsmaßnahmen der Stadtverwaltung Hagen wurde bisher viel veröffentlicht. Dazu zählen u. a. Freudenberger, Dietrich. Der Bürgerladen Hagen – Ein Projektverlauf auf dem Weg der Stadtverwaltung zu einem kundenorientierten Dienstleistungsunternehmen. In: Kißler, Leo / Bogumil, Jörg / Wiechmann, Elke (Hrsg.) Anders verwalten. 1993. S. 65ff. Bogumil, Jörg / Kißler, Leo. Kundenorientierung durch den Hagener Bürgerladen. In: Kißler, Leo / Bogumil, Jörg / Wiechmann, Elke (Hrsg.) Anders verwalten. 1993. S. 87ff. Kißler, Leo / Bogumil, Jörg. Der Bürgerladen Hagen – Kundenorientierung und Produktivitätssteigerung durch mehr Arbeitsqualität. In: Naschold, Frieder / Pröhl, Marga (Hrsg.) Produktivität öffentlicher Dienstleistungen. 1995. S. 65ff. Fromme, Klaus. Das Pilotprojekt „Bürgerladen" in Hagen – Ein Erfahrungsbericht aus der Praxis. In: Naschold, Frieder / Pröhl, Marga (Hrsg.) Produktivität öffentlicher Dienstleistungen. 1995. S. 79ff. Thieser, Dietmar. Stand des Modernisierungsprozesses in Hagen. In: Bogumil, Jörg / Kißler, Leo (Hrsg.) Stillstand auf der „Baustelle"? Barrieren der kommunalen Verwaltungsmodernisierung und Schritte zu ihrer Überwindung. 1998. S. 41ff. Kißler, Leo / Bogumil, Jörg / Wiechmann, Elke. Das kleine Rathaus. Kundenorientierung und Produktivitätssteigerung durch den Bürgerladen Hagen. 1994.
Wiechmann, Elke / Kißler, Leo. Technikeinsatz, Beteiligung und Qualifikation im Bürgerladen Hagen: Zur Innenausstattung der Kundenorientierung. In: Kißler, Leo / Bogumil, Jörg / Wiechmann, Elke (Hrsg.) Anders verwalten. 1993. S. 103ff.

[136] Die Stadt Hagen hat ungefähr 220.000 Einwohner. In der Stadtverwaltung arbeiten ca. 3.600 Beschäftigte.

[137] So hat der Rat der Stadt am 06.12.93 einen Beschluß über die Konsequenzen und Notwendigkeiten für ein Neues Steuerungsmodell der Verwaltung der Stadt Hagen gefaßt in der folgendes festgehalten wurde: Der Rat und die Verwaltung haben sich bereit erklärt, daß ein strategisch angelegter Veränderungsprozeß zur Umgestaltung der Verwaltung notwendig ist. Um diese Umgestaltung durchzuziehen, ist es festgestellt worden, daß es dafür erforderlich ist, daß der Rat sich auf Leitlinienentscheidungen und die Entwicklung von Zielvorgaben, aber auch die laufende Ergebniskontrolle konzentriert. Vorgesehen wurde aber auch, daß im Gegenzug die Verwaltung die Voraussetzungen für die Ergebniskontrolle sowie für Kosten- und Leistungstransparenz schafft. Für diese erweiterten Aufgaben wurden zwei Diplom Kaufleute und vier Betriebswirte extern eingestellt.

und Funktion von Bürgerämtern keineswegs ein realisierbares Vorhaben, da besonders die Bürgerorientierung höhere Kosten im Rahmen des Mehrfachangebots von Dienstleistungen in vielen dezentralen Bezirksstellen verursacht hat. Im Ergebnis wollte man die Bürgerzufriedenheit erhöhen und vom Konzept des Bürgerladens profitieren, sowie zum guten Image der Stadt beitragen.

Mit einem Ratsbeschluß hat die Stadt Hagen geplant, neben der Einrichtung von Bürgerämtern in den Bezirksverwaltungsstellen:

a.) Boele

b.) Hohenlimburg

c.) Haspe

sowie den Verwaltungsaußenstellen

d.) Vorhalle

e.) Dahl

auch ein zentrales Bürgeramt in der Innenstadt einzurichten.

Ziel der Einrichtung eines zentralen Bürgeramtes war die Ausweitung der Aufgaben- und Dienstleistungsstrukturen auf das gesamte Stadtgebiet. Gleichzeitig sollte das zentrale Bürgeramt die „Kopfeinheit" der anderen Bürgerämter in den jeweiligen Bezirken und Außenstellen sein. Das zentrale Bürgeramt wurde im Jahre 1998 eröffnet.

2.1.3.2   Das zentrale Bürgeramt

Das Bürgeramt als zentrale Einrichtung im Rathaus besitzt eine besondere Rolle in der Organisationsstruktur, da es sowohl zentrale, als auch dezentrale Elemente beinhaltet.

Die Zentrale des Bürgeramtes verfügt zum einen über die sogenannten Sachgruppenstruktur und zum anderen über Querschnittsaufgaben.

Die Sachgruppenstruktur ist die organisatorische Grundlage eines Bürgeramtes. In der Sachgruppenstruktur sind mehrere Mitarbeiter beschäftigt, die unter Sachgruppenleitung neben sachbearbeitenden Tätigkeiten auch organisatorische Aufgaben aus dem täglichen Dienstbetrieb ausüben.

Die Querschnittsfunktionen bestehen in der „Hintergrundarbeit" der Sachgruppe und bei den ADV-Koordinatoren.

Bei den Bürgerämtern wird ein Teil der Arbeit im Hintergrund erledigt. In diesem Bereich haben die Mitarbeiter direkt mit dem Bürger keinen Kontakt. Im Bereich der Einwohnermeldestelle werden so z. B. die Aufgaben wie Statistiken erfassen, Wehrerfassung, Registratur, Sammelauskünfte aus dem Melderegister oder Auskünfte aus Altdateien etc. erledigt.[138]

2.1.3.3 Das Kundenbüro

Das Kundenbüro ist nach der Stufe des Bürgeramtes die endgültige Stufe in der Bürgerorientierung. In den Kundenbüros werden nach Lebenslagen alle Dienstleistungen zusammengefaßt, die für eine bestimmte Personengruppe in Frage kommen. In der Regel sind dies in die Organisation der Verwaltung verstrickte und mit mehreren Ämtern in Berührung kommende Prozesse[139] (Bsp. Kundenbüro für Senioren).

Bei den Kundenbüros ist besonders die Idee des Lebenslagenaspektes eines Neubürgers wichtig, da diese auf Grund der zunehmenden Fluktuation und Flexibilität der Bürger an Bedeutung gewinnt.

2.2 Das Portal des telefonischen Zugangs

2.2.1 Das Call Center der Stadt Duisburg[140]

Die Stadt Duisburg gehört mit ihren 513.550 Einwohnern zu den größten Städten Deutschlands. Die Verwaltung der Stadt erfolgt in sieben dezentralen Bezirksämtern. Die Stadt hat Anfang 2001 einen Beschluß über die Analyse des Zustandes der Kommunikation zwischen den Bürgern und der Stadtverwaltung Duisburg gefaßt. Mit dieser Aufgabe wurde die Firma „servicesite GmbH" beauftragt, die sowohl den aktuellen Stand der Kommunikation, als auch die Möglichkeiten der Kommunikation in Zukunft zu analysieren und zu bewerten hatte. Das Call Center, das in der privaten Wirtschaft ein bekanntes Instrument zur Servicesteigerung ist, wurde auch für die Stadt Duisburg durch die Beratungsfirma empfohlen. Zunehmend fordern Bürger eine vergleichbare Servicequalität, die sie aus der Privatwirtschaft gewohnt sind und deren Nutzen sie schon erkannt haben. Die Stadt Duisburg wurde veranlaßt, eine Vereinfachung und Effizienzsteigerung der existierenden Verwaltungsprozesse sowie die Erweiterung der Dienstleistungsangebote vorzunehmen.

---

[138] Wobei die moderne Technik den Bürgern immer mehr die Möglichkeit anbietet, sich die Information selbst zu verschaffen.

[139] Der sorgsame und wirtschaftliche Umgang mit Daten wurde in der Stadtverwaltung Hagen schon im Jahre 1990 begonnen, in dem das sogenannte Bürgerinformationssystem als Wissensdatenbank in den Bürgerläden diente.

[140] Das Call Center der Stadt Duisburg ist einer von vielen Modernisierungsvorhaben der Stadt, die über Jahre hinweg aufgrund der struktuellen Veränderungen ständig Modernisierungsmaßnahmen treffen mußte. Vgl. dazu: Kuban, Monika. Duisburg 2000. Eine Stadt auf Reformkurs. In: Reichard, Christoph / Wollmann, Hellmut (Hrsg.) Kommunalverwaltung im Modernisierungsschub? 1996. S. 135ff.

In dieser Hinsicht war die Einrichtung eines Call Centers von wichtiger Bedeutung, um den Wünschen der Bürger nachzugehen, aber auch dabei verschiedene Ämter und Einrichtungen durch Abnahme von Routinearbeit zu entlasten.

„Den zeitgemäßen Anforderungen" nach Serviceangeboten hat die Stadtverwaltung Duisburg im Oktober 2001 Rechnung getragen und das Call Duisburg Center eröffnet.[141]

2.2.2   Das Call Center der Stadt Karlsruhe[142]

In Karlsruhe existieren mehrere öffentliche Call Center. Das größte und weitaus ausgeprägteste ist das Call Center, das für den Aufgabenbereich „Bürgerservice und Sicherheit" zuständig ist. Aus der früheren Telefonzentrale entstand 1998 dieses Call Center mit der Zusammenführung von Aufgaben aus den Ämtern.

Die Mitarbeiter des Call Centers kommen aus dem Bereich Bürgerbüro und sind für ein breites Aufgabenspektrum ausgebildet.

Im Call Center sind acht Mitarbeiterinnen und Mitarbeiter in Schichtarbeit tätig. Dabei ist die Besetzung des Call Centers, besonders in der Vormittagszeit von Bedeutung, weil die Anruffrequenzen in dieser Zeit am größten sind. Im Moment beläuft sich die Zahl der monatlichen Anrufe auf 16.000 mit steigender Tendenz. Anfangs hatte das Call Center mehrere Telefonnummern, inzwischen existiert stadtweit eine einheitliche Nummer.

---

[141]   Nachdem im März und April 2001 eine Ist-Analyse über den aktuellen Zustand in den Bürgerservicestellen der Stadt Duisburg vorgenommen wurde, ist man zu dem Schluß gekommen, daß in der Stadtverwaltung Duisburg die Brücke zwischen den einzelnen Bürgerservice Centern und dem Internet-Angebot der Stadt fehlt. Deshalb sollte das Call Center als drittes Portal der Verwaltung den Bürgern nicht nur per E-Mail, sondern auch per Fax und vor allem telefonisch einen Zugang ermöglichen. So wurden die Prozesse, die durch telefonische Anfragen der Bürger ausgelöst wurden wochenlang erfaßt, dokumentiert und bewertet, um Erkenntnisse über die Frequentierung, die Verteilung und die Gesprächsschwerpunkte der eingehenden Anrufe auf die Ämter und Institutionen zu erhalten. In der Zeit von Mai bis Juni 2001 wurde die Feinanalyse durchgeführt. In der gesamten Analyse- und Konzeptionsphase, die von März bis August 2001 ging, wurde alle vier Wochen ein Statusbericht erstellt, damit die Probleme während des Vorankommens des Projektes so bald wie möglich erkannt und beseitigt werden konnten und die Planung in festem Rahmen umgesetzt werden konnte. Nachdem ein sog. „check up" stattgefunden hatte, ist das Call Center der Stadt Duisburg im Oktober 2001 eingeführt worden.
Für die Bewältigung der Call Center-Arbeit wurden infolge einer Bemessung insgesamt 25 Mitarbeiter zugeteilt. Diese umfaßten neben dem Leiter des Call Centers, vier Teamleiter und 20 Teammitarbeiter. Von den Mitarbeitern im Call Center wurden mehrere Qualifikationen erwartet. Diese waren neben dem Fachwissen, das sich auf die allgemeinen Kenntnisse in der Verwaltung, Kommunalkenntnisse und gute Allgemeinbildung bezog, auch Fähigkeiten und Fertigkeiten in der Methodik, Sozialkompetenz sowie Persönlichkeit. Während hinsichtlich der Methodik PC-Kenntnisse, klare Formulierungen, Telefontechniken etc. erfordert wurden, hat man von den Mitarbeitern des Call Center im Rahmen der Sozialkompetenz freundlichen Umgang mit den Bürgern, Beratungskompetenz, Informationsbereitschaft und vor allem Teamfähigkeit erwartet.

[142]   Interview am 15.04.04 mit dem zuständigen Mitarbeiter des Call Centers

Das Personal in der Verwaltung ist knapp. Im Call Center kann jeder Bürger oder Kunde anrufen, unabhängig davon, ob er vom Fachamt bedient werden möchte oder nur kleine Informationen braucht. Entsprechend werden die Anrufe entweder sofort weiterverbunden, oder dem Bürger wird ein Rückruftermin gegeben, an dem er vom Fachamt angerufen und beraten wird.

2.3 Das Portal des elektronischen Zugangs und virtuelle Rathäuser

Das Konzept des virtuellen Rathauses beinhaltet das Ende starrer Öffnungszeiten, langer Warteschlangen, fehlender Informationen, langer Anfahrtzeiten.[143] Für viele Verwaltungsakte ist jedoch eine elektronische Signatur notwendig, deren Ausgestaltung noch nicht ausgereift ist.[144] Auch beherrscht ein nicht zu unterschätzender Anteil von Bürgern den Umgang mit elektronischen Diensten nicht bzw. verfügt weder über einen PC noch über einen Online-Zugang.[145] Deutschland liegt im internationalen Vergleich weit hinter den USA und den skandinavischen Ländern.[146] Ernüchternd ist auch die Zusammensetzung der deutschsprachigen Internet-Nutzer. Der typische Internet-Nutzer ist männlich, Anfang 30, hat mindestens Abitur bzw. ein Studium abgeschlossen und ist vom Berufsstatus Angestellter. (s. Abb. 13)

Weiblich:	16,6%
Männlich:	83,4%
Durchschnittsalter:	32 Jahre
Beruf:	
Angestellte:	66,5%
Beamte:	9,8%
Selbständige/Freiberufler:	20%
Arbeiter und Sonstige:	3,7
Bildungsabschluß:	
Abitur oder Studium:	79,7%

Abb. 13: Kennzahlen zur Internetnutzung[147]

Quelle: Eigene Darstellung in Anlehnung an Zoche.

---

[143] Vgl. Brinckmann, Hans / Wind, Martin. Teleadministration. Online-Dienste im öffentlichen Sektor der Zukunft. 1999. S. 31ff.

[144] Vgl. Wirth, Roland. Electronic Government mit digitaler Signatur. In: Killian, Werner / Kneissler, Thomas (Hrsg.) Demokratische und partizipative Verwaltung. 1999. S. 111ff.

[145] Einer Repräsentativumfrage aus dem Jahre 1996 nach besitzen nur 20% der Bevölkerung einen Computer zu Hause. Während der Anteil bei Universitätsabsolventen über 50% beträgt, beläuft sich der Anteil von Coputerbesitzern bei den Hauptschulabsolventen nur auf 9%. Somit wird der Besitz eines Computers zur Bildungsfrage gemacht. Näheres vgl. Opaschowski, Horst. Welche Rolle spielt der Verbraucher? In: Kubicek u.a. (Hrsg.) Jahrbuch Telekommunikation und Gesellschaft. 1997. S. 21.

[146] Vgl. Kubicek, Herbert. Was versteht man unter allgemeinen Zugang und worauf kommt es an? Unter: www.jtg-online.de/jahrbuch/aspekte/Kubicek/kubicek.htm vom 08.07.03

[147] Vgl. Zoche, Peter. Was die Nutzer wirklich wollen. Unter: www.jtg-online.de/jahrbuch/aspekte/Zoche/zoche.htm. vom 08.07.03.

Derzeit befindet sich in den meisten Kommunen das virtuelle Rathaus noch im Aufbau. Die meisten Kommunen besitzen nur eine „einfache" Web-Präsentation, die Informationen wie Öffnungszeiten, Zuständigkeiten und Telefonnummern anbietet. Im folgenden sollen die Möglichkeiten eines virtuellen Rathauses am Beispiel einiger „Vorzeige-Projekte" vorgestellt werden. Diese bieten nicht nur Formulare und kleine Verwaltungsleistungen online an, sondern wickeln auch umfangreiche Verwaltungsverfahren per Internet ab.

2.3.1   Bremen Online-Service[148]

Die Stadtverwaltung Bremen befaßt sich seit vielen Jahren mit elektronischen Informationssystemen.[149]

Der Bremen Online-Service zählt zu den fortschrittlichsten virtuellen Rathäusern in Deutschland. Der Bürgerorientierung wird ein besonderer Wert beigemessen, sodaß 1999 im Rahmen eines Wettbewerbs „Bürgerorientierte Kommune – Wege zur Stärkung der Demokratie" Bremen den zweiten Preis gewonnen hat.[150] Der Bremen Online-Service ermöglicht einen virtuellen Kontakt mit allen Behörden und den wichtigsten ortsansässigen Unternehmen der Stadt. [151]

Für die Online-Leistungen der Stadt Bremen werden – um die Angebote nutzen zu können – als Grundausstattung Karten, Lesegeräte und die entsprechende Software benötigt. Elektronische Signaturkarten werden gebraucht, damit Online-Formulare nach dem Ausfüllen auch elektronisch unterschrieben werden können. Die Stadt Bremen hat zahlreiche Signaturkarten verschiedener Anbieter getestet.[152] Bürgern und Kunden, die eine Signaturkarte erwerben möchten, wird eine Empfehlung gegeben. Auch das Chipkartenlesegerät, das Bürger bzw. Kunden benötigen, wird von der Verwaltung empfohlen. Die Stadt Bremen hat hierfür

---

[148]   Die Hansestadt Bremen hat 550.000 Einwohner. Die Zielgruppe dieses Leistungsangebots sind Bürger, Wirtschaft und Touristen.

[149]   Vgl. diesbezüglich Kubicek, Herbert / Redder, Volker u.a. Informierte Stadt durch elektronische Bürgerinformationssysteme? 1993. S. 13ff.

[150]   Vgl. Bronke, Karl. Bremen auf dem Weg zur Bürgerstadt. In: Pröhl, Marga / Sinning, Heidi / Nährlich, Stefan (Hrsg.) Bürgerorientierte Kommunen in Deutschland. Anforderungen und Qualitätsbausteine. 2002. S. 108ff.

[151]   Weiterführende Informationen unter: bremer online-news: www.bremer-online-service.de

[152]   Am 03.04.03 haben sich die Vertreter der Bundesministerien für Inneres, Wirtschaft und Arbeit, Bildung und Forschung sowie der Kreditwirtschaft, der Bundesversicherungsanstalt für Angestellte, des Informatikzentrums Niedersachsen, der Firma Siemens u. a. getroffen, um ein Bündnis für elektronische Signaturen zu gründen. Ziel der Gründung ist die Entwicklung von technisch einheitlichen Lösungen bis 2005, die allen Bürgern ermöglichen, mit jeder Signaturkarte jede Anwendung nutzen zu können. Dabei soll der negativen Entwicklung von Signaturkartennutzung entgegengewirkt werden. Der Grund hierfür liegt oft darin, daß die Kosten einer Signaturkarte bis jetzt vom Karteninhaber, d. h. vom Bürger oder Kunden getragen wurden. Zum anderen lag bis jetzt die Begründung für die negative Entwicklung darin, daß der Nutzen einer Signaturkarte begrenzt war. Anlehnend an die Gebührenordnungen der Kreditgesellschaften, die die Kosten auf die Anbieter und Nachfrager entsprechend aufteilen, hofft man, eine akzeptable Lösung zu anzubieten.

verschiedene Chipkartenlesegeräte getestet.[153] Zur Erfüllung der technischen Voraussetzungen bietet die Stadt ein Startpaket an, das von dem Projekt MEDIA@Komm unterstützt wird.[154]

Zu den Online-Anbietern gehören öffentliche und private Dienstleister wie z. B. das Amtsgericht Bremen, die Bremer Entsorgungsbetriebe, die Deutsche Post AG, die Deutsche Telekom AG, die Sparkasse Bremen, das Finanzamt, die Hochschule Bremen, die Kfz-Zulassungsstelle, das Standesamt u. v. m.

Die Online-Leistungen der Stadt werden von unterschiedlichen Nutzergruppen in Anspruch genommen. Die Leistungen für diese Nutzergruppen sind unter den Rubriken

a.) Anwälte / Notare

b.) Architekten

c.) Bürger

d.) Studenten

e.) Verwaltung

f.) Unternehmen

zusammengefaßt. So können beispielsweise Anwälte durch die möglichen Online-Abwicklungen wichtiger Geschäftsvorfälle[155] Kosten und vor allem Zeit ersparen oder Architekten können von Online-Leistungen Gebrauch machen, die das Bauantragsverfahren[156] erleichtern. Für die Bürger[157] stehen verschiedene Online-Leistungen für den täglichen Bedarf zur Verfügung. Studierende[158] können wichtige und aufwendige Angelegenheiten in Zusammenhang mit der Hochschule erledigen.

---

[153] Neben der Signaturkarte hat sich in Stadtverwaltung Bremen seit März 2003 die Geldkarte zur neuen Zahlungsart entwickelt. Dies geschah in Zusammenarbeit mit der Bremer Verwaltung und der bremen online services GmbH. Weiteres in Pressemitteilung vom 06.03.03 ebensfalls unter www.bremer-online-service.de

[154] Konzept und der Entwicklungsstand des Media@Komm Projektes werden z. B in Grabow, Busso / Siegfried, C. Virtuelle Rathäuser und die Media@Komm-Modellprojekte, in: Reinermann, Heinrich / Lucke, Jörn von (Hrsg.) Electronic Government in Deutschland, 2002 beschrieben.
Nähere Informationen zu aktuellen Ereignissen und Entwicklungen von Media@Komm Städten können auch über www.mediakomm.net bezogen werden.

[155] Das Online-Angebot für Anwälte und Notare ist auf die Leistungen des Online-Mahnantrages beschränkt. In naher Zukunft ist aber ein Ausbau der Leistungen geplant.

[156] Im Gegensatz zu den Anwälten und Notaren haben die Architekten bei ihren komplizierten Anträgen schon eine Reihe von Teilelementen des Baugenehmigungsverfahrens online zur Verfügung.

[157] Für die Bürger steht eine große Palette an Online-Leistungen bereit, angefangen von Leistungen des Standesamtes, der Sparkasse, bis hin zum Finanzamt, Bauamt und privaten Dienstleister.

[158] Auch das Online-Angebot für Studenten ist umfangreich. Alles was für die Immatrikulation oder Exmatrikulation benötigt wird, steht online zur Verfügung.

Für die typischen Behördengänge hat die Stadtverwaltung ein Portal mit den folgenden Rubriken aufgebaut:

a.) Bauen

b.) Freizeit

c.) Justiz

d.) Studium

e.) Umzug

Unter der Rubrik „Bauen" werden sowohl Hinweise für die Planungsphase, als auch Informationen und Formulare für die Bauphase online zur Verfügung gestellt. Zu den Angeboten der Vorhabenplanung gehören z. B. Informationen zu Baurecht und den verschiedenen Förderprogrammen, Katasterkarten sowie Texte zum Vermessungswesen. Für das Antragsverfahren wurden eine Reihe von Online Anträgen, aber auch Hinweise bereitgestellt.

Die Rubrik Freizeit beinhaltet nur Informationen, die abgerufen werden können. Auch hier ist in naher Zukunft ein Online-Angebot für Leistungen geplant. Dazu zählen die Reservierung von Eintrittskarten für Werder Bremen und Kino, der elektronische Fahrausweis sowie die Buchung von Weiterbildungsveranstaltungen. Es wird künftig möglich sein, sowohl den aktuellen Stand der Bearbeitung, als auch Querverweise und zusätzliche Informationen zu erhalten.

In der Rubrik „Justiz" werden nur Mahnanträge online zur Verfügung gestellt. Die Kommunikation zwischen Gerichten und Bürgern oder Anwälten erfolgt immer noch in Papierform. Auch diesbezüglich ist in naher Zukunft geplant, den Rechtsverkehr weitestgehend über das Internet abzuwickeln, um Kosten und Zeit zu ersparen. Dabei werden Signatur- und Verschlüsselungsverfahren dafür sorgen, daß Sicherheit wie bei herkömmlichen Verfahren- der Schriftform- gewährleistet ist.

Auch für die Rubrik „Studium" besteht neben allgemeinen Informationen die Möglichkeit einer Online-Immatrikulation oder Exmatrikulation.

Die Rubrik „Umzug" umfaßt zwar eine Reihe von Informationen, die der Bürger bei seinem Umzug benötigt, jedoch verfügt die Stadt nicht über ein Online-Meldewesen, so daß der Bürger sich noch nicht online ummelden kann.

2.3.2   Das Online Angebot der Stadt Stuttgart

Das Online Angebot der Stadt Stuttgart[159] ist im Verhältnis zu anderen Angeboten sehr übersichtlich aufgebaut. Es verfügt über insgesamt drei Hauptrubriken: Rathaus, Bürgerservice von A-Z und Politikfelder auf der Eingangsseite der Homepage. Für den Bürger ist von den Online-Leistungen die Rubrik Bürgerservice von A-Z relevant. Klickt der Bürger auf diese Rubrik, so erhält er verschiedene Katego-

---

[159]   Das Online-Angeobt der Stadt Stuttgart befindet sich unter: www.stuttgart.de

rien von Lebenssituationen, die von der Geburt bis zum Tode reichen und für die er Dienstleistungen und Informationen benötigt. Die Stadt Stuttgart hat innerhalb der Hauptrubrik Lebenslagen eine Unterteilung nach Lebenssituationen vorgenommen. (s. Abb. 14)

Aufbau des Portalangebots der Stadt Stuttgart:
1. Lebensphasen
a.) Geburt
b.) Familie
c.) Kinder und Jugendliche
d.) Senioren
e.) Tod
2. Ausbildung, Beruf und Arbeit
a.) Schule
b.) Studium
c.) Aus-, Fort- und Weiterbildung
d.) Berufssuche
e.) Arbeitslosigkeit
3. Wohnen und Bauen
a.) Gebäude und Wohnen
b.) Rund um das Grundstück
c.) Umzug / Wohnungswechsel
4. Alltag
a.) Hilfe in Notlagen
b.) Krankheit
c.) Drogen und Sucht
d.) Rund um das Auto
e.) Tierhaltung u. v. m.
5. Wirtschaft
a.) Existenzgründungen
b.) Handel und Gewerbe

Abb. 14: Aufbau des Portalangebots der Stadt Stuttgart

Quelle: www.stuttgart.de

Die einzelnen Unterpunkte zu den Rubriken 1-5 umfassen eine große Fülle von Informationen und Dienstleistungen, die an dieser Stelle nicht alle im Detail aufgezählt werden können.

Bei den Anträgen und Formularen unterscheidet die Stadt zwischen Anträgen und Formularen zum Ausfüllen und Drucken sowie Online-Anträgen.

Während die Anträge und Formulare zum Ausfüllen und Drucken alphabetisch in einer gemeinsamen Liste zur Verfügung gestellt werden, sind die Online-Anträge, die man über das Internet in Anspruch nehmen kann, bisher auf die folgenden Bereiche beschränkt:

Ausstellung von Personenstandsurkunden:

a.) Abstammungsurkunde

b.) Auskunft zur Geburtszeit

c.) Beglaubigte Abschrift / Auszug aus dem Familienbuch

d.) Geburtsurkunde

e.) Heiratsurkunde

f.) Mehrsprachige Heiratsurkunde

g.) Sterbeurkunde

Die vorgestellte Angebotsliste stellt zwar zahlreiche Informationen bereit, jedoch kann das Potential für Online-Leistungen noch weiter ausgeschöpft werden.

2.3.3 Die Online Leistungen der Stadt Erfurt

Im Vergleich zu den Online-Leistungen der Stadt Stuttgart sind die Online-Leistungen der Stadt Erfurt[160] ausschließlich zum Downloaden oder ausdrucken.

Eine Kategorisierung nach Lebenslagen und Lebenssituationen wie in Bremen und Stuttgart fehlt, stattdessen sind die Online-Leistungen zur Informationszwecken in alphabetischer Form aufgelistet. Sie reichen von A wie Abfall, D wie Datenschutz, über H wie Hausnummernvergabe bis hin zu O wie Ordnungswidrigkeitanzeige und W wie Wohngeld.

2.3.4 Die Entwicklung des elektronischen Portals und E-Government

2.3.4.1   Zur Abgrenzung von E-Government

Definitionen und Grundlagen des E-Government[161] sollen im folgenden in ihren verschiedenen Formen dargestellt und Kernthesen für ein E-Government vorgestellt werden. In einem Memorandum des Fachausschusses Verwaltungsinformatik der Gesellschaft für Informatik e. V. und des Fachbereichs 1 der Informationstechnischen Gesellschaft im VDE vom September 2000 werden Kernthesen für E-Government formuliert:

---

[160]   Die Online-Leistungen der Stadt Erfurt können unter: www.erfurt.de näher betrachtet werden.

[161]   Im folgenden wird mit E-government nicht die Bundes und Landes-, sondern die Kommunalebene gemeint. Daher auch nicht auf Projekte und Vorhaben der Bundesregierung weiter eingegangen wie vor allem das „BundOnline2005"-Projekt. So sollen bis 2005 alle Bundesbehörden soweit vernetzt sein, daß sie ihre Dienstleistungen im Internet anbieten können. Die Ergebnisse und weitere Informationen können unter: www.bund.de eingesehen.

1. Um die Leistungsfähigkeit von Staat und Verwaltung angesichts neuer Herausforderungen zu bewahren und zu stärken wird ein neuer Schub wie Elektronic Government, in der Verwaltungsmodernisierung dringend notwendig.

2. Elektronic Government betrifft nicht nur das gesamte Verwaltungshandeln, sondern darüber hinaus auch politische Prozesse[162]

3. Da in vieler Hinsicht Verwaltungsarbeit im Umgehen mit Informationen besteht, ist der wichtigste Rohstoff, aus dem die Verwaltung ihre Produkte erstellt, ihr Wissen.

4. Eine umfassende Gestaltung der Prozesse und Ressourcen der Verwaltungsarbeit im Sinne eines Verwaltungs-Engineering unter weitestgehender Nutzung der Informationstechnik ist möglich. Sie ist unabdingbare Voraussetzung dafür, daß das Potential der Informationstechnik zum Tragen kommt.

5. Um Erfolge in den öffentlichen Verwaltungen zu erzielen, ist es notwendig, daß die Lern- und Innovationsfähigkeit von Politik und Verwaltung gesteigert wird. Die Lern- und Innovationsfähigkeit sollte aber auch die E-Partizipation umfassen.[163]

E-Government umfaßt sehr vielfältige Aspekte. Es existieren daher zahlreiche Beschreibungen und Definitionen eines E-Government. Die wichtigsten Definitionen eines E-Government sind:

1. Die Abwicklung geschäftlicher Prozesse im Zusammenhang mit Regieren und Verwalten mit Hilfe von Informations- und Kommunikationstechniken über elektronische Medien.[164]

2. Die Durchführung geschäftlicher Prozesse im Zusammenhang mit Regieren und Verwalten (Government) mit Hilfe von Informations- und Kommunikationstechniken über elektronische Medien. Dabei wird auf Grund der technischen Entwicklung angenommen, daß künftig diese Prozesse vollständig elektronisch durchgeführt werden können.[165] E-Government unterscheidet sich in dieser Hin-

---

[162] Nach dem KGST-Bericht vom August 2002 „E-Government in Kommunen – Fallstudien aus der Praxis" umfaßt E-Government sowohl verwaltungsinternes Handeln als auch Schnittstellen nach außen, d. h. zu Bürgern, Unternehmen, gesellschaftlichen Gruppen und anderen Verwaltungen.

[163] Vgl. Gabriel, Oscar W. / Mößner, Alexandra. E-Partizipation. In: Kubicek, Herbert / Klumpp, Dieter / Bullesbach, Alfred / Fuchs, Gerhard / Roßnagel, Alexander (Hrsg.) Innovation@Infrastruktur. 2002. S. 214ff.

[164] So lautet die Definition des Landesbeauftragten für den Datenschutz Niedersachsen unter: www.lfd.niedersachsen.de/dokumente vom 01.03.2002.

[165] Dies stellt die verkürzte Version der Speyerer Definition dar und umfaßt sowohl die kommunale Ebene, die regionale oder Landesebene, als auch die nationale, supranationale und sogar die globale Ebene. Somit ist der gesamte öffentliche Sektor, bestehend aus Legislative, Exekutive und Jurisdiktion und öffentlichen Unternehmen eingeschlossen.
Dabei geht es sowohl um Prozesse innerhalb des öffentlichen Sektors (G2G), als auch um Prozesse zwischen diesem und der Bevölkerung (G2C und C2G), der Wirtschaft (B2G und

sicht durch eine zuvor gering ausgeprägte Eigenschaft der Informationstechnik, die grenzüberschreitende Anwendung, von der herkömmlichen EDV[166]. Gerade durch diesen Unterschied eröffnen sich große Möglichkeiten, das Verwaltungshandeln zwischen allen Beteiligten weiterhin zu verbessern.[167] Ansatzpunkte zur besseren und wirksamen Gestaltung von Prozeßabläufen und Wissensmanagement[168] und somit zur Verbesserung von Verwaltungsleistungen ergeben sich mit der Qualitätssteigerung durch erhöhte organisatorische Flexibilität, Optimierung von Verwaltungsprozessen aber auch durch Kostensenkung.[169] Dennoch sollten diese Kernpunkte des E-Government nicht mit dem des E-Commerce verwechselt werden, da sich die Realität und die Praxis zwischen E-Government und E-Commerce wesentlich unterscheiden.[170]

3. Die Möglichkeit, Informationen schnell und ohne räumliche Begrenzung auszutauschen und sie gleichermaßen verarbeiten zu können. E-Government wird daher als wesentliches Erfolgskriterium zukünftigen Handelns gesehen.

4. E-Government als Schlüssel einer modernen, bürgerfreundlichen Verwaltung und zu mehr Bürgerbeteiligung in unserer Demokratie.[171]

5. E-Government als Unterstützungsinstrumentarium der politischen Willensbildung.[172]

6. E-Government als Umstieg der Verwaltung von einer Verwaltungsorganisation mit IT-Unterstützung zur Rationalisierung hin zu einem Medienauftritt der Ver-

---

G2B) und den Non-Profit und Non-Government Organisationen des Dritten Sektors (N2G und G2N).

Für nähere Erläuterungen vgl.: Zeitschrift „SPLITTER", Heft 4, 2000, S. 4ff. Lenk, Klaus. Prozeßmodelle für E-Government. In: Kubicek, Herbert u.a. (Hrsg.) Innovation@Infrastruktur. 2002. S. 199ff.

[166] Vgl. Hill, Hermann / Klages, Helmut. Good Governance und Qualitätsmanagement. 2000. S. 7.

[167] In Anlehnung an das Memorandum „Electronic Government" des Fachausschusses Verwaltungsinformatik der Gesellschaft für Informatik e.V. und der Informationstechnischen Gesellschaft im Verband der Elektrotechnik, Elektronik und Informationstechnik umfaßt das Verständnis von E-Government alle Aspekte des Regierens und Verwaltens, sofern sie durch die Nutzung von Informations- und Kommunikationstechnologien unterstützt und verbessert werden können. Weitere Informationen siehe unter: www.mediakomm.net/documents/memorandum.pdf.

[168] Vgl. grundlegend Edeling, Thomas / Jann, Werner. Wissensmanagement in Politik und Verwaltung. 2004. Hill, Hermann. Wissensmanagement in Organisationen. In: Hill, Hermann (Hrsg.) Wissensmanagement. 1997. S. 9ff. Köln u.a.

[169] Vgl. E-Government als Themenfeld des 6. Speyerer Qualitätswettbewerbs unter www.dhv-speyer.de/qualitaetswett. vom 01.08.02.

[170] Klaus Lenk und Roland Traunmüller haben sich diesbezüglich in ihrem Artikel „Electronic Government – Ein Wegweiser" näher befaßt. Vgl. hierzu: Lenk, Klaus / Traunmüller, Roland 2001: Electronic Government – Ein Wegweiser. In: Computer kommunikativ, Heft 4, 2001, S. 15ff.

[171] Vgl. Schäfer, Andreas 2004: E-Government heißt vor allem Beteiligung von Bürgern. In: Innovative Verwaltung, Heft 6, S. 42f. E-Government in den Städten. Positionspapier und Leitfaden des Deutschen Städtetages. Stand: Juni 2002, S. 1.

[172] Vgl. ebenda, S. 6.

waltung im Beziehungsdreieck „Verwaltung-Bürger-Wirtschaft" mit dem Internet als Kommunikationsplattform.[173]

2.3.4.2   Stand von E-Government in Deutschland

Angesichts der dynamischen Entwicklung ist es kaum möglich, aktuell den „state of art" im E-Government festzuhalten.[174]

In einer Studie der Bertelsmann-Stiftung wird die These vertreten, daß Deutschland bei der Einführung von E-Government im internationalen Vergleich zurückliege. Allerdings wird auch die These vertreten, daß selbst „Vorreiter" im E-Government erst 60 % des heute möglichen Potentials ausschöpfen.[175]

Das Hans-Bredow-Institut sieht ebenfalls einen Rückstand gegenüber den USA, die seit 1993 eine E-Government-Strategie verfolgen.

Zudem sei die amerikanische Bevölkerung technikfreudiger als die deutsche. Auch in Großbritannien lag die Vorbereitung sowie Nutzung des Internets in der Verwaltung über dem EU-Durchschnitt.[176]

Der Rückstand betrifft somit nicht nur die Bereitstellung, sondern auch die Nutzung. Zwar wird das Internet als Bereitstellungskanal von den Bürgern gefordert, aber die Inanspruchnahme von Online-Leistungen steigt nur langsam.[177] Allerdings ist die Einschätzung des Erfolgs von E-Government nicht einfach. Wie erfolgreich oder weniger erfolgreich E-Government ist, läßt sich nicht an einem einzigen Faktor festmachen.

So wurde im Jahr 2002 die Stadt Essen als Nummer eins „E-Town" ausgezeichnet aufgrund ihrer „Electronic-Administration. Stuttgart erreichte dagegen im Bereich E-Democracy die beste Note. Dies zeigt, daß E-Government verschiedene Aspekte besitzt.

Je nach Berücksichtigung von Faktoren bei der Bewertung sieht das Ergebnis in der Regel sehr unterschiedlich aus. So haben die beiden als Spitzenreiter definierten Städte hinsichtlich der Bürgerbeteiligung und Bürgerservice beim Focus-Städtetest im selben Jahr jeweils schlecht abgeschnitten.

---

[173]   Vgl. Landsberg, Willi. Electronic Government aus der Sicht der Verwaltung – Gründe, Ziele und Rahmenbedingungen. In: Reinermann, Heinrich / Lucke, Jörn von (Hrsg.) Electronic Government in Deutschland, Speyerer Forschungsberichte Nr. 226 und in Anlehnung an Grimmer, Klaus. Strukturwandel der Verwaltung durch E-Government? In: Bubeck, Bernhard / Fuchs, Gerhard (Hrsg.): E-Government und der Strukturwandel der Verwaltung. 2003. S. 28-39.

[174]   Vgl. Franz, Arne. Gibt es für kommunale Bürgerämter/Bürgerbüros einen dauerhaften Stellenwert im Konzept des elektronischen Rathauses? In: Verwaltung und Management. Heft 1. 2003. S. 24f.

[175]   Vgl. www.vop-online.de/bp/verwaltung/daten/egover69.htm vom 01.08.2002.

[176]   Weitere Informationen über diese Studie können unter: www.vop-online.de/bp/verwaltung/daten/egover97.htm vom 01.08.2002 eingesehen werden.

Stuttgart kam auf Platz neun und Essen sogar auf Platz 21.[178] Folglich sorgen wenige Tests für viel Verwirrung, da die meisten von ihnen sich nur auf wenige Faktoren, manchmal sogar auf einen Faktor beziehen. Auf diese Weise werden einige Städte in einigen Bereichen Vorreiter, während sie bei anderen Tests durchfallen oder einen schlechten Rang erreichen. Grabow sieht dabei den errichteten Schaden manchmal sogar höher als den durch die jeweiligen Test entstandenen Nutzen, da viele Verwaltungen durch methodisch fragwürdige Tests beurteilt oder durch willkürliche Noten bewertet werden.

Solange Techniken noch neu und unvollständig entwickelt sind, werden sie in der Regel als Lösung für alle denkbaren Probleme präsentiert.[179]

Der unbefriedigende Stand des E-Government ist zum Teil auch darin begründet, daß öffentliche Verwaltungen und insbesondere die Verwaltungsspitze sich mehr von Beratungsfirmen als von der Wissenschaft beraten lassen. So werden neue Gestaltungspotentiale auf Grund des fehlenden Wissens über die Verwaltung und des mangelhaftem Vorstellungsvermögen in den gut geschmückten „Beratungspaketen" nicht sichtbar.[180]

Insgesamt wird Deutschland auf dem Weg zur elektronischen Verwaltung als durchschnittlich und gut bewertet, jedoch schneidet es bei der Ausschöpfung vorhandener Potentiale international deutlich schlechter ab.[181]

Dagegen schneiden international Länder wie Österreich hinsichtlich der Nutzung moderner Technologien für die Modernisierung der Verwaltung und wegen der Bürgernähe im europäischen Bereich als Spitzenreiter ab.[182]

Zusammenfassend kann gesagt werden, daß auch in Deutschland E-Government kein „Selbstläufer" ist, sondern ein dringender Handlungsbedarf besteht.[183]

---

[177] Vgl. Franz, Arne. Gibt es für kommunale Bürgerämter/Bürgerbüros einen dauerhaften Stellenwert im Konzept des elektronischen Rathauses? 2003. S. 24.

[178] Vgl. Grabow, Busso. E-Government: umfassende Modernisierungsaufgabe. Difu-Berichte, Heft 4, 2002, S. 2ff.

[179] In Anlehnung an Lenk, Klaus / Traunmüller, Roland. Öffentliche Verwaltung und Informationstechnik: Perspektiven einer radikalen Neugestaltung der öffentlichen Verwaltung mit Informationstechnik. 1999. S. 47 ff.

[180] In Anlehnung an Lenk, Klaus. Elektronische Bürgerdienste im Flächenland als staatlich-kommunale Gemeinschaftsaufgabe. In: Verwaltung und Management. 2002. Heft 8. S. 4-10.

[181] Vgl. E-Government in den Städten. Positionspapier und Leitfaden des Deutschen Städtetages. Stand: Juni 2002, S. 2.

[182] Vgl. Tjoa, A Min. OCG-Mitgliedskarte als Pilotprojekt für eine „Bürgerkarte". In: Zeitschrift der österreichischen Computer Gesellschaft. 2002. Heft 1, S. 5.

[183] Vgl. Electronic Government als Schlüssel zur Modernisierung von Staat und Verwaltung. Ein Memorandum des Fachausschusses Verwaltungsinformatik der Gesellschaft für Informatik e.V. und des Fachbereichs 1 der Informationstechnischen Gesellschaft im VDE im September 2000, S. 6.

2.3.4.3 Implementierung von E-Government

Auf der Konferenz „eGovernment ante portas" vom 28.05.-29.05.2002 in Bremen hat Klaus Lenk im Rahmen seines Vortrages die Frage gestellt, wie das Thema Electronic Government in sichere Bahnen gebracht werden kann, damit ein greifbarer Nutzen entsteht.[184] Bei diesem greifbaren Nutzen von E-Government wirken sowohl bei der Planung, als auch bei der Umsetzung mehrere Faktoren mit. Diese Faktoren werden im folgenden in Form von Rahmenbedingungen vorgestellt.

Im Rahmen von E-Government kann die Organisationsgestaltung als ein Optimierungsprozeß gesehen werden, bei dem die gegebenen Ressourcen so einzusetzen sind, daß optimale Leistungen erbracht werden können. Dies ist dann der Fall, wenn der gesetzliche Auftrag vollständig in einer für den Adressaten verständlichen Weise bei maximaler Arbeitszufriedenheit der Beschäftigten und bei minimalem Kostenaufwand erledigt wird.

Zusammengefaßt bestehen folgende Rahmenbedingungen, die bei der Implementierung zu erfüllen sind:

- Politische Rahmenbedingungen

Die Politik wird ständig durch die Bürger und Unternehmen unter Druck gesetzt. Dabei werden mehr Bürgernähe, Flexibilität, Schnelligkeit, Transparenz sowie Wirtschaftlichkeit gefordert. Die Politik übt wiederum starken Modernisierungsdruck auf die Verwaltung aus, da diese Faktoren vor allem auf der kommunalen Ebene wahlentscheidend sind.[185]

- Soziale Rahmenbedingungen

Wie auch andere Innovationen und Neuigkeiten bringt E-Government viele Veränderungen mit sich. Die Verwaltungskultur ändert sich und gelegentlich entstehen auch Implikationen in der Gesellschaft. Oft wird befürchtet, daß einige Zielgruppen wie Ältere, finanziell Schwache und schlecht Ausgebildete, oft keine Möglichkeit haben, E-Government in Anspruch zu nehmen und deren Vorteile zu nutzen.[186]

- Finanzielle und wirtschaftliche Rahmenbedingungen, die erfüllt sein müssen, um überhaupt E-Government zu verwirklichen.

- Rechtliche Rahmenbedingungen

Die rechtlichen Rahmenbedingungen für ein erfolgreiches E-Government sind häufig hürdenreich und bedürfen einer raschen Neuorientierung. Die Ursache kann in der raschen technischen Entwicklung sowie in den damit verbundenen vielfältigen Anwendungsbereichen von E-Government gesehen werden, die einen Regu-

---

[184] Die Autorin hat vom 28.05.-29.05.2002 an der Konferenz „eGovernment ante portas" in Bremen persönlich teilgenommen und geht im folgenden auf die festgehaltenen Notizen und Inhalte näher ein.

[185] Vgl. o. V. Zeitschrift der österreichischen Computer Gesellschaft. 2001. Heft 5. S. 17ff.

[186] In den USA wird sogar für solche Umstände der Begriff „Digital Divide" benutzt. Doch mittel- und langfristig scheint „Digital Divide" ausgemerzt zu werden.

lierungsbedarf verdeutlichen. Doch die technischen Entwicklungen sind schneller als die Erneuerungen bei den Regulierungen. Somit befindet sich die Gesetzgebung in einem „Entwicklungsrückstau" und kann daher mit dem technischen Fortschritt nicht Stand halten.[187] Noch kritischer wird es, wenn Verwaltungsverfahren in Zusammenhang mit Bezahlungsvorgängen stehen. Zwar sind Online-Zahlungen[188] technisch gesehen kein Problem, jedoch rechtlich gesehen immer noch mit einem Risiko behaftet.[189]

- Technische Rahmenbedingungen

Eine technische Infrastruktur ist notwendig, damit Transaktionen zwischen Bürgern bzw. Kunden und der Verwaltung ermöglicht und Datenübertragungen zwischen diesen gesichert werden können. Somit ist die technische Infrastruktur sowohl auf der Nachfragerseite, als auch auf der Anbieterseite erforderlich.[190] Neben der erforderlichen Hardwareausstattung bedarf es auch geeigneter Softwareausstattungen in Form von datenspezifischen Bearbeitungssystemen, um Medienbrüche auf dem elektronischen Wege zu vermeiden.[191]

Die technischen Rahmenbedingungen umfassen in der Regel nicht nur das Internet-Portal, sondern genauso die Möglichkeiten für ein kommunales Bezahlverfahren, die elektronische Signatur[192], ebenso aber auch ein Dokumentenmanagement und in erforderlichen Bereichen eine Langzeitarchivierung.

2.3.4.3.1 Umsetzungsprobleme

E-Government ist mit Herausforderungen verbunden.[193] Die Probleme hinsichtlich der Umsetzung lassen sich auf mehrere Faktoren zurückführen.[194] Diese ergeben

---

[187] Vgl. o. V. Zeitschrift der österreichischen Computer Gesellschaft. 2001. Heft 5, S. 27ff.

[188] Zu den wichtigsten elektronischen Bezahlungsmethoden zählen z. B. die Kreditkartenzahlung entweder über die ungesicherte Datenverbindung, bei der nur die Angabe über die Kartennummer, Kontonummer und die Gültigkeit der Karte gemacht wird oder über die sichere Variante mit Hilfe der SET-Verbindung, bei der die Kundendaten verschlüsselt werden, abgewickelt werden. Inzwischen haben viele Banken und Dienstleister auch Payment-Systeme für Internet-Währungen eingeführt. Hier hat der Bürger oder Kunde die Möglichkeit, auf ein reales Konto Geld zu überweisen und diese in die virtuelle Währung umformen zu lassen. Die Bezahlung erfolgt dann mit Codes bzw. Transaktionsnummern. Es gibt aber auch die sog. Clearingsplattformen, bei den der Kunde die Möglichkeit hat, über einen Dienstanbieter aus dem Bankbereich im Interbankverkehr seine Rechnung zu begleichen. Dies erfolgt mit einem Einziehungsauftrag für das Kundenkonto beim Dienstanbieter, der über das Konto verfügen darf.

[189] Diesbezüglich hat die Stadt Bremen unter dem Titel „Ohne Sicherheit ist keine Freiheit" eine Mitteilung veröffentlicht, die Rechtssicherheit und Datensicherheit als Voraussetzungen für anspruchsvolle Internet-Dienste sieht. Mehr dazu unter: www.bremer-online-service.de

[190] Die grobe Infrastruktur besteht mindestens aus einem PC und Modem auf jeder Seite.

[191] Beispiele hierfür wären z. B. Standesamts-Softwarelösungen, Baugenehmigungsverfahren, Kfz-Zulassungsprogramme etc.

[192] Vgl. Roßnagel, Alexander. In: Kubicek, Herbert / Klumpp, Dieter / Bullesbach, Alfred / Fuchs, Gerhard / Roßnagel, Alexander (Hrsg.) Innovation@Infrastruktur. 2002. S.374f.

[193] Vgl. Fähnrich, Klaus-Peter. Kooperationsmodelle bei IT-Dienstleistungen im öffentlichen Bereich. In: Verwaltung und Management. Heft 1. 2004. S. 18.

sich nicht nur aus der Konzeptionslosigkeit, sondern auch aus den vielen Interessengegensätzen zwischen Beschäftigtenebene, Management, Projektentwicklern Politik und Wissenschaft. Diese Probleme entstehen vor allem, wenn zwischen diesen Ebenen wenig Kommunikations- und Kooperationsfähigkeit herrscht.[195] Damit E-Government nicht durch den Datenschutz verhindert und beeinträchtigt wird, ist es auch erforderlich, daß das Datenschutzrecht an die Entwicklungen des E-Governments angepaßt wird.[196]

Die Anpassung ist sehr aufwendig, weil sie zeit- und arbeitsintensiv ist. Allein in Zusammenhang mit dem Signaturgesetz mußten ca. 4000 Gesetze, Verordnungen, Erlasse und Vorschriften überarbeitet und an die Gegebenheiten des E-Governments angepaßt werden.[197]

Wichtige Faktoren bei der Umgehung von rechtlichen Barrieren sind der Zugangsnachweis, die Erhöhung von Vertraulichkeit sowie die Autorisierung.[198]

Mentale Barrieren betreffen nicht nur die Mitarbeiter, sondern mindestens genauso auch die Bürger. Während die Mitarbeiter der öffentlichen Verwaltungen zumindest in offiziellen Angaben[199] gegenüber technischen Neuigkeiten offen sind und die moderne Technik als Vorteil für ihre Arbeit sehen, sind die Reaktionen der Bürger zurückhaltend, da immer noch Bedenken hinsichtlich der Anonymität, Datenschutz, Nutzerfreundlichkeit und Vorteile bestehen. Ein genereller Grund der mentalen Barriere ist, daß Bürger eher in bestehenden und vertrauten Strukturen verharren, als sich auf neue und eventuell mit unbekannten Risiken verbundene Strukturen einzulassen.[200]

In dem Leitfaden des Deutschen Städtetages wird das Fehlen einheitlicher Infrastrukturen zur Realisierung der elektronischen Bürgerdienste bemängelt. Des wei-

---

[194] Vgl. Lenk, Klaus. Datenschutzprobleme bei integriertem Zugang zu Verwaltungsleistungen. In: Datenschutz und Datensicherheit. 2002. S. 542ff.

[195] Vgl. Grimmer, Klaus. Strukturwandel der Verwaltung durch E-Government? In: Bubeck, Bernhard / Fuchs, Gerhard (Hrsg.): E-Government und der Strukturwandel der Verwaltung. 2003. S. 28ff.

[196] Doch aus dem Positionspapier des Deutschen Städtetages kann gleichzeitig die These entnommen werden, daß E-Government auch ohne die elektronische Signatur erfolgen kann und somit die elektronische Signatur in der Funktion ungleich E-Government ist.

[197] Vgl. E-Government in den Städten. Positionspapier und Leitfaden des Deutschen Städtetages. Stand: Juni 2002, S. 5ff.

[198] Vgl. Andersen, Christoph. Vermarktlichung der kommunalen IT-Dienstleistungsproduktion. In: Verwaltung und Management. Heft 1. 2004. S. 47ff.

[199] Die inoffizielle Haltung nicht weniger „technikscheuen" Mitarbeiter ist eine zusätzliche Ablenkung der täglichen Arbeit durch immer wieder neue technische Entwicklungen und lauten beispielsweise „Statt einer Konzentration auf die immer besser zu erledigende Arbeit, müssen wir noch zusätzlich Seminare und Schulungen in unserer stressigen Arbeitszeit besuchen". Oder: „Durch das ständige Probieren von neuen Techniken kommen wir nicht dazu, unsere Aufgaben bürgergerecht zu erledigen".

[200] Vgl. Lucke, Jörn von. Regieren und Verwalten im Informationszeitalter. 2003. S. 184.

teren wird auf das Fehlen von Prozeßmodellen hingewiesen, mit deren Hilfe verwaltungsinterne Arbeitsabläufe dokumentiert und strukturiert werden können.[201]

2.3.4.3.2 Mögliche Lösungen für die Umsetzungsprobleme

Innovationen durchlaufen mehrere Stufen der Umsetzung.

Durch breite Mobilisierung und Unterstützung durch die Bürger, Wirtschaft und Verwaltung kann E-Government leichter umgesetzt werden. Die eigentlichen Chancen, die E-Government bietet, kommen jedoch erst zur Geltung, wenn neben der Notwendigkeit einer Bürger- bzw. Kundenorientierung auch die Notwendigkeit für eine Reorganisation, die Einführung von Telekooperationen sowie eines Wissensmanagements umgesetzt wurde.[202]

Der Deutsche Städte- und Gemeindebund hat zur Umsetzung ein Acht-Punkte-Programm vorgeschlagen, das wie folgt aussieht:[203]

1. Der Öffentlichkeit den Zugang zum Netz ermöglichen,

2. Bereitstellung von Flaterates für preiswerte Online-Verbindungen,

3. Bereitstellung von eigenen Homepages für die Bürger,

4. stärkere Nutzung von E-Government zur Entbürokratisierung,

5. Orientierung der Dienstleistungen an den Bürger,

6. Nutzung von offenen Kommunikationsstandards,

7. Förderung von ehrenamtlicher Mitarbeit,

8. Erleichterung von Beteiligung an politischen Entscheidungen.

Dieser Stufenplan zeigt, daß eine Reihe von organisatorischen und strategischen Faktoren, aber auch gute Kommunikation und Kooperation als Erfolgsfaktoren wichtig sind.[204]

Die Probleme in der Umsetzung von E-Government sind nicht immer in der Konzeptionslosigkeit von Politik und Verwaltungsmanagement begründet, sondern resultieren vielmehr aus sachlich bedingten Interessenunterschieden der verschie-

---

[201] Vgl. E-Government in den Städten. Positionspapier und Leitfaden des Deutschen Städtetages. Stand: Juni 2002, S. 2.

[202] Vgl. Beyer, Lothar. Vom Informationsmanagement zum Wissensmanagement: von der Binnenorientierung zur Vernetzung. In: Killian, Werner / Kneissler, Thomas (Hrsg.): Demokratische und partizipative Verwaltung. Festschrift für Hans Brinckmann und Klaus Grimmer. 1999. S. 35ff.

[203] Vgl. o. V. Welche Impulse werden gebraucht? In: demo-online. unter: www.demo-online.de. vom 11.07.2002.

[204] Vgl. Grabow, Busso. Erfolgsfaktoren des E-Government. In: Difu-Berichte 3/2002, S. 7, unter: www.difu.de

denen Verwaltungsbereiche, daher ist besonders Kommunikations- und Kooperationsfähigkeit erforderlich.[205]

In der Regel bedarf die Einführung grundsätzlicher Maßnahmen, die zum Überdenken der traditionellen Verwaltungsstrukturen führen und zeitgemäße Verwaltungskonzepte wie das NPM berücksichtigen. In diesem Sinne erfordert E-Government die konsequente Weiterverfolgung einer internen Organisationsentwicklungsmaßnahme über die Verwaltungsgrenzen hinaus.[206]

2.4 Zusammenfassung: „Portalanalyse am Beispiel ausgewählter Städte"

Die Portalanalyse hat in insgesammt sieben Städten und einer Kreisverwaltung stattgefunden.

Mit dem persönlichen Zugang zu öffentlichen Verwaltungen konnte am Beispiel zweier Kommunen (Dortmund und Hagen) und eines Landkreises (Landkreis Anhalt-Zerbst) gezeigt werden, wie Leistungen „unter einem Dach" und „aus einer Hand" geleistet werden, damit diese durch die Bürger und Kunden ohne große Umwege und Wartezeiten in Anspruch genommen werden können.

Für die Analyse des telefonischen Zugangs wurden zwei deutschlandweit bekannte Beispiele ausgewählt. Das Call Center der Stadt Duisburg kann dabei als Beispiel für eine erfolgreiche Implementation gelten. Innerhalb von sechs Monaten wurde ein gut funktionierendes Call Center realisiert.

Das Call Centers der Stadt Karlsruhe ist im Gegensatz zum Call Center Duisburg nicht neu eingerichtet worden, sondern entstand durch Umwandlung aus einer früheren Telefonzentrale.

Eine weitere Besonderheit des Karlsruher Call Centers sind die knappen Kapazitäten. Auch hier konnte gezeigt werden, daß bei einer Umwandlung von einer Telefonzentrale in ein Call Center eher Kapazitätsprobleme entstehen, als bei einer neuen Einrichtung wie in Duisburg.

Das Konzept des elektronischen Portals ist eng mit der Hoffnung verbunden, starren Öffnungszeiten, langen Warteschlangen und fehlenden Informationen ein Ende zu setzen.

Der Bremen Online-Service, die Online-Angebote der Städte Stuttgart und Erfurt dienten dabei als ausgewählte Beispiele. Der Bremer Online-Service zählt zu den fortschrittlichsten virtuellen Kommunalleistungen. Die Bürgerorientierung wird in

---

[205] Vgl. Grimmer, Klaus. Strukturwandel der Verwaltung durch E-Government? In: Bubeck, Bernhard / Fuchs, Gerhard (Hrsg.): E-Government und der Strukturwandel der Verwaltung. 2003. S. 28ff.

[206] Vgl. Niemeier, Norbert. E-Government nachhaltig und flächenwirksam entwickeln. In: Innovative Verwaltung. Heft 10. 2004. S. 35f.

der Stadtverwaltung Bremen besonders hervorgehoben und die Stadt ist Preisträgerin im Rahmen des Wettbewerbs „Bürgerorientierte Kommune".

Das Online-Angebot der Stadt Stuttgart verfügt über eine sehr übersichtliche und benutzerfreundliche Website. Im Vergleich zu den Online-Leistungen der Städte Bremen und Stuttgart sind die Online Leistungen der Stadt Erfurt überwiegend zum Downloaden und Ausdrucken.

Gemeinsames Ziel aller Kommunen ist die Verbesserung der kommunalen Leistungen für die Bürger.

3. Wirkungsanalyse von Portalen

3.1 Evaluation des persönlichen Portals

3.1.1 Auswirkungen auf die Aufbauorganisation

Im ersten Teil werden die Ergebnisse der durchgeführten Interviews mit Verantwortlichen hinsichtlich der Auswirkungen der Bürgerämter auf die Aufbauorganisation näher betrachtet. Ziel ist dabei die Feststellung, welche Auswirkungen die Einrichtung von Bürgerämtern und Bürgerbüros auf die Aufbauorganisation einer Kommune hat.

- **Anhalt-Zerbst**[207]

In der Kreisverwaltung Anhalt-Zerbst ist es durch die Einrichtung von Bürgerämtern nicht zu strukturellen Veränderungen gekommen. Der Grund liegt in der nicht ausreichenden Abgabe von Aufgaben durch die Fachämter an die Bürgerämter. Dadurch kam es zwar bei den Verwaltungsmitarbeitern zu geringfügigen Entlastungen, jedoch waren diese so gering, daß man nicht von freien Kapazitäten sprechen und schon gar nicht Stellen kürzen oder Stellen in andere Organisationseinheiten verlagern konnte.

- **Dortmund**[208]

In der Stadtverwaltung Dortmund dagegen kam es zu ausgeprägten Veränderungen. Zu Beginn der Modernisierungsmaßnahmen existierten die klassischen Ämter. Die ursprünglichen Ämter wie z. B. Amt für Bezirks- und Verwaltungsdienste, Straßenverkehrsamt, Einwohnermeldeamt, Standesamt sowie Versicherungsamt existieren zum Teil nicht mehr, da sie zusammengelegt wurden. Diese Ämter sind durch die Zusammenlegung zu einem einzigen Amt zusammengefaßt worden.

- **Hagen**[209]

In der Stadtverwaltung Hagen kam es wiederum nicht zu strukturellen Veränderungen.

Der einzige Bereich, indem es zu Stellenverschiebungen kam, war der Kfz-Zulassungsbereich. Stellenbemessungen wurden durchgeführt und Stellen von der Zulassungsstelle den Bürgerämter zugeordnet. Gegenwärtig werden ein Drittel dieser Aufgaben in den Bürgerämtern erledigt und zwei Drittel in der zentralen Zulassungsstelle.

Das Ausmaß der Veränderungen war nicht allzu groß, da die Fachämter zwar einige Aufgaben abgegeben hatten, nach wie vor aber immer noch zu viel zu tun ha-

---

[207] Interview am 23.06.2003 mit der zuständigen Mitarbeiterin aus der Organisationsabteilung.
[208] Interview am 18.07.2003 mit dem zuständigen Mitarbeiter aus der Organisationsabteilung.
[209] Interview am 01.07.2003 mit dem zuständigen Mitarbeiter aus der Organisationsabteilung.

ben. Außerdem kamen noch Rückfragen von den Bürgerämtern an die Fachämter, so daß Mitarbeiter in der ersten Zeit nicht besonders viel entlastet werden konnten. Um Rückfragen zu vermeiden sind die Bürgerämter bemüht, durch Gespräche mit den Fachämtern die Fehlerquote niedrig zu halten und bei Bedarf Schulungen für die Bürgeramtsbeschäftigten anzubieten. Aber aus den Fachbereichen würde die Arbeit der Bürgerämter nicht immer honoriert, vielmehr bestehe ein interner Wettbewerb zwischen Fachämtern und Bürgerämtern.

3.1.2 Auswirkungen auf die Ablauforganisation

Mit Einführung und Betrieb von Call Centern, Bürgerämtern, Bürgerbüros, Bürgerläden und E-Government ändern sich in erster Linie die Geschäftsprozesse.[210] Zahlreiche Arbeitsabläufe müssen nach einer Einführung neu strukturiert werden. Dies wirkt sich positiv aus, wenn Verwaltungen ihre Prozeßabläufe verändern und sich neue Chancen zur Verbesserung der Verwaltungsleistungen eröffnen. So bewirkt die Einführung eines Bürgeramtes eine Veränderung der Ablauforganisation. Vor der Implementierung analysiert die Verwaltung in der Regel ihre Prozeßabläufe, um festzustellen welche Schwachstellen in den alten bzw. noch vorhandenen Ablaufprozessen vorhanden sind und welche Stellung das Bürgeramt im neuen Ablaufprozeß einnimmt, damit sich Schwachstellen beseitigen lassen. Dabei zeigt sich, daß die Kommunikation zwischen den Einheiten von großer Bedeutung ist.[211]

Voraussetzung für eine effektive Kommunikation über einen gesamten Prozeß zwischen mehreren Einheiten sind gemeinsame Informationsobjekte bzw. Daten oder Dokumente, die von mehreren Teilnehmern gelesen und verändert werden können.[212] Ein entscheidender Faktor bei der Kommunikation zwischen mehreren Einheiten ist die Kooperationsbereitschaft der Verwaltungsmitarbeiter.[213]

- **Anhalt-Zerbst[214]**

Die Einrichtung von Bürgerämtern in der Kreisverwaltung von Anhalt-Zerbst hatte einen positiven Effekt auf die Ablauforganisation. Seit Einrichtung der Bürgerkon-

---

[210] Grundlegend zu Geschäftsprozesse und Geschäftsprozeßmanagement vgl. Hammer, Michael / Champy, James. Business Reengineering: die Radikalkur für das Unternehmen. 2003.
Hellstern, Gerd-Michael / Buchenau, Gerrit. Geschäftsprozessmanagement – Praxisorientiert umgesetzt! 2003.
Scheer, August-Wilhelm / Kruppke, Helmut / Heib, Ralf. E-Government: Prozessoptimierung in der öffentlichen Verwaltung. 2003.
Scheer, August-Wilhelm. Innovation durch Geschäftsprozessmanagement. 2004. Grüning, Rudolf / Kühn, Richard. Methodik der strategischen Planung: ein prozessorientierter Ansatz für Strategieplanungsprojekte. 2005.

[211] Vgl. Lenk, Klaus / Klee-Kruse, Gudrun: Multifunktionale Serviceläden. 2000. S. 39f.

[212] Die Intensität der Interaktion ist von der Art der Dienstleistung abhängig. Daher sind auch die technischen Mittel für eine optimale Kommunikation ebenfalls unterschiedlich.

[213] Davon sind sowohl die Mitarbeiter des Front-Offices, als auch die des Back Offices betroffen.

[214] Interview am 23.06.2003 mit dem zuständigen Mitarbeiter aus der Organisationsabteilung.

takte durch die Bürgerämter war es von Vorteil, daß die Fachämter nicht mehr so viel Beratungsaufwand in ihren Sprechzeiten leisten mußten. Dieser Aufwand in den Sprechzeiten hatte die Arbeitszeit der Fachkräfte zusätzlich gebunden, so daß sie für die Bearbeitung von Fachaufgaben wenig Zeit hatten.

Die Abgabe von Aufgaben wurde anfangs von den Sachbearbeitern als potentieller Arbeitsplatzverlust betrachtet.

Inzwischen sind Ängste überwunden und es wird gemeinsam überlegt, wie Unwirtschaftlichkeiten beseitigt werden können.

So wird versucht, mit geeigneter Software Datenredundanz zu vermeiden und den Arbeitsfluß zu beschleunigen. Den Fachämtern wurde die Möglichkeit gegeben, Aufgaben abzugeben. Bei der Abgabe von Aufgaben durch die Fachämter an die Bürgerämter bestand allerdings die Gefahr, daß die Fachämter nicht nur die Aufgaben, die für Bürgerämter relevant und typisch sind abgeben, um die Prozesse effektiver zu gestalten, sondern auch solche, die sie „unbequem" finden, wie den lästigen Bürgerkontakt bei bestimmten Gruppen von Aufgaben.

In der Kreisverwaltung Anhalt-Zerbst existiert gegenwärtig keine kontinuierliche Prozeßverbesserung im Sinne des modernen Prozeßmanagements.

Der Versuch, die Bürgerfreundlichkeit der Ablaufprozesse zu verbessern konnte aufgrund der prekären Haushaltslage nicht fortgeführt werden.

- **Dortmund**[215]

Die Stadtverwaltung Dortmund hat durch die Einrichtung von Bürgerämtern und die Einführung der Dezentralisierung zahlreiche Veränderungen in der Ablauforganisation erfahren. Seit 1996 wird intensiv über Prozeßänderungen nachgedacht und es wurden zum Teil von Grund auf Veränderungen vorgenommen. Aus den verschiedenen Ämtern wurden Prozesse herausgenommen; die jetzt gebündelt einem Sachbearbeiter zugeordnet sind. Die Prozesse wurden allerdings bis heute weder vollständig dokumentiert noch analysiert, da dies zu aufwendig war. Die Verbesserung der Prozesse wurde vor allem deswegen verfolgt, weil die Stadt ein Qualitätsmanagement einführen wollte. Anfangs war vorgesehen fast alle Prozesse zu dokumentieren, jedoch wurde dies aufgrund der hohen Kosten wieder abgebrochen und nicht mehr fortgeführt. Dennoch werden in Dortmund fortlaufend neue Projekte zur Verbesserung der Prozesse durchgeführt. So wurden im Sommer 2003 die Standesämter der Stadt zusammengelegt.

- **Hagen**[216]

Über die Geschäftsprozesse ist in der Stadtverwaltung Hagen nicht intensiv nachgedacht worden. Die Bürgerämter sind nach einer Versuchsphase, die gut gelaufen ist, eingeführt. Auf die Frage, wie sich die Ablaufprozesse in Hagen verändert

---

[215] Interview am 18.07.2003 mit dem zuständigen Mitarbeiter aus der Organisationsabteilung.
[216] Interview am 01.07.2003 mit dem zuständigen Mitarbeiter aus der Organisationsabteilung.

hätten, gab die Verwaltung an, daß sie im Grunde genommen nichts verändert hätten seit der Einrichtung der Bürgerämter im Jahre 1993 und seit der Einrichtung des zentralen Bürgeramtes im Jahre 1998.

Den Bürgerämtern wurden Aufgaben übertragen, in den einen oder anderen Bereich wurden auch Stellen verschoben, jedoch sei das ganze nicht strukturiert abgelaufen. Normalerweise wäre vor der Implementierung die Ermittlung eines Ist-Standes erforderlich. Dies wurde in Hagen jedoch nicht durchgeführt. Nur bei der Implementierung des zentralen Bürgeramtes, als die Einwohnermeldestelle aufgelöst und in das zentrale Bürgeramt integriert wurde, sei eine Ist-Analyse durchgeführt worden. Die kleineren Bürgerämter, die eingerichtet worden sind, seien nicht aufgrund struktureller Überlegungen entstanden, sondern sie wären „einfach so" eingerichtet worden. Folglich gab es auch keinen Vorher-Nachher-Vergleich. Dennoch ist für die Bürger vieles verändert und verbessert worden, allein durch Wegersparnisse und der ganzheitlichen Bearbeitung. Jedoch habe sich innerhalb der Verwaltung nicht viel verändert. Betrachtet man Bürgerämter als dezentrale Einrichtungen mit zusätzlichem Personal und zusätzlichen Kosten sind sie „rein rechnerisch" teurer als zentrale Einrichtungen. „Für die Bürger ist es effizient, aber nicht für die Verwaltung", so ein leitender Mitarbeiter der Stadtverwaltung.

Zur Beobachtung der Prozeßentwicklung und für die Prozeßoptimierung hat die Verwaltung eine Projektgruppe „Bürgerämter", die sich ständig damit beschäftigt, wie die Prozesse in Bürgerämtern optimiert werden können. Allerdings gelte dies nur hinsichtlich der Bürger und nicht hinsichtlich der Verwaltung und der Mitarbeiter. Der Bedarf sei aber da. Aufgrund der prekären Haushaltssituation hofft man durch Prozeßoptimierung auf Einsparpotentiale in der Zukunft. Seit 1999 gibt es in den Bürgerämtern ein Berichtswesen, um in Zukunft die Fallzahlen besser beobachten und bewerten zu können. Dies dient ebenso zur Feststellung des Personalbedarfs.

3.1.3   Auswirkungen auf die Bürgerfreundlichkeit

Oft werden neue Zugangswege mit Erfolg und Bürgerorientierung gleichgesetzt, obwohl der freie Fluß von Informationen, wie z. B. im Internet, nicht zur Lösung der Informationsprobleme führt. Im Endeffekt trägt zur Bürgerorientierung nicht die Vielfalt an Zugangswegen, sondern die bessere Informationsaufbereitung und -versorgung der Bürger bei.[217]

Bürgerorientierung hat viele Facetten. Je nach Auffassung kann es mit positiven oder negativen Auswirkungen billiger und besser oder schlechter sein. So ist die Bürgerorientierung billig hinsichtlich der langfristigen Entlastung der Haushalte durch Übertragung öffentlicher Aufgaben oder durch ein höheres Kostenbewußt-

---

[217]   Vgl. Lenk, Klaus. Bürger, Demokratie und Verwaltung: neue Möglichkeiten und Entwicklungen. In: Lenk, Klaus /Traunmüller, Roland (Hrsg.) Öffentliche Verwaltung und Informationstechnik. 1999. S. 260ff.

sein der Bürger. Dies ist die positive Seite der Bürgerorientierung. Die negative Seite der Bürgerorientierung kommt zum Vorschein, wenn keine kurzfristigen Einsparungen möglich sind. Die Gefahr entsteht, daß durch die verstärkte Aufgabenübertragung die Verwaltungen sich den Pflichtaufgaben und dem sozialen Auftrag entziehen. Die Bürgerorientierung kann als „besser" eingestuft werden, wenn die Identifikation der Bürger mit der Kommune gesteigert werden kann und/oder es zu einer Qualitätssteigerung kommt. In diesem Fall wäre eine positive Auswirkung erzielt. Eine negative Auswirkung dagegen würde bei stagnierendem Verwaltungseinfluß bestehen oder in der erhöhten Gefahr der unkontrollierten Durchsetzung von Spezialinteressen.

Die dritte Seite der Bürgerorientierung, die Beständigkeit, hat ebenfalls, wie die vorher erwähnten Seiten „billiger" und „besser", jeweils positive und negative Auswirkungen. Während die positiven Auswirkungen in der besseren Akzeptanz und längeren Wirkung der Ergebnisse sowie der Mobilisierung breiter Bevölkerungskreise bestehen, kommen die negativen Auswirkungen durch unbeständige Mitarbeit der Bürger oder durch die Verfolgung von kurzfristigen Eigeninteressen der Bürger zum Ausdruck und machen aus der Bürgerorientierung „neuen Wein in alten Schläuchen".[218]

- **Anhalt-Zerbst**[219]

Für die Kreisverwaltung Anhalt-Zerbst hat das Bürgeramt die folgenden Vorteile für die Bürger, die auch Anlaß für dessen Einrichtung waren.

1. kurze Wege für die Bürger, durch einer gemeinsamen Anlaufstelle

2. kurze Wartezeiten,

3. ganzheitliche Bearbeitung des Bürgeranliegens.

Die Leistungen, die für den Bürger von A-Z angeboten werden, stoßen bei allen Bürgern auf Interesse. Der Leistungskatalog wird von Zeit zu Zeit mehr erweitert. Lediglich die Leistungen, bei denen die Bürger den Fachämtern mehr Beratungskompetenz beimessen als den Bürgerämtern, werden in den Bürgerämtern auch wenig nachgefragt. In solchen Fällen geht der Bürger zum Fachamt und nicht zum Bürgeramt zur Beratung.

Die Orientierung der Bürger in den drei Bürgerämtern Roßlau, Zerbst und Wörlitz wird als gut eingeschätzt, so daß der Bürger es nicht verfehlen kann, am richtigen Schalter den zuständigen Sachbearbeiter anzutreffen.

Außerdem ist die Beratung der Mitarbeiter in allen drei Standorten auf gleichem Niveau, da alle Mitarbeiter gleich geschult sind und in einem rotierenden System gleich beraten.

---

[218] Vgl. Boeck, Chris. Die Bürger – vom Störenfried zum Lückenbüßer? Über die Reformperspektive Bürgergesellschaft. In: KWI-Info, 2003. Heft 3. S. 6f.

[219] Interview am 23.06.2003 mit der Projektleiterin für Bürgerservice.

Mit den Leistungen der Bürgerämter sind die Bürger sehr zufrieden. Die Meinungen der Bürger werden in schriftlicher Form in einem Hausbriefkasten gesammelt. Diese werden ungefähr viermal im Jahr ausgewertet. Nachteile des persönlichen Zugangs und der Angebote im Bürgeramt konnten bislang nicht festgestellt werden, weil der Bürger immer noch die Möglichkeit hat, auch ins Fachamt zu gehen, wenn er mit den Leistungen des Bürgeramtes nicht zufrieden ist.

Zwar ist allgemein in der Stadtverwaltung eine gewisse Bürgerorientierung schon vorhanden, Ziel ist es jedoch, in Zukunft die Bürgerorientierung noch weiter auszubauen. Bedarf besteht gegenwärtig in der hausinternen Vernetzung, damit die Daten versandt werden können und dem jeweiligen Sachbearbeiter die Daten anderer Fachämter zur Verfügung stehen. Es gibt zwar Intranet, aber die Programme einzelner Fachämter müssen noch ausgetauscht werden, um noch besser miteinander zu kommunizieren. Festgestellt wurde auch, daß im Bestand nicht nur Software, sondern auch Hardware fehlt. Die Beschaffung der notwendigen Ersatz- und Erweiterungssoft- und Hardware wird auf mindestens ein Jahr geschätzt.

- **Dortmund**[220]

Die wesentlichen Prämissen der Stadt Dortmund bei der Entwicklung von Bürgerämtern hinsichtlich der Vorteile für die Bürger waren:

- Bürgerfreundliche Öffnungszeiten,

- kompetente Berater mit Dienstleistungen aus einer Hand,

- Dezentrale Leistungserbringung.

Diese drei Organisationsprinzipien waren von besonderer Bedeutung und werden noch heute verfolgt. Alle angebotenen Vorteile und Möglichkeiten des persönlichen Zugangs werden in der Stadtverwaltung Dortmund auch genutzt, weil nur das angeboten wird, was auch die Bürger haben wollen. Dies wurde schon in den Bürgerbefragungen berücksichtigt, die alle eineinhalb bis zwei Jahre wiederholt werden. Das bisherige Ergebnis war sehr zufriedenstellend.[221]

Auch hinsichtlich der Orientierung konnten keine Bürgerbeschwerden festgestellt werden. Da der Bürger nicht durch die ganze Stadt zu laufen braucht und alle Leistungen bei einem Mitarbeiter bekommen kann, kommen keine Orientierungsprobleme zwischen den Ämtern vor.

Die Behauptung einiger Verwaltungen, daß die geringe Beratungstiefe und Qualität in den Bürgerämtern ein Nachteil für den Bürger sei, wird von der Dortmunder Stadtverwaltung nur als „Scheingrund" bezeichnet, da in diesen Verwaltungen keine Qualitätssicherung stattfindet.

Dies ist dagegen in der Dortmunder Verwaltung nicht möglich, da hier für jedes Produkt eine Qualitätssicherung durchzuführen ist. In jedem Bürgeramt sind im

---

[220] Interview am 18.07.2003 mit dem zuständigen Mitarbeiter der Bürgerdienste.
[221] Die letzte Umfrage fand im Jahre 2002 statt.

Background Mitarbeiter, die sich täglich ausschließlich mit der Qualitätssicherung der Produkte befassen. Sie bereiten Schulungen vor, werten Gesetze aus, die im Informationssystem als Informationen für die Fachberater bereitstehen, um komplexe Fälle im Back-Office beraten zu können.

Hinsichtlich der Bürgerzufriedenheit ist die Stadtverwaltung der Ansicht, daß dies ein kontinuierlicher Prozeß sein muß, um Leistung und Qualität steigern zu können.

Die Wünsche der Bürger werden per Anregungs- und Beschwerdemanagement aufgenommen. Alle eingehenden Beschwerden werden im Bürgeramt zentral erfaßt und nach Stellungnahme der jeweiligen Ämter bearbeitet.

- **Hagen**[222]

Die Stadt Hagen sieht das Vorhandensein der dezentralen Bürgerämter in den jeweiligen Stadtteilen als großen Vorteil, da dem Bürger aus einer Palette mit großem Dienstleistungsangebot an einem Ort mit kurzen Wartezeiten Dienstleistungen angeboten werden.

Das zeitlich durchgehende Angebot über den ganzen Tag wird von den Bürgern als Vorteil wahrgenommen. Dennoch kommt es nicht selten vor, daß die Bürger zu bestimmten Stoßzeiten kommen, wie überwiegend an Vormittagen oder am Donnerstag nachmittag und nicht, wie erwünscht, verteilt auf den ganzen Tag. Der Mittwoch wurde im Bürgeramt aus dem Belegungsplan ganz rausgenommen, da dieser Tag die geringsten Bürgerbesuche verzeichnete. Dafür wurde zusätzliches Personal für die restlichen Tage der Woche zur Verfügung gestellt, an denen die Nachfrage größer ist. Auf diese Weise hat man auch die Wartezeiten für die Bürger noch weiter reduzieren können.

Gefragt wurde auch, ob der Bürger eine Orientierung im Bürgeramt braucht. D. h., ob er sich auf Anhieb im Bürgeramt zurechtfindet oder ob er sich von vorn herein informieren muß. Voraussetzung für eine gute Orientierung ist aus der Sicht der Verwaltung, daß der Bürger sich im Vorfeld, sei es telefonisch oder online, darüber erkundigt, was er für sein Anliegen alles benötigt. Er hat auch die Möglichkeit, sich die Formulare im Internet herunterzuladen und ausgefüllt bei seinem Besuch mitzubringen.

Die Zufriedenheit der Bürger der Stadt Hagen wurde ausführlich in einer Bürgerbefragung festgestellt. Es wurde klar, daß die Zufriedenheit der Bürger mit der Dauer der Wartezeit zusammenhängt. Folglich waren die Bürger um so zufriedener, je kürzer sie warten mußten. Auch das Gegenteil ist schon vorgekommen, als zusätzliche Dienstleistungsangebote mit Langzeitkontakten im Bürgeramt durchgeführt worden sind. In dieser Zeit waren die Bürger unzufriedener, da ihre Wartezeit manchmal auch inakzeptabel lang war. Es wurde auch festgestellt, daß es eigentlich dem Bürger bei weitem gleichgültig ist, wenn einmal die Woche (mittwochs)

---

[222] Interview am 11.06.2003 mit dem zuständigen Mitarbeiter des Bürgeramtes.

das Bürgeramt geschlossen ist. Für ihn ist es wichtiger, daß er, wenn er kommt, nicht zu lange wartet.[223]

Die Verwaltung ist der Auffassung, daß in der Literatur fast ausschließlich die positiven Seiten des Bürgeramtes, somit nur die Vorteile zum Ausdruck gebracht werden. In einem Interview stellte sich jedoch heraus, daß ein Bürgeramt durchaus auch die Nachteile, wie das beschränkte Angebot von Dienstleistungen oder die beschränkte Qualität der Leistungen im Verhältnis zu den Leistungen in den Fachämtern zum Ausdruck bringen kann. „Wir haben nicht die Breite der Qualität in den Bürgerämtern, wie wir es in den Fachämtern haben, die nur auf eine bestimmte Palette von Leistungen konzentriert sind", heißt es in einem Interview.

Auf die Wünsche der Bürger wird mit Hilfe von Umfragen eingegangen, bei denen festgestellt wird, was die Bürger haben wollen.

Gelegentlich kommt in der Kommune auch vor, daß die Bürger eine einheitliche und abschließende Bearbeitung wünschen, anstatt ausschließlicher Entgegennahme von Anträgen.

Auf die Frage nach dem Ausmaß der Bürgerorientierung wurde darauf hingewiesen, daß Bürgerorientierung wesentlich mehr umfaßt, als nur die Bürgerämter. Demnach sind für sie die Bürgerämter nur ein Teil der Bürgerorientierung. Bürgerorientierung umfaßt deutlich mehr, wie z. B. Bürgeranhörung, Bürgerinformation, Bürgeranträge, Bürgerbeteiligungen, Bürgerbegehren etc.

3.1.4 Auswirkungen auf die Beschäftigtenorientierung

Die verschiedenen Portale haben eine unterschiedliche Auswirkung auf die Beschäftigten einer Verwaltung.

Je nach dem, ob ein neues Call Center, Bürgeramt, Bürgerbüro oder ob Online-Leistungen eingeführt werden, brauchen die Verwaltungsmitarbeiter, und vor allem die von dieser Modernisierung betroffenen Mitarbeiter, eine Qualifikationsergänzung oder -vertiefung.

Die Beschäftigten der Verwaltung werden immer mehr höheren Anforderungen und Verantwortung ausgesetzt.[224] Daher sind Maßnahmen zur Mitarbeitermotivation dringend notwendig. Dies kann z. B. durch Fort- und Weiterbildung erreicht werden. [225] Dabei ist es eine wichtige Frage, ob auch die Beschäftigten sich gefördert

---

[223] So ein Verantwortlicher aus dem Bürgeramt der Stadt Hagen in einem Interview am 11.06.03.

[224] Was jedoch in vielen Verwaltungen, besonders Kommunalverwaltungen häufig beobachtet werden kann, ist nicht nur die hohe Belastung der Verwaltungsmitarbeiter, sondern auch die hohe Belastung der Personalräte. Häufig ist die Belastung so hoch, daß sie kaum in der Lage sind, neben den bestehenden Problemen der Verwaltung, noch durch die Verwaltungsmodernisierung entstandenen neuen Arbeitsfelder zu beherrschen.

[225] Auch im Rahmen der Mitgliedersammlung des nordrheinwestfälischen Städtetages im Jahre 2000 wurde die Mitarbeitermotivation als Maßnahme zur Bewältigung der gestiegenen Anforderungen gesehen. Weiteres kann in dem Protokoll der Mitgliedersammlung unter:

bzw. angemessen gefördert fühlen.[226] Schließlich stehen die Motivation und das Leistungsvermögen in einem positiven Verhältnis zueinander, da je größer die Motivation, desto größer auch das Leistungsvermögen ist.[227]

Diese kann zu dem durch Erweiterung der Handlungsspielräume verstärkt und durch mehr Flexibilität unterstützt werden.

Hinzu kommt noch, die Mitarbeiter durch Schulungs- und Integrationskonzepte anforderungsgerecht zu qualifizieren.

Aber auch flexible Arbeitszeiten können bei den Mitarbeitern motivierend wirken. Denn mit flexiblen Arbeitszeiten kann ein Wunsch der Verwaltungsmitarbeiter – nämlich die bessere Vereinbarkeit von Familie und Beruf – erfüllt werden.[228]

Um jedoch die Auswirkungen der verschiedenen Portale auf die Beschäftigten der Verwaltungen festzustellen, wurden qualitative Interviews geführt. Mitarbeiterbefragungen sollen dazu dienen, sowohl die allgemeine, als auch die konkrete Arbeitszufriedenheit der Arbeitnehmer festzustellen. Gleichzeitig können derartige Befragungen auch als Kontrollinstrument eingesetzt werden. Sie dienen auf diese Weise als Instrument der Schwachstellenanalyse.[229] Ob jedoch eine solche Befragung der Mitarbeiter erfolgreich verläuft oder nicht, hängt vom Grad der Akzeptanz der Befragung sowohl in der Managementebene, als auch in der Personalrats- und Mitarbeiterebene ab.[230]

- **Anhalt-Zerbst[231]**

Die Motivation der Verwaltung ein Bürgeramt einzurichten war auf eine Kundenbefragung zurückzuführen. Das Ergebnis zeigte, daß ein Bürgeramt erforderlich war, das viele Leistungen an einem Standort anbieten kann.

Die Einrichtung von Bürgerämtern hat einige Veränderungen mit sich gebracht. Dazu gehören vor allem die veränderten Arbeitszeiten.[232] Die seit fünf Jahren funktionierenden drei Bürgerämter haben insgesamt 6-7 Mitarbeiter. Es wurde sowohl bei der Aufgabentiefe, als auch bei der Aufgabenbreite erweitert.

---

www.staedtetag-nrw.de/veroeff/eildienst/2000 eingesehen werden.

[226] Vgl. König, Susanne. Personalpolitische Instrumente zwischen Betriebsvereinbarung und Unternehmenskultur. 2003. S. 44.

[227] Vgl. Bandemer, Stephan von. Der öffentliche Sektor im Wandel: Modernisierungsstrategien und deren Auswirkungen auf die Beschäftigten. In: Badura, Bernhard / Litsch, Martin / Vetter, Christian (Hrsg.) Fehlzeiten-Report. 2002. S. 5-18.

[228] Vgl. Resch, Karsten. Geeignete Modelle der flexiblen Arbeitszeit in der öffentlichen Verwaltung. 2003. S. 25.

[229] Vgl. Domsch, Michel. E. / Ladwig, Desiree. H. Mitarbeiterbefragungen als Instrument einer professionellen Personalarbeit. In: Bruhn, Manfred (Hrsg.) Internes Marketing. Integration der Kunden- und Mitarbeiterorientierung. 1999. S. 604.

[230] Vgl. ebenda, S. 613f.

[231] Interview am 23.06.2003 mit der Projektleiterin Bürgerservice.

[232] Die Bürgerämter sind täglich von 8-19 Uhr und freitags 8-16 Uhr geöffnet.

Das umfangreiche Aufgabengebiet sowie die erweiterten Öffnungszeiten waren eine große Umstellung für die Mitarbeiter. Sie mußten Querschnittswissen über alle Fachbereiche erwerben. Am Anfang war die Arbeit in den Bürgerämtern schon anstrengend. Die Mitarbeiter mußten erst alles verarbeiten und weitervermitteln, bis irgendwann dann die Routine eintrat. Die Reaktionen der Mitarbeiter waren nicht negativ, weil es ihre freiwillige Entscheidung war, im Bürgeramt zu arbeiten. Schließlich wurde auch keiner „zwangsverlagert", heißt es in den Interviews.

Die Weiterqualifikation der Mitarbeiter geschah verwaltungsintern. Die Fachbereiche, die Aufgaben abgegeben hatten, waren auch bei den Schulungen dabei. Ebenfalls wurden auf Wunsch der Mitarbeiter Nachschulungen durchgeführt. Bei den Schulungen handelte es sich ausschließlich um interne Schulungen.

Die Umstellungen haben die Mitarbeiter mit positiver Reaktion entgegengenommen, weil durch die Einrichtung von Bürgerämtern viele Vorteile zu erwarten waren. Ein wichtiger Vorteil, den die meisten Mitarbeiter bei Befragungen angegeben haben, war, daß sie Bürgerkontakt haben und nicht monotone Schreibtischarbeit leisten müssen.

Das vielschichtige Wissen und die Weiterbildung waren von privatem Vorteil. So können sie sich hinsichtlich ihres flexiblen Einsatzes innerhalb der Verwaltung absichern, so daß Sie bei Bedarf auch in anderen Fachbereichen arbeiten können. Außerdem wurden sie auch hinsichtlich der Gehälter etwas günstiger eingestuft.

Die Partizipation der Mitarbeiter in das Bürgeramtskonzept war zwar von besonderer Bedeutung, fand aber nur teilweise statt. Eine Beschäftigte der Projektgruppe Bürgerämter hatte Vorstellungen der Mitarbeiter weitervermittelt. Bei der Einrichtung waren alle sieben Mitarbeiter mit eingebunden. Der Personalrat war allerdings in der Planungsphase noch nicht dabei. Erst in der Umsetzungsphase wurde der Personalrat hinzugezogen. Auch weitere Interviews haben die Situation bestätigt. [233]

- **Dortmund[234]**

Die Auswirkungen des Bürgeramtes auf die Beschäftigten waren gravierend, da sie sich aufgrund des großen Aufgabenspektrums im Lebenslagenprinzip in andere Bereiche einarbeiten mußten. Sie mußten neue Aufgaben übernehmen und die jeweiligen Sachgebiete umfassend erlernen. Genauso mußten sich die Mitarbeiter an erweiterte Öffnungszeiten, an Samstagsarbeit, sowie an zeitautonome Gruppen, an Teamarbeit und vieles mehr gewöhnen. Das ganze war eine große Herausforderung für die Mitarbeiter. Sie mußten komplett neu qualifiziert werden. Interne Qualifizierungskonzepte wurden entwickelt, die darauf aufbauten, sich kontinuierlich über Workshops aus der Qualitätssicherung heraus weiterzuqualifizieren. Schätzungsweise haben sich 95 % der Mitarbeiter schon das notwendige

---

[233] Interview am 24.06.2003 mit der zuständigen Mitarbeiterin aus dem Bürgeramt.
[234] Interview am 26.06.2003 mit dem zuständigen Mitarbeiter aus der Personalabteilung.

Wissen angeeignet, die restlichen 5 % sollen das notwendige Wissen in nächster Zeit erwerben.

Anfangs wurden die Mitarbeiter durch die vielen Neuigkeiten überfordert. Zu Beginn kam es zu Reaktionen wie Widerstand und Frust, zum Teil bedingt durch den Wechsel in andere Verwaltungsbereiche. Viel Arbeit und längere Öffnungszeiten waren der Hauptgrund für diese Haltung. Inzwischen jedoch haben die Mitarbeiter die Vorteile einer abwechslungsreichen und flexiblen Arbeit erkannt. Vorteile durch die Einrichtung des Bürgeramtes entstanden auch durch die Neugruppierung der Arbeitsplätze. Durch die Zusammenlegung wurden aus BAT 6b Arbeitsplätzen BAT 5c Arbeitsplätze. Die Zeitautonomie in den Gruppen ist ein weiterer wesentlicher Vorteil. Die Teams sind bei ihrer Zeiteinteilung völlig autonom und selbstverantwortlich. Des weiteren können die Mitarbeiter ihre Wünsche in den Mitarbeiterbefragungen, die gleichzeitig zu den Bürgerbefragungen durchgeführt werden, äußern.

Zur Partizipation der Mitarbeiter gibt es eine Dienstvereinbarung mit der Personalvertretung. Bei allen Projekten sitzen die von den Mitarbeitern gewählten Mitarbeitervertretungen in den Projektlenkungsgruppen. Sie nehmen dort allerdings nur mit beratender Stimme teil und besitzen kein Entscheidungsrecht. Durch die Einrichtung des Bürgeramtes eröffne sich den Mitarbeitern die Möglichkeit zur Weiterqualifizierung wurde in den Interviews gesagt.

- **Hagen**[235]

Durch die Einrichtung von Bürgerämtern mußte der Mitarbeiter, der früher in einem Fachgebiet tätig war und über ein Spezialwissen verfügte, sich zusätzliches Wissen aneignen, er mußte an Schulungsmaßnahmen teilnehmen, mußte in anderen Bereichen hospitieren und stand eine Zeit lang aufgrund der notwendigen zusätzlichen Qualifikation in Konkurrenz zu den anderen Mitarbeiter. Anfangs wurden die Bürgeramtsmitarbeiter im Personalplan höher bewertet und entlohnt, weil sie mit einer Vielzahl von Dienstleistungen vertraut sein müssen. Mittlerweile ist das Bewertungsniveau für Bürgeramtsmitarbeiter dem Sachbearbeiterniveau angeglichen worden.

Jeder Mitarbeiter des Bürgeramtes verfügt nicht nur über sein ursprünglich angeeignetes Fachwissen, sondern muß auch über zusätzliches Wissen aus verschiedenen Fachbereichen verfügen. Daher mußten sie in mehreren Bereichen der Verwaltung routieren. Diese besonderen Qualifikationsmaßnahmen für die Bürgeramtsmitarbeiter dauerten anfänglich fünf Monate. Danach wurden sie parallel neben dem Tagesgeschäft durchgeführt. Die meisten Schulungsmaßnahmen werden verwaltungsintern von verschiedenen Abteilungen übernommen. Den Mitarbeitern des Bürgeramtes wurden aber auch verwaltungsexterne Seminare, wie zur Verkaufspsychologie oder zur Technik, angeboten.

---

[235] Interview am 12.06.2003 mit dem zuständigen Mitarbeiter des Bürgeramtes.

Die Mitarbeiter des Bürgeramtes waren prinzipiell motiviert, da sie eine interessante, abwechslungsreiche, vielseitige sowie hochwertige Arbeit erwarteten. Dennoch gab es auch negative Reaktionen der Mitarbeiter, wenn z. B. sehr viel Publikumsverkehr mit der vorgegebenen Anzahl von Mitarbeitern im Bürgeramt zu bewältigen oder „unangenehme" Bürger zu bedienen waren.

Das Bewerberverhalten variierte von Bürgeramt zu Bürgeramt und von Zeit zu Zeit. Begründet wurde dieses Verhalten zum Teil mit dem Verhältnis der Bewerber zum aktuellen oder potentiellen Vorgesetzten, unter dem man sich nicht wohl gefühlt hatte oder wohlfühlen würde, zum anderen Teil mit den Arbeitsplatzunsicherheiten der Bewerber. Die Bewerber, die ihre bisherige Arbeit als unsicher sahen, wollten einen zukunftsfähigen Arbeitsplatz. Als mögliches Motiv für einen Wechsel wurde auch angegeben, daß mit einem Wechsel mehr „Bequemlichkeit" erhofft wurde.

In der Stadtverwaltung Hagen gibt es auch einen sog. internen Arbeitsmarkt, auf dem die Mitarbeiter die Möglichkeit haben, ihre Position zu wechseln.

Das Vorschlagswesen der Stadtverwaltung Hagen ist in der zentralen Steuerung der Verwaltung angesiedelt, und mit dessen Hilfe werden Mitarbeiter aufgefordert und honoriert, neue Ideen zu entwickeln und weiterzugeben.

Hinterfragt wurde auch der Grad der Mitarbeiterpartizipation im Konzept des Bürgeramtes. Es wurde bekanntgegeben, daß das Konzept des Bürgeramtes wissenschaftlich begleitet wurde. Die Erstellung des Konzeptes erfolgte unter Einbezug von vielen Mitarbeitern. Schon die Konzeption der Bürgerläden als quasi Vorstufe der Bürgerämter von früher beinhaltete eine breite Teilnahme der Mitarbeiter aus verschiedenen Bereichen der Verwaltung. Der Personalrat verfolgte die Entwicklungen intensiv.

Von Bedeutung sind auch die Chancen für die Mitarbeiter, die durch die Einrichtung von Bürgerämtern entstanden sind. Materiell war dies anfänglich die Höherstufung der Sachbearbeiter in ihrer Gehaltsstufe. Darüber hinaus war es die Möglichkeit, eine interessante Arbeit mit Fort- und Weiterbildungsmöglichkeit zu erhalten, sowie einen zukunftsfähigen Arbeitsplatz zu sichern.

3.1.5   Auswirkungen auf die Wirtschaftlichkeit

Wirtschaftlichkeitsuntersuchungen kommen immer wieder in Betracht, wenn in der Organisationsstruktur, bei den Verwaltungsabläufen in Folge von Rationalisierungsmaßnahmen Veränderungen angestrebt werden.[236]

Im folgenden werden die Auswirkungen auf die Wirtschaftlichkeit in den Kommunalverwaltungen nach Einrichtung von Bürgerämtern, Bürgerbüros oder Bürgerläden vorgestellt.

---

[236]   Vgl. Schmidt, Jürgen. Wirtschaftlichkeit in der öffentlichen Verwaltung. 2002. S. 59.

- **Anhalt-Zerbst[237]**

Die Wirtschaftlichkeit der neuen Portale in der Kreisverwaltung Anhalt-Zerbst ist nicht nachgewiesen. Kostenmäßig sieht die Verwaltung keinen zusätzlichen Aufwand, da sie die Einrichtung von Bürgerämtern aus den vorhandenen Ressourcen und Kapazitäten vorgenommen hat. Die Verwaltung war auch nicht in der Lage gewesen, zusätzliche Kosten zu übernehmen. Selbst die Büroausstattung für die Bürgerämter kam aus dem Bestand. Die Wirtschaftlichkeit in der Kreisverwaltung Anhalt-Zerbst dokumentiert sich dadurch, daß nun mit den gegebenen Ressourcen gleichzeitig die Qualität der Leistungen gesteigert werden konnte.

- **Dortmund[238]**

Auch die Dortmunder Kommunalverwaltung ist der Auffassung, daß sie mit gegebenen Ressourcen mehr und bessere Leistungen geschaffen hat. Denn sie mußte der Forderung nach erheblicher Steigerung der Dienstleistungsqualität bei gleichbleibenden Kosten gerecht werden. Dies war die Vorgabe des Verwaltungsvorstandes. Inzwischen konnten Synergieeffekte durch die Zusammenlegung von Arbeitsbereichen erreicht werden. Zu Boomzeiten einer Verwaltungsleistung werden keine zusätzlichen Personen in diesem Bereich gebraucht, da das Personal an Schaltern mit wenig Bürgerschaft den Nachfrageüberhang ausgleicht. Schließlich ist das gesamte Personal quasi für alle Tätigkeiten qualifiziert. Somit ist sowohl Flexibilität, als auch hohe Qualität mit vorhandenem Personal möglich. Diese Arbeitsspitzen wurden durch Bündelung in den Arbeitsbereich Bürgerdienste verlagert, wo man in der Lage ist, diese Arbeitsspitzen abzuflachen und dadurch Personalsynergien zu erzielen. Die Dortmunder Verwaltung ist der Überzeugung, daß sie in nächster Zeit noch mehr Synergien erzielen wird und somit Geld sparen kann, so daß bei gesteigerter Qualität die Kosten sinken. Insgesamt bedeutet die Einrichtung des Bürgeramtes für die Verwaltung keine zusätzlichen Kosten. Durch das Bürgeramt würde zwar die Nachfrage nach Leistungen durch die Bürger zunehmen, aber die nachgefragten Leistungen würden effizienter und effektiver in gebündelter Form durch gut ausgebildete Mitarbeiter erbracht.

- **Hagen[239]**

Die Stadtverwaltung Hagen hat sich anfangs vorgestellt, daß aus den verschiedenen Bereichen der Verwaltung Aufgaben entzogen und an das Bürgeramt übertragen werden könnten. Auf diese Weise sollten Leistungen günstiger erstellt und somit Kosten gespart werden. Doch mit der Zeit wurde das Gegenteil festgestellt. Inzwischen ist man der Auffassung, daß Bürgerämter stets zusätzliche Kosten verursachen und es somit nicht zu Kosteneinsparungen, sondern zu Kostenerhöhun-

---

[237] Interview am 24.06.2003 mit der Mitarbeiterin für Bürgerservice.
[238] Interview am 18.07.2003 mit dem zustädigen Mitarbeiter der Bürgerdienste.
[239] Interview am 02.07.2003 mit der zuständigen Mitarbeiterin des Bürgeramtes.

gen kommt.[240] Die Stadtverwaltung Hagen betrachtet diese Kosten nicht negativ, sondern als positiv. Diese zusätzlichen Kosten sind gewollt, weil man einen gewissen Standard an Leistungserstellung erreichen und dies dann beibehalten möchte. Insofern werden Bürgerämter nicht als „Luxuseinrichtungen", sondern als eine Selbstverständlichkeit jeder Verwaltung gesehen. Es ist den Verantwortlichen der Stadtverwaltung bewußt, daß Bürgerämter zusätzliches Personal und technische sowie räumliche Ausstattung erfordern. Eine dezentrale Leistungserstellung ist immer aus personellen Gründen teurer als eine zentrale. Dieser Aspekt gehört in die Kategorie der Kosten. Doch wenn man in eine Wirtschaftlichkeitsberechnung auch die Zufriedenheit der Bürger über die Verwaltung einbezieht, dann ist es günstiger, unter den genannten Bedingungen ein Bürgeramt zu haben.[241]

Auf die Frage, wie diese zusätzlichen Kosten sich im Haushalt der Stadtverwaltung niedergeschlagen haben, gab ein Verantwortlicher an, daß die zusätzlichen Kosten den Personal- und Sachhaushalt belastet haben, jedoch dieses Vorhaben politisch gewollt war und der Stadtrat dafür bei den Wahlen Pluspunkte gesammelt hätte.

3.1.6 Auswirkungen auf Effizienz und Effektivität

- **Anhalt-Zerbst[242]**

Für die Kreisverwaltung Anhalt-Zerbst hatte die Einrichtung von Bürgerämtern erhebliche Auswirkungen auf Effizienz und Effektivität. Während es anfangs 1200 Anliegen pro Monat waren, verzeichnen sie gegenwärtig 6000 Anliegen pro Monat. Die Effizienz und Effektivität ließe sich noch in Bereichen wie z. B. Sozialamt durch Abgabe von bestimmten Aufgaben an das Bürgeramt weiter steigern, wird bei den Interviews bekannt gegeben. Obgleich Anhalt-Zerbst an Effizienz und Effektivität gewonnen hatte, nimmt die Verwaltung nicht an interkommunalen Wettbewerben teil.

- **Dortmund[243]**

Ausgehend vom Standpunkt bei gegebenen Mitteln die Qualität der Leistungen zu steigern, war die positive Auswirkung der Dortmunder Bürgerdienste und des Dienstleistungszentrums eine Voraussetzung für die Steigerung von Effizienz und Effektivität in der Verwaltung. Sie hat, wie fast alle Organisationsentwicklungen und Veränderungen einer Organisation, Einfluß auf Effizienz und Effektivität. Aber auch andere Maßnahmen, wie z. B. die Einführung von Qualitätsmanagement oder die Teilnahme an Wettbewerben, haben nach Auffassung der Verwaltung einen

---

[240] Auch in anderen Untersuchungen werden Bürgerämter und Bürgerbüros als zusätzlicher Kostenfaktor gesehen. Vgl. hierzu Fobe, Karin / Rieger-Genennig, Kathrin. Bürgerämter und Nachbarschaftsläden. 1999. S. 305.

[241] So äußerte sich ein Verantwortlicher im Bürgeramt der Stadt Hagen am 11.06.03 bei einem Interview.

[242] Interview am 24.06.2003 mit der zuständigen Mitarbeiterin des Bürgeramtes.

[243] Interview am 22.07.2003 mit der zuständigen Mitarbeiterin des Dienstleistungszentrums.

positiven Einfluß auf Effizienz und Effektivität. Das persönliche Portal der Stadt Dortmund mit seinen Bürgerdiensten und dem Dienstleistungszentrum mit flexiblen Öffnungszeiten, kompetenten Mitarbeitern sowie einem optimierten Personaleinsatz führte zu einem besseren Umgang mit gegebenen Ressourcen und erwies sich als eine gute Maßnahme, um positive Wirkungen auf Effizienz und Effektivität der Verwaltung zu erzielen.

- **Hagen**[244]

Die Mitarbeiter des Bürgeramtes denken insgesamt positiv über dessen Einrichtung. Die Verwaltung ist der Überzeugung, daß die Effizienz und Effektivität davon abhängt, wie die Mitarbeiter arbeiten und wie die Qualifikation der Mitarbeiter ist. Insgesamt hat sich die Qualität der Dienstleistungen mit der Einführung des Bürgeramtes gesteigert. Die Ressourcen Technik und Personaleinsatz bleiben für einen gewissen Zeitabschnitt konstant. Es werden aber permanent bessere und schnellere Leistungen erwartet. Die Bürgerämter, die seit über sieben Jahren existieren, versuchen von Jahr zu Jahr ihre Qualität zu steigern. Dies geschieht zum einen Teil durch die Routine, mit der die Mitarbeiter die Bürger immer schneller und besser bedienen können und zum anderen durch den hohen Informationsgrad der online angebotenen Dienstleistungen, die die Bürger in verschiedenem Umfang in Anspruch nehmen.

Hinsichtlich der Verbesserungen in Zukunft wird bekannt gegeben, daß die Mitarbeiter der Bürgerämter kontinuierlich über Verbesserungen nachdenken. Für die zukunftsfähige Gestaltung der Bürgerämter wurde eine Projektgruppe „Bürgerämter", die aus den Mitarbeitern der Bürgerämter, der zentralen Steuerung sowie dem Personalrat besteht, ins Leben gerufen. Bei der Neugestaltung von Dienstleistungen wird besonders an virtuelle Formen von Leistungsangeboten gedacht. In der Hoffnung, kontinuierlich Verbesserungen vorzunehmen, werden die Ziele immer höher gesetzt.

Ein Anstoß für die große Motivation der Beschäftigten des Bürgeramtes ist unter anderem die Teilnahme an Wettbewerben. Im interkommunalen Leistungsvergleich hat die Stadt Hagen für ihre Bürgerämter bereits einen Preis gewonnen. Innerhalb der Verwaltung, d. h. zwischen den einzelnen Bürgerämtern, besteht kein vergleichbarer Wettbewerb, da die Verwaltung nicht behaupten möchte, daß, wenn ein Bürgeramt etwas langsamer arbeitet, es über schlechte Mitarbeiter verfügt. Viel mehr sind die Ausgangsbedingungen anders oder es existieren andere Probleme. Welches Bürgeramt der Stadt Hagen besser oder schlechter ist, darüber existieren keine Vergleichszahlen. Nach Ansicht der Bürgeramtsvertreter existieren keine guten oder schlechten Bürgerämter. „Wenn der interne Wettbewerb dazu dienen könnte, für die Bürger bessere Dienstleistungen anzubieten, dann ist dies ein positiver interner Wettbewerb. Genauso ist es, wenn es die Mitarbeiter motiviert. Wenn aber interner Wettbewerb dem Eigenzweck dient, dann sehe man es als nicht er-

---

[244] Inteview am 02.07.2003 mit der zuständigen Mitarbeiterin aus dem Bürgeramt.

forderlich und daher auch als negativ an", wird von einem führenden Mitarbeiter des Bürgeramtes ausgesagt.

3.1.7 Zusammenfassung: Auswirkungen des persönlichen Portals

Dieses Kapitel der Arbeit zeigte die Auswirkungen des persönlichen Portals, d. h. der Bürgerämter, Bürgerbüros und Bürgerläden, in den untersuchten Stadtverwaltungen auf die Bereiche Organisation, Bürgerfreundlichkeit, Beschäftigtenorientierung, Wirtschaftlichkeit sowie Effizienz und Effektivität. Die Untersuchungen haben gezeigt, daß unterschiedliche Ergebnisse existieren.

Während die Einrichtung von Bürgerämtern oder Bürgerbüros in Anhalt-Zerbst und Hagen keine strukturellen Veränderungen in der Aufbauorganisation hervorrief, kam es in der Stadtverwaltung Dortmund zu ausgeprägten Veränderungen. Bei der Analyse der Wirkungen auf die Ablauforganisation der Kommunen konnten in Anhalt-Zerbst und Dortmund positive Wirkungen festgestellt werden. Der Bürgerkontakt wurde auf Bürgerämter bzw. Bürgerbüros gelenkt. Die Fachämter konnten auf diese Weise vom routinierten Bürgerkontakt entlastet werden. So konnten sich die Fachämter auf ihre eigentlichen Aufgaben konzentrieren und Fachkräfte wurden nicht mehr zusätzlich durch zeitaufwendige Sprechzeiten belastet.

Bei der Ablauforganisation der Stadtverwaltung Hagen konnten dagegen keine Veränderungen festgestellt werden. Die Verwaltung begründet dies damit, daß sich die Bürgerämter in erster Linie positiv auf die Bürger bzw. Kunden auswirken und nicht auf die Verwaltung, da dezentrale Einrichtungen wie Bürgerämter generell als zusätzlicher Kostenfaktor für die Verwaltung gesehen werden, da hiervon ausschließlich die Bürger profitieren.

Die Auswirkungen von Bürgerämtern oder Bürgerbüros auf die Bürgerorientierung ergaben als eine der wenigen Kategorien bei allen untersuchten Stadtverwaltungen positive Ergebnisse.

Alle untersuchten Stadtverwaltungen verzeichneten infolge von Bürgerumfragen positive Resonanz der Bürger. Man ist desweiteren der Ansicht, daß Bürgerorientierung in den Verwaltungen nie als abgeschlossen betrachtet werden darf, sondern immer wieder weiterentwickelt und fortgeführt werden muß.

Für die Beschäftigten in den Bürgerämtern bzw. Bürgerläden ergaben sich insgesamt positive Wirkungen. Allerdings wurden die erweiterten Öffnungszeiten gelegentlich als motivationshemmend erwähnt. Dennoch war insgesamt große Motivation bei den Mitarbeitern zu beobachten, weil sie neben abwechslungsreicher Beschäftigung auch von Fort- und Weiterbildungsmaßnahmen profitieren konnten.

Während die Partizipation der Mitarbeiter in Anhalt-Zerbst nur teilweise stattfand, war sie in Dortmund und Hagen schon im Konzept der Bürgerämter bzw. Bürgerläden verankert. Interessante Ergebnisse konnte hinsichtlich der Auswirkungen auf die Wirtschaftlichkeit erzielt werden. Während in Anhalt-Zerbst von neutralen Kosten gesprochen wurde, bestätigte die Stadt Dortmund Qualitätssteigerung bei gleichbleibenden Ressourcen und Synergieeffekte. Die Stadt Hagen dagegen meldete steigende Kosten.

Als letzte Kategorie im Untersuchungsschema sind für Effizienz und Effektivität in allen untersuchten Verwaltungen positive Bewertungen abgegeben worden. Die folgende Abbildung gibt einen Überblick über die Auswirkungen des persönlichen Portals in den ausgewählten Kommunen auf die Bereiche Organisation, Bürgerfreundlichkeit, Beschäftigtenorientierung, Wirtschaftlichkeit sowie Effizienz und Effektivität wieder.

in: auf:	Anhalt-Zerbst	Dortmund	Hagen
Aufbauorganisation	keine	+ + +	keine
Ablauforganisation	+ + +	+ + +	keine
Bürgerfreundlichkeit	+ + +	+ + +	+ + +
Beschäftigtenorientierung	+	+ + +	+ + +
Wirtschaftlichkeit	keine	+ +	--
Effizienz und Effektivität	+ + +	+ + +	+ + +

Legende:

+   : geringe positive Auswirkungen

++   : mäßige positive Auswirkungen

+++   : starke positive Auswirkungen

-     : geringe negative Auswirkungen

- -   : mäßige negative Auswirkungen

Abb. 15: Auswirkungen des persönlichen Portals

Quelle: Eigene Darstellung

3.2 Evaluation des telefonischen Portals

3.2.1 Auswirkungen auf die Aufbauorganisation

- **Duisburg**[245]

Durch das Call Center war die Aufbauorganisation der Stadt Duisburg nicht tangiert. Dies wird mit der unabhängigen Organisation des Call Centers von anderen Verwaltungseinheiten begründet. Desweiteren wird der Betrieb eines Call Centers nicht als ersetzendes, sondern als ergänzendes Portal zur zusätzlichen Verbesserung von Verwaltungsleistungen betrachtet.

Dafür waren aber die Auswirkungen auf die Ablauforganisation im Vergleich viel höher, als bei den bisher vorgestellten Portalen.

- **Karlsruhe**[246]

Für die Aufbauorganisation in der Stadtverwaltung Karlsruhe brachte die Einrichtung eines Call Centers ebenfalls keine großen Veränderungen, weil für die jeweiligen Ämter zwar eine Entlastung zu beobachten war, jedoch nicht in einem solchen Ausmaß, so daß ein großer Teil der Arbeit in den Ämtern verblieb. Die Entlastung ist verteilt auf mehrere Ämter und Bürgerämter und auf die einzelnen Ämter selbst entfiel nur ein geringfügiger Anteil an Entlastung. Das Call Center könne nur informativ, aber nicht abschließend die Anliegen der Bürger bearbeiten. Um beispielsweise ein Bürgeranliegen in Ausländerangelegenheiten zu erledigen, benötigt der Mitarbeiter die jeweilige Akte. Diese ist aber für den Call Center Agenten nicht zugänglich. Abgesehen von der Akte wären in diesem Fall beim Call Center Agenten auch weitgehende fachspezifische Kenntnisse in den jeweiligen Aufgabengebieten erforderlich. Die meisten Aufgaben, die das Call Center verrichtet, wurden aus dem Bürgerbüro übernommen. Daher sind auch die meisten Mitarbeiter aus dem Bürgerbüro in das Call Center versetzt worden.

3.2.2 Auswirkungen auf die Ablauforganisation

- **Duisburg**[247]

Das Duisburger Call Center verfügt über eine effiziente und effektive Ablauforganisation. Es wird nicht mehr mit Papieren und Akten gearbeitet, sondern alles wird online erledigt. Durch die Beschleunigung der Kommunikationswege wurde ein schneller Workflow ermöglicht. Die Stadtverwaltung Duisburg hat im Gegensatz zu den anderen Verwaltungen im Analysieren von Prozessen einen weiten Vorsprung. Vor der Einrichtung des Call Centers wurden die Geschäftsprozesse analysiert, um festzustellen, inwieweit man sie zu erneuern hat. Erst danach wurde das Call

---

[245] Interview am 25.06.2003 mit dem Call Center Leiter.
[246] Interview am 15.04.2004 mit dem Leiter des Karlsruher Call Centers.
[247] Interview am 25.06.2003 mit dem Leiter des Call Centers.

Center eingerichtet. Dabei bestand die Analyse aus zwei Teilen. Zum einen war es das Mengengerüst, d. h. es ging darum, wieviel Anrufe eingehen und welche Fragen durch die Bürger gestellt werden. Diesbezüglich haben alle Ämter vier Wochen lang die eingehenden Anrufe der Kunden und Bürger registriert. Zum anderen ging es um die Frage, wie die Prozesse beschrieben werden sollen. So hatte man im Back-office die Funktionen beschrieben und die Abläufe organisiert. Beim Projekt Call Center ging es den Verantwortlichen darum, nicht ein Großprojekt mit langwieriger Implementierungsphase zu starten, sondern ein Call Center innerhalb von wenigen Wochen zu implementieren. Im Call Center Duisburg wollte man bewußt nichts von Grund auf ändern, sondern man wollte die vorhandenen Strukturen verbessern und an die Neuigkeiten anpassen. Das Call Center hat sich somit den Wünschen der Bürger und den technischen Gegebenheiten angepaßt.

Die Besonderheit war dabei, daß es sich an jeden unterschiedlichen Einzelfall – so weit es möglich war – angepaßt hat. Die Verwaltungseinheiten, die noch über kein Internet verfügen, werden vom Call Center als solche registriert und werden statt durch E-mails per Fax kontaktiert. Es wurden praktische Veränderungen und Anpassungen vorgenommen, die kurzfristig implementiert werden konnten. Denn für die Implementierung des Call Centers waren insgesamt nur sechs Monate vorgesehen. Danach erfolgte eine Kontrolle zur Überprüfung der Funktionsweise der Geschäftsprozesse. Es wird jedoch bemerkt, daß eine Analyse im wissenschaftlichen Sinne nicht durchgeführt wurde, auch wenn bereits vieles in der Verwaltung intern untersucht worden ist. Eine wissenschaftliche Untersuchung würde tiefgreifende Organisationsuntersuchungen voraussetzen, deren Aufwand jedoch die Stadtverwaltung Duisburg nicht tragen könnte. Statt dessen wurde der Bedarf an Veränderungen kurzfristig festgestellt. Dennoch ist man der Auffassung, daß man sich ständig verbessert, indem man sich immer wieder neu abstimmt, immer wieder neue und aktuelle Informationen in die Datenbank einbringt.

Abbildung 16 zeigt den Idealablauf einer direkten Bearbeitung der Bürgeranliegen durch das Call Center Duisburg. Dabei werden die eingehenden Anrufe durch die Call Center-Teams mit Hilfe von Informationen aus der Datenbank abschließend bearbeitet.

11.1 Workflow 1 – direkte Bearbeitung durch das „Call-Duisburg" Center (Idealablauf)

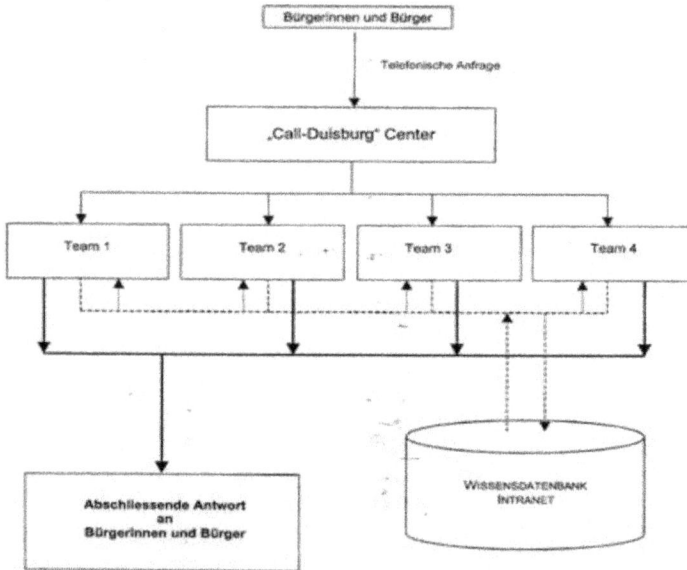

Abb. 19: Workflow Idealtyp

Abb. 16: Idealablauf einer direkten Bearbeitung

Quelle: Verwaltungseigene Unterlagen

- **Karlsruhe**[248]

Motivation für die Einrichtung eines Call Centers war die Entlastung der Fachämter von der Telefontätigkeit, damit sich die Mitarbeiter in den Fachämtern ausschließlich auf die Bearbeitung von Bürgeranliegen konzentrieren können.

Durch die Trennung der Sachbearbeiter von der „Multifunktionalität" kann gleichzeitig der Datenschutz mehr berücksichtigt und umgesetzt werden. Dies wäre nicht gewährleistet, wenn beispielsweise während eines persönlichen Besprechungstermins mit dem Bürger noch ein anderer Bürger anruft und möglicherweise der wartende Bürger den Gesprächsinhalt des telefonierenden Bürgers mit dem Sachbearbeiter erfahren würde.

---

[248] Interview am 15.04.2004 mit dem zuständigen Mitarbeiter aus der Organisatiosabteilung.

Die Arbeitsprozesse wurden aus Kosten- und Personalgründen weder in den Fachämtern, noch im Call Center analysiert. Das Verwaltungspersonal war zusätzlich durch die neu eingeführten Auflagen zu Kfz-Zulassung und Ausweisverfahren überlastet. Für zusätzliche Aufgaben wie Prozeßuntersuchung und -analyse blieben keine Kapazitäten frei.

Eine besondere Veränderung durch das Call Center entstand im Koordinationsbedarf der angefallenen Informationen. Alle Anrufe, die im Call Center eintreffen, werden größtenteils aus Entlastungsgründen nicht an die Fachämter weitergeleitet, sondern es wird versucht, sie abschließend im Call Center zu bearbeiten. Lediglich bei Informationsbedarf und bei den spezifischen Fällen werden die Fachämter kontaktiert. Bei durchschnittlich 16 Tausend Anrufen im Monat braucht das Call Center ein hohes Maß an Koordination.

3.2.3 Auswirkungen auf die Bürgerfreundlichkeit

- Duisburg[249]

Auslöser für die Überlegungen nach der Bürgerfreundlichkeit des telefonischen Zugangs war die geringe Erreichbarkeit der Verwaltung durch die Bürger. Die Erreichbarkeitsquote lag bei nur 38 %. Nach einer 12-tägigen Verkehrsmessung hat man festgestellt, daß 62 % der Anrufe ihr Ziel nicht erreichten, infolgedessen haben 62 % der Bürger gar keine oder keine richtige Antwort auf ihr Anliegen bekommen können.[250]

Mit Hilfe des Call Centers war es möglich diese geringe Erreichbarkeitsquote auf 95 % zu erhöhen. Der einzelne Bürger ist damit sehr zufrieden.[251] Der Bürger wird nicht weiterverbunden, solange es sich nicht um Fachfragen handelt. Mit Hilfe von Bürgerbefragungen wurde die Zufriedenheit der Bürger bestätigt.

Die erste Bürgerumfrage, die nach Einrichtung des Call Centers in Duisburg durchgeführt wurde, hatte bereits positive Rückmeldungen der Bürger aufgezeichnet. 84 % der befragten Bürger haben besonders die freundliche Bedienung durch den Call Center Agenten als besonders gut bewertet. 54 % fanden die kurzen

---

[249] Interview am 25.06.2003 mit dem Leiter des Duisburger Call Centers.
[250] Die Hauptgesprächsströme gingen auf die folgenden Fachabteilungen:
- Ausländerangelegenheiten
- Sozialhilfe
- Vormundschaft
- Verwarnungsgelder
- Standesamt
- Erziehungs- und Familienangelegenheiten
- Bürgerservice

Information laut Verwaltungseigene Unterlagen, Projekt Call Duisburg.
[251] Dies ist auch aus den Bürgerbefragungen der Stadt zu entnehmen.

Wartezeiten gut und 43 % die schnelle Bearbeitung ihrer Anliegen. Nur 49 % schätzten die Kompetenz und das Fachwissen der Call Center Agenten.

Anhand der prozentualen Bewertung ist erkennbar, daß die Bürger mit der Einrichtung des Call Centers nicht in erster Linie die Qualität, sondern die Freundlichkeit in den Vordergrund gestellt haben. Schließlich hätten die Mitarbeiter auch ohne ein aufwendiges Call Center eine freundliche Bedienung vornehmen können.

Nachteile des telefonischen Zugangs werden von der Duisburger Verwaltung nicht empfunden. Die Wünsche und Beschwerden der Bürger werden über das Anregungs- und Beschwerdemanagement der Verwaltung aufgenommen.

Hinsichtlich der Bürgerorientierung ist die Verwaltung der Auffassung, daß sie sich permanent verbessert. Die Verwaltung ist Trägerin des Speyerer-Preises für Bürgerorientierung. Einen wesentlichen Beitrag zu diesem Erfolg räumt die Verwaltung dem Call Center ein.

- **Karlsruhe**[252]

Vorteile für die Bürger bestehen in der Information und in der teilweisen Bearbeitung ihrer Anliegen. Die Bürgerzufriedenheit wird anhand von „gelben Karten" im Internet festgehalten. Allerdings wurde bislang noch keine statistische Bewertung über die Bürgerzufriedenheit durchgeführt. Mit Hilfe der „gelben Karten" im Internet können die Bürger ihre Beschwerden, aber auch ihre Anregungen und Tips abgeben.

Nach Einschätzung des Call Centers sind ungefähr 20 % der „gelben Karten" gerechtfertigte Kritik und 80 % fehlgeleitete Beschwerden, die nicht auf mangelhafte Leistungen zurückzuführen waren, sondern aus der mangelhaften Information der Bürger entstanden sind. Für die Bürger bestehen die Nachteile des Call Centers in der geringen Leistungstiefe.

Für die Mitarbeiter des Call Centers bestehen Nachteile besonders in den bis in die späten Abendstunden erweiterten Arbeitszeiten und in den unzähligen Telefonaten, die über längere Zeiten hintereinander durchzuführen sind. In noch mehr erweiterten Öffnungszeiten wird eine gesteigerte Bürgerorientierung nicht gesehen, da man der Auffassung ist, besser mit motivierten Mitarbeitern in einem engeren Zeitrahmen Leistungen anzubieten, als in einem erweitertem Zeitrahmen mit weniger motivierten und mehr belasteten Mitarbeitern. Schließlich wolle man Qualität und nicht Quantität erreichen. Insgesamt wird der Bürgerorientierung eine große Bedeutung beigemessen.

---

[252] Interview am 15.04.2004 mit dem zuständigen Mitarbeiter aus der Organisationsabteilung.

3.2.4 Auswirkungen auf die Beschäftigtenorientierung

- **Duisburg**[253]

Veränderungen, die die Mitarbeiter der Verwaltung betreffen, waren insbesondere die Entlastung der Mitarbeiter in den Fachämtern. Die Entlastung entstand durch die Bearbeitung der Anrufe im Call Center. Die Entlastung löste große Akzeptanz bei den Verwaltungsbeschäftigten aus.

Große Weiterbildungsmaßnahmen für die Mitarbeiter im Call Center waren nicht notwendig, da das notwendige Wissen nicht in den „Köpfen" der Mitarbeiter, sondern in der Datenbank des Call Centers steckt. Nur für die Bedienung der Call Center-Software waren Schulungen erforderlich. Dennoch gab es am Anfang Widerstände bezüglich der Umsetzbarkeit des Call Center Projektes, weil man annahm, daß das Call Center mehr Arbeit verursacht als erspart. Die Widerstände waren aber bereits nach drei bis vier Monaten abgeklungen, sobald die Call Center Mitarbeiter für sich die Vorteile erkannten. Für die Verwaltung haben die Wünsche der Bürger den gleichen Rang wie die der Mitarbeiter. Die Verwaltung funktioniert auch nach innen als Dienstleisterin und ist bestrebt, ihre Mitarbeiterorientierung auszubauen. Geplant ist die Ausweitung der Partizipation der Verwaltungsmitarbeiter. Allgemein werden die Vorschläge der Mitarbeiter über ein Vorschlagswesen der Verwaltung aufgenommen. Aber ein Vorschlagswesen im Call Center existiert noch nicht. Interne Vorschläge gehen über die Organisationsleitung.

In das Konzept des Call Centers waren die Mitarbeiter weitestgehend integriert. Alle Ämter mit Kundenkontakten wurden im Vorfeld aufgesucht und es wurde darüber abgestimmt, welche Aufgaben an das Call Center abgegeben werden können. Die Mitarbeiter des Call Centers haben sich insgesamt so entwickelt, daß sie nicht nur in der Verwaltung schon besser verdienen, sondern auch eventuell auf dem freien Markt aufgrund ihrer Fähigkeiten gute Chancen auf einen gutbezahlten Arbeitsplatz haben.

- **Karlsruhe**[254]

Das Call Center trug mit seiner Aufgabenvielfalt für zusätzliche Beschäftigtenorientierung innerhalb des Call Centers bei. Zwar hatten die Call Center Mitarbeiter, die zu einem Großteil aus dem Bürgeramt stammen, bisher abwechslungsreiche Tätigkeiten durch direkten Bürgerkontakt ausgeübt, aber im Call Center konnten sie ihr breites Aufgabenspektrum um den distanzierten telefonischen Bürgerkontakt erweitern, wobei das Telefonieren nicht immer mit Abwechslung in Verbindung gesetzt wurde und gelegentlich auch streßverursachend wirkte. Dennoch war keine negative Reaktion der Mitarbeiter zu verzeichnen. Dies wurde von der Call Center Leitung mit der freiwilligen Wahl des Arbeitsplatzes der Mitarbeiter begründet.

---

[253] Interview am 25.06.2003 mit dem zuständigen Mitarbeiter aus der Personalabteilung.
[254] Interview am 15.04.2004 mit dem zuständigen Mitarbeiter aus der Personalabteilung.

Auf das breite Aufgabenspektrum werden die Mitarbeiter immer wieder durch Schulungen vorbereitet. Die Schulungen stammen zum Teil aus dem Weiterbildungskatalog der Stadt und zum Teil aus dem aktuellen Bedarf im Call Center. Inhalt der Weiterbildungsmaßnahmen sind beispielsweise Streß- und Konfliktbewältigung, Sprachtraining, Mind Maping etc.

Die abwechslungsreiche Tätigkeit sowie die Weiterbildungsmaßnahmen könnten nach Meinung der Call Center Leitung als Chance für die Mitarbeiter erst dann gelten, wenn die Call Center Agenten mindestens in gleicher Höhe vergütet würden, wie die Mitarbeiter im Bürgeramt. Gegenwärtig liegt das Lohnniveau für Call Center Agenten unterhalb dessen der Bürgeramtmitarbeiter.

Dennoch bleibt zu erwähnen, daß sowohl das Arbeitsklima, als auch die Vergütung im Call Center wesentlich besser als bei einer Telefonzentrale ist. Schließlich wurden die Mitarbeiter des Call Centers von Anfang an am Projekt Call Center beteiligt.

3.2.5   Auswirkungen auf die Wirtschaftlichkeit

-    **Duisburg**[255]

Bezüglich der Wirtschaftlichkeit hat die Stadtverwaltung Duisburg eine andere Vorstellung, die sich wesentlich von den Maßnahmen anderer Verwaltungen unterscheidet. Die Stadtverwaltung ist der Ansicht, daß erst investiert werden muß, um später sparen zu können. Allerdings würde dies auch seine Zeit in Anspruch nehmen, da keine neue Einrichtung, kein Call Center von 0 auf 100 % funktionieren und somit sofort Ersparnisse einbringen könne.

Andere Kommunen hingegen bekämen vom Kämmerer nur dann Finanzmittel bewilligt, wenn erst woanders in der Verwaltung eingespart wurde. Selbst zwei Jahre nach der Einführung wird die Effizienz immer noch gesteigert. In diesen zwei Jahren wurde soviel eingespart, daß damit die Investitionskosten gedeckt werden können. Von der Verwaltungsführung wurden zwei Jahre vorgegeben, in der die Investitionskosten zu decken sind. Das Call Center hat jedoch schon vorzeitig die Kosten decken können und befindet sich seitdem in der Gewinnphase.

„In der Privatwirtschaft ist der Gedanke: erst investieren, dann profitieren, selbstverständlich. Jedoch in der Verwaltung denken Kämmerer anders, was häufig zur Investitionshemmung führt", wird im Rahmen eines Interviews erläutert.

-    **Karlsruhe**[256]

Angaben zur Wirtschaftlichkeit können im Call Center Karlsruhe noch nicht gemacht werden, da zum Zeitpunkt der Untersuchung die Verwaltung noch nicht über eine Kosten- und Leistungsrechnung verfügte. Zwar werden Dienste für die ver-

---

[255]   Interview am 02.09.2003 mit dem Leiter des Call Centers.

[256]   Interview am 15.04.2004 mit dem zuständigen Mitarbeiter von Bürger Service.

schiedenen Fachämter geleistet, aber es konnte auf Grund fehlender Bemessungsgrundlagen nicht zur Rechnung gestellt werden. Zum Untersuchungszeitpunkt stand lediglich fest, daß 80 % der Call Center Dienste dem Bürgerbüro dienen. Das Call Center finanziert sich aus eigenen Mitteln mit eigenem Personal.

3.2.6 Auswirkungen auf die Effizienz und Effektivität

- Duisburg[257]

Durch das Call Center, das kurze Prozeßwege ermöglichte, konnten viele Workflows verbessert werden.

Zur Qualitätssteigerung kam es durch mehr Leistungsangebot bei gleichbleibendem Ressourceneinsatz. Zwar ist die Anzahl der Mitarbeiter im Call Center doppelt so hoch wie zu Zeiten der Telefonzentrale, jedoch wird mit dieser Personalzunahme ein vielfaches an Aufgabenzuwachs bewältigt. Für die Zukunft ist eine höhere Effizienz und Effektivität durch ein gemeinsames Call Center mit der Stadt Düsseldorf geplant. Beispielsweise ist das Call Center in den späten Abendstunden mindestens mit zwei Mitarbeitern zu besetzen, obwohl sie durch geringe Nachfrage nicht völlig ausgelastet sind. Da zwei Personen aber in den späten Abendstunden für zwei Städte ausreichen würden, wird beim Personaleinsatz eine Kooperation mit der Stadt Düsseldorf eingegangen. Der gemeinsame Personaleinsatz macht möglich, daß auch in Call Centern noch mehr Effizienz und Effektivität erreicht werden können.

Innerhalb der Verwaltung ist Wettbewerb vorhanden, weil neben dem Call Center Duisburg noch eine Kundenhotline für Versorgungsbetriebe der Stadt vorhanden ist – auch wenn es im Verhältnis zum Call Center nur wenige Produkte anbietet. Das Call Center ist aber an der Zusammenlegung mit der Kundenhotline für Versorgungsbetriebe der Stadt Duisburg interessiert. Aufgrund der Gemeinwohlorientierung kann das Call Center Duisburg nicht mit einem Call Center aus der Privatwirtschaft verglichen werden. Außerdem darf die Kommunalverwaltung keine Gewinne erwirtschaften. Daher besteht nach außen hin kein Wettbewerb.

- Karlsruhe[258]

Zwar konnten im Call Center Karlsruhe keine näheren Angaben über Wirtschaftlichkeit gemacht werden, aber über den Eintritt von Effizienz ist man sich sicher. Dies sei besonders durch die Verbesserung und Straffung der Arbeitsprozesse sowie durch gut geschulte und länger erreichbare Call Center Agenten entstanden. Die Zeitersparnis, freundliche Bedienung sowie erweiterte Erreichbarkeit für die Bürger soll zur Effizienzsteigerung beitragen. Es herrscht die Auffassung, daß in Zukunft die Effizienz und Effektivität zusätzlich gesteigert werden könne, wenn noch mehr technische Unterstützung z. B. moderne Call Center Software mit Wun-

---

[257] Interview am 02.09.2003 mit dem Leiter des Call Centers.
[258] Interview am 15.04.2004 mit dem zuständigen Mitarbeiter von Bürgerservice.

scherkennung bzw. automatischer Sprachbeantwortung eingesetzt würde. Auch eine Call Center Datenbank, die mit ihrer Informationsversorgung wesentlich zur Effizienz und Effektivität beitragen könnte, kann aus finanziellen Gründen nicht geführt werden. Die benötigten Informationen entnehmen die Agenten entweder aus dem Internet oder direkt bei den Fachämtern. Jedoch ließe die aktuelle Finanzsituation in den Kommunen es nicht zu, diese Wünsche in die nahe Realität umsetzen.

Die Frage nach Wettbewerb innerhalb und außerhalb des Call Centers konnte nur teilweise beantwortet werden. Innerhalb des Call Centers besteht kein Wettbewerb. Außerhalb des Call Centers besteht Wettbewerb nur hinsichtlich der unterschiedlichen Vergütung von Call Center Agenten und Bürgerbüromitarbeiter.

3.2.7 Zusammenfassung:
Auswirkungen des telefonischen Portals

Bei den Auswirkungen des telefonischen Portals wurde festgestellt, daß die Einrichtung von Call Centern keinen Einfluß auf die Aufbauorganisation hatte. Trotz der Entlastung der Fachämter konnten keine weiteren Kapazitäten eingespart werden. Die Auswirkungen sind dafür in der Ablauforganisation der untersuchten Kommunen umso größer. In Duisburg konnten seit der Einführung des Call Centers die Prozesse verbessert werden, da Verwaltungsvorgänge nicht mehr in Schriftform, sondern telefonisch und online bearbeitet werden konnten. Durch die schnellen Kommunikationswege konnte ein kurzer Workflow entstehen. Im Gegensatz zu Karlsruhe wurden die Prozesse in Duisburg vor und nach der Einführung des Call Centers analysiert. Jedoch wurden die Prozesse nicht von Grund auf, sondern permanent verbessert und an die gegebenen Strukturen angepaßt.

In der Stadtverwaltung Karlsruhe konnten die Ablaufprozesse aus finanziellen und zeitlichen Gründen nicht analysiert werden. Dennoch kam es durch die Trennung der Sachbearbeiter von der „Multifunktionalität" in den Fachämtern zur Entlastung. Diese Trennung brachte auch die Besonderheit, daß der Datenschutz mehr berücksichtigt werden konnte, indem die Sachbearbeiter während der Sprechzeiten in Anwesenheit der Bürger nicht noch zusätzlich mit anderen Bürgern am Telefon Beratungsgespräche zu führen brauchten.

Hinsichtlich der Bürgerfreundlichkeit konnte in Duisburg eine hohe Zufriedenheit festgestellt werden. Die Erreichbarkeitsquote ist von anfänglich 38 % auf 95 % gestiegen. Der Bürger wird – solange es sich nicht um tiefgreifende Fachfragen handelt – nicht weiterverbunden, sondern sein Anliegen wird sofort bearbeitet.

In Karlsruhe bestehen Vorteile für die Bürger in der teilweise sofortigen Bearbeitung ihrer Anliegen durch das Call Center. Zwar wurden Zufriedenheit und auch Beschwerden der Bürger anhand von „gelben Karten" im Internet festgehalten, jedoch wurden diese bisher noch nicht statistisch ausgewertet.

Die Auswirkungen auf die Beschäftigtenorientierung sind unterschiedlich ausgefallen. In Duisburg konnten die Mitarbeiter der Fachämter eine deutliche Entlastung durch die Abnahme von Routinearbeiten erfahren. Diese Aufgaben werden gegenwärtig durch die Call Center Mitarbeiter erledigt. Aufwendige Fort- und Weiterbildungsmaßnahmen waren trotz der Aufgabenvielfalt nicht notwendig, da das notwendige Wissen nicht in den „Köpfen" der Mitarbeiter, sondern in der Call Center Datenbank zur Verfügung steht. Die Partizipation der Mitarbeiter in das Konzept des Call Centers wird weitestgehend gewährleistet.

Das breite Aufgabenspektrum und das stundenlange Telefonieren wurden gelegentlich auch als Streßfaktor aufgefaßt. Dennoch waren keine negativen Reaktionen der Mitarbeiter zu beobachten, auch wenn die Arbeitszeiten deutlich verlängert wurden. Negative Reaktionen wurden vermieden, weil die Arbeitsplätze nicht zugewiesen, sondern durch die Mitarbeiter frei gewählt wurden. Hinsichtlich der Wirtschaftlichkeit ist in der Stadtverwaltung Duisburg das Investionsmotiv aufgefallen. Nicht Einsparungen wurden betont, sondern wie in einem privaten Unternehmen wurden erst Investionen getätigt, um dann Gewinne oder Synergieeffekte zu erhalten. In Karlsruhe wurden keine Angaben zur Wirtschaftlichkeit gemacht, da keine Kosten- und Leistungsrechnung existiert und die Wirtschaftlichkeit noch nicht erfaßt worden ist.

Die Effizienz und Effektivität ist in Duisburg vor allem durch die Verbesserung und Straffung der Prozesse entstanden. Das Call Center in Karlsruhe dagegen sieht die positiven Wirkungen vor allem in einer Verbesserung der Qualität der Leistungen durch gut geschulte und länger erreichbare Call Center Agenten. Die folgende Abbildung faßt diese Ergebnisse zusammen.

auf: \ in:	Duisburg	Karlsruhe
Aufbauorganisation	keine	keine
Ablauforganisation	+ + +	+ +
Bürgerfreundlichkeit	+ + +	+ +
Beschäftigtenorientierung	+ + +	- -
Wirtschaftlichkeit	+ +	keine
Effizienz und Effektivität	+ +	+
Legende: + : geringe positive Auswirkungen ++ : mäßige positive Auswirkungen +++ : starke positive Auswirkungen - : geringe negative Auswirkungen - - : mäßige negative Auswirkungen		

Abb. 17: Auswirkungen des telefonischen Portals

Quelle: Eigene Darstellung.

WIRKUNGSANALYSE VON PORTALEN

3.3.   Evaluation des elektronischen Portals

3.3.1   Auswirkungen auf die Aufbauorganisation

Ebenfalls wie die Portale des persönlichen und telefonischen Zugangs hat auch das elektronische Portal in öffentlichen Verwaltungen zu verschiedenartigen Auswirkungen auf Organisation, Bürgernähe, Mitarbeiterorientierung und Wirtschaftlichkeit geführt.

- **Erfurt[259]**

Für die Stadtverwaltung Erfurt hängt das Ausmaß der Auswirkungen von der Art der Maßnahme ab. Direkte Auswirkungen auf die Struktur, d. h. auf die Ablauforganisation und Aufbauorganisation, hatte es im Einwohnermeldeamt gehabt. Dies geschah durch die Einführung des neuen Einwohnermeldeverfahrens, das vor allem die Eigenregistrierung durch die Bürger ermöglichte. Diese Möglichkeit für die Bürger, sich selbst registrieren zu können, hat in der Verwaltung nicht nur Arbeitsaufwand, sondern auch die Routinearbeit für die Verwaltungsbeschäftigten erspart. Es kam jedoch nicht sofort zu Stellenstreichungen, sondern einige Stellen sind zunächst mit „KW"-Vermerken versehen. Dort kam es zu räumlicher und personeller Zusammenlegung.

- **Bremen[260]**

Die Auswirkungen auf die Aufbauorganisation durch den elektronischen Zugang wurden in der Stadtverwaltung Bremen von der Ablauforganisation hervorgerufen. Änderungen gab es insoweit, daß sich in der Ablauforganisation einiges verändert hatte und es demzufolge auch zu Verschiebungen in der Aufbauorganisation kam. Beispielsweise entfielen kleine Telefontätigkeiten für die Mitarbeiter, dafür wurden sie mit anderen Aufgaben in anderen Bereichen beschäftigt. Diese Auswirkungen betrafen aber nicht alle Bereiche der Verwaltung. In einigen Bereichen hat es zu gar keiner Änderung geführt. Auf die Frage, ob es im Zusammenhang mit den Veränderungen im Bereich der Aufbauorganisation auch zu Stellenstreichungen kam, wurde die Antwort gegeben, daß man im Grunde genommen Online-Leistungen und E-Government nicht mit diesem Thema verbinden kann, da es sich hierbei um politische Entscheidungen handelt.

- **Stuttgart[261]**

Der Wunsch, durch das elektronische Portal Personal einsparen zu können und gleichzeitig die Qualität der Verwaltungsleistungen zu steigern, ist nicht realisiert worden. Der Grund lag in dem, im Vergleich zu herkömmlichen Leistungen, noch geringen Anteil von Online-Leistungen.

---

[259]   Interview am 18.02.2004 mit dem zuständigen Mitarbeiter aus der Organisationsabteilung.
[260]   Interview am 11.02.2004 mit dem zuständigen Mitarbeiterer aus der DV-Abteilung.
[261]   Interview am 25.02.2004 mit dem zuständigen Mitarbeiter aus der Organsiationsabteilung.

Allgemein gab es in der Stadtverwaltung Stuttgart nur geringe Auswirkungen auf die Organisation.

Direkte Auswirkungen gab es in den betroffenen Ämtern wie z. B. dem Ordnungsamt. Große Auswirkungen auf die Organisation könnten – nach Einschätzung der Stadtverwaltung Stuttgart – Online-Leistungen erst dann hervorrufen, wenn der Umfang der Leistungen eine gewisse Größenordnung von 60-70 % erreicht hat. Dies ist gegenwärtig in der Stadtverwaltung Stuttgart noch nicht der Fall. Der Anteil von Online-Leistungen betrug zum Untersuchungszeitpunkt etwa 7 %. Daher kam es weder zu einer Stellenstreichung, noch zu einer Stellenverschiebung.

Zudem wird die geringe Entlastung noch auf viele Stellen verteilt, so daß der Grad der Entlastung zusätzlich verringert wird. D. h., die geringe Inanspruchnahme hängt bei den Bürgern zum Teil mit Vertrauen zu Online-Leistungen zusammen und bei den Unternehmen mit der guten Qualität von herkömmlichen Leistungen, so daß sie sich keinen großen Gewinn beim Wechsel zu Online-Leistungen sich erhoffen können.

3.3.2 Auswirkungen auf die Ablauforganisation

- **Erfurt[262]**

Die Arbeitsprozesse in der Verwaltung konnten durch die Online-Leistungen verbessert und optimiert werden, so daß z. B. für die Ausstellung eines neuen Personalausweises nicht mehr wie in der Vergangenheit vier Wochen notwendig waren, sondern nur noch eine Woche. Bei Reisepässen dauerte es sogar 6-8 Wochen. Dies ist gegenwärtig auf zwei bis drei Wochen reduziert. Das hängt damit zusammen, daß die Weiterverarbeitung der Anträge komplett ohne Medienbruch verläuft. Intern bestehen die Vorteile für die Mitarbeiter in den Fachämtern in der abwechslungsreichen Arbeit, da Teile der Routinearbeit durch die Bürger online selbst erledigt werden.

- **Bremen[263]**

Die Online-Dienste der Stadtverwaltung Bremen hatten einen positiven Effekt auf die Ablauforganisation der Stadt. Gezielt wurde nicht auf Stelleneinsparungen, sondern auf straffe Arbeitsprozesse. Durch straffe Arbeitsprozesse besteht für die Bürger bzw. Kunden der Vorteil, daß sie Verwaltungsleistungen schneller und qualitativ besser bekommen können. Die Qualitätserhöhung der Leistungen kommt z. B. durch die motivierte Bearbeitung der Anträge durch die Mitarbeiter zustande, weil sie mit weniger Arbeitsteilung, hoher Abwechslung und straffen Prozessen zu tun haben. Die Konzentration auf verbesserte Prozesse kann auch damit begründet werden, daß durch Online-Leistungen aus folgenden Gründen keine Stellen gekürzt werden können. Zum einen kommen die Online-Leistungen vielen Ämtern

---

[262]   Interview am 18.02.2004 mit dem zuständigen Mitarbeiter aus der Organisationsabteilung.

[263]   Interview am 11.02.2004 mit dem zuständigen Mitarbeiter aus der DV-Abteilung.

zugute, so daß die Intensität der Arbeitsentlastung auf viele Ämter und Organisationseinheiten verteilt wird und somit in der Wirkung abnimmt. Zum anderen kann es selbst bei einer ausreichenden Arbeitsentlastung nicht zu Stellenstreichungen kommen, da Online-Leistungen nicht als Ersatz für die herkömmlichen Verwaltungsleistungen dienen, sondern zusätzlich zur Bereicherung und Erleichterung der Informationsmöglichkeiten für Bürger und Kunden angeboten werden.

Die Auswirkungen auf die Ablauforganisation ergeben sich gegenwärtig durch die elektronische Weiterverarbeitung innerhalb der Verwaltung mit Hilfe von Workflow-Systemen und Dokumentenmanagementsystemen. Erst der flächendeckende Einsatz von Workflow- und Dokumentenmanagementsystemen ermöglicht den Betrieb der elektronischen Akte. Die Tendenz geht von der Papierform zur hybriden Form, die die Papierakte und die elektronische Akte gemeinsam einsetzt, um öffentliche Leistungen anzubieten. Die hybride Form der Aktenbearbeitung befindet sich noch in der Anfangsphase. Die elektronische Akte wird gegenwärtig bei der Einreichung von Formularen seitens der Bürger bzw. Kunden verwendet. Die Weiterbearbeitung erfolgt meist noch in Papierform.

- **Stuttgart**[264]

Die Stadtverwaltung Stuttgart verzeichnet durch Online-Leistungen noch keine hohen Entlastungen. Detailliert betrachtet lassen sich Online-Leistungen in Informationsleistung und Leistungen in Form von Anträgen herunterladen, ausfüllen, verschicken etc. aufteilen. Der Informationsteil von Online-Leistungen ist für die Bürger von großer Bedeutung, da sie sich zu jeder Zeit informieren und so von Online-Informationsleistungen profitieren können. Das Verwaltungspersonal profitiert ebenfalls von Online-Leistungen, indem es von Informationsauskünften entlastet wird. Dadurch, daß Online-Leistungen nur 7 % der Aufgabenwahrnehmung ausmachen, haben sie keine großen Auswirkungen auf die Ablauf- und Aufbauorganisation und können folglich auch nicht zu Stelleneinsparungen führen. Dieser geringe Anteil der Inanspruchnahme von Online-Leistungen hängt damit zusammen, daß die bisher herkömmliche Form von Verwaltungsleistungen in den Ämtern bzw. Bürgerämtern ebenfalls bürger- und kundenfreundlich erbracht werden. Für Unternehmen hat die Stadtverwaltung einen zusätzlichen Schalter mit erweiterten Öffnungszeiten eingerichtet. Daher ist es für Unternehmen, die im Gegensatz zu den Bürgern mehr Verwaltungskontakt haben, nicht von großem Vorteil, wenn sie Online-Leistungen in Anspruch nehmen. Schließlich bedeuten Online-Leistungen eine Verlagerung der Verwaltungsarbeit von der Verwaltung auf den Bürger bzw. Kunden. Daher ist die herkömmliche Form der Inanspruchnahme von Verwaltungsleistungen bei den Unternemen immer noch beliebt. In der Regel senden die Unternehmen einen Azubi in die Verwaltung, der am Schalter für Unternehmen die Verwaltungsvorgänge schnell erledigt bekommt.

---

[264] Interview am 25.02.2004 mit dem zuständigen Mitarbeiter aus der Organisationsabteilung.

3.3.3 Auswirkungen auf die Bürgerfreundlichkeit

- **Erfurt**[265]

Die Vorteile von Online-Leistungen bestehen für die Erfurter Bürger und Unternehmen nicht nur in der beliebigen Abrufbarkeit von Informationen jederzeit, sondern auch darin, daß ihre persönlichen Daten in der Verwaltung soweit elektronisch gespeichert sind, daß sie z. B. keine Urkunden mitbringen müssen. Durch diese Kommunikationserleichterung zwischen Bürger und Verwaltung können Verfahren und Bürgeranliegen schneller bearbeitet werden. Die Qualität der Bürgerservice-Leistungen konnten auf diese Weise gesteigert werden. Die Zufriedenheit der Bürger wird online abgefragt. Insgesamt sind die Zufriedenheit und die Akzeptanz der Bürger groß. Laut der letzten Bürgerbefragung[266] hatten jedoch nur 54 % der befragten Erfurter einen Internetzugang. Über die Hälfte davon hatte ausschließlich an der Arbeit den Internetzugang und nur knapp die Hälfte zu Hause. Die restlichen Befragten haben gar keinen Internetzugang.

Negative Auswirkungen von Online-Leistungen auf die Bürgerfreundlichkeit können dadurch entstehen, daß nicht jeder Bürger einen Online-Zugang hat oder mit den Online-Leistungen umgehen kann. Bis jetzt rentieren sich die Online-Leistungen immer noch nur für die Unternehmen oder Verwaltungen.

Für den einzelnen Bürger jedoch, der nur ein- bis zweimal im Jahr eine Leistung in Anspruch nimmt, lohnt es sich nicht in vollem Maße. Oft ist das Verfahren für die elektronische Signatur aufwendiger, als das eigentliche Verfahren selbst. Obwohl man für die Bürger investiert, kommen die Vorteile in erster Linie Unternehmen und Verwaltungen zugute. Daher empfindet die Stadtverwaltung Erfurt, daß sie noch am Anfang der Bürgerorientierung ist und noch vieles getan werden muß.

- **Bremen**[267]

Für den Bürger haben die Online-Leistungen außer, daß sie sich ausführlich online informieren können und genau erfahren, welche Unterlagen beispielsweise sie mitbringen müssen, keine weiteren Vorteile. Der Bürger verfügt zum Teil auch nicht über die Techniken und oder das Wissen, Online-Leistungen in Anspruch zu nehmen, wie z. B. die elektronische Signatur. Immer noch ist der Antrag auf elektronische Signatur aufwendiger, als ein konventionelles Dienstleistungsverfahren in Papierform. Für die Unternehmen, Rechtsanwälte etc. sind allerdings aufgrund der massenweisen Nachfrage nach Online-Leistungen die Transaktionskosten nicht so hoch als für den einzelnen Bürger, der einmal im Jahr eine Online-Leistung braucht.

---

[265] Interview am 18.02.2004 mit dem zuständigen Mitarbeiter aus der DV-Abteilung.

[266] Weitere Informationen siehe auch Kommunalstatistisches Heft 47 der Landeshauptstadt Erfurt, Stadtentwicklungsamt, Wohnungs- und Haushaltserhebung.

[267] Interview am 11.02.2004 mit dem zuständigen Mitarbeiter aus der DV-Abteilung.

Die elektronische Signatur ist noch in der Anfangsphase und ihre Akzeptanz bei den Bürgern, aufgrund von Unsicherheiten, noch gering. Bei den Unternehmen jedoch, die über die Sicherheit von Online-Verfahren besser informiert sind, sind die Akzeptanz und das Vertrauen wesentlich größer. Dennoch wird die Bürgerorientierung in der Stadtverwaltung Bremen im Online-Bereich als gut bewertet. Die Wünsche und Beschwerden der Bürger werden online aufgenommen.

- **Stuttgart**[268]

Vorteile für die Bürger bestehen nicht nur in der verbesserten Informationsversorung, sondern auch darin, daß sie von Extra-Leistungen wie z. B. Wunschkennzeichen profitieren können. Die Stadt verzeichnet ungefähr 40 Mio. Zugriffe pro Monat auf ihre Homepage. Laut den Interviews sei die Stadt mit ihren Online-Leistungen unter den Top Ten in Deutschland und belege gegenwärtig einen Rang im ersten Drittel. Europaweit habe die Stadt den dritten Platz. Die Bürgerzufriedenheit wird von der Verwaltung als hoch eingeschätzt. Nachteile von Online-Leistungen für die Bürger können nach Meinung der Verwaltung generell nicht bestehen, weil sie die konventionellen Leistungen nicht durch Online-Leistungen ersetzen, sondern diese zusätzlich anbieten. Einen indirekten Nachteil haben die Bürger, die keinen Internetzugang haben und folglich weder die zusätzlichen Leistungen, noch die aktuellen Informationen erhalten können. Für sie besteht darin ein Informationsrückstand. Bürgerbeschwerden und -wünsche werden in der Verwaltung online aufgenommen.

3.3.4 Auswirkungen auf die Beschäftigtenorientierung

- **Erfurt**[269]

In der Stadtverwaltung Erfurt wird, abgesehen von der Einführungsphase, die Anwendung von Online-Leistungen als benutzerfreundlich bewertet. Die Akzeptanz der Beschäftigten existierte von Anfang an. Der Umgang mit Online-Leistungen mußte den Verwaltungsmitarbeitern erst beigebracht werden, da nicht jeder Verwaltungsmitarbeiter bisher über einen Internetarbeitsplatz verfügte. Kleinere Schulungen wurden intern durch die Verwaltung selbst durchgeführt, größere wurden durch den Softwarehersteller vollzogen. Auch in Erfurt waren die teilweise Beseitigung von Routinearbeit durch Online-Leistungen und die Verbesserung von Arbeitsabläufen ein Motivationsfaktor für die Beschäftigten.

Zwar wurden die Mitarbeiter bisher in die Online-Konzepte immer einbezogen, aber für die Zukunft wird eine größere Partizipation geplant.

---

[268] Interview am 25.02.2004 mit dem zuständigen Mitarbeiter aus der DV-Abteilung.
[269] Interview am 18.02.2004 mit dem zuständigen Mitarbeiter aus der Personalabteilung.

- **Bremen**[270]

Allgemeine Veränderungen ergaben sich in Folge von Online-Leistungen und E-Government für die Beschäftigten insofern, daß sie sich alle mit elektronischen Medien auseinander setzen mußten. Große Veränderung gab es jedoch für die Mitarbeiter der Bremer Stadtverwaltung nicht. Somit war die Reaktion der Beschäftigten positiv. Die Mehrzahl der Beschäftigten war für die Arbeit mit neuen Technologien motiviert. Lediglich wenige Mitarbeiter, die im Umgang mit neuen Technologien unsicher waren, konnten ihr keine Motivation entgegenbringen. Für den sicheren Umgang mit neuen Technologien wurden die Beschäftigten über mehrere Tage intern geschult. Die Anzahl der an den Schulungen teilgenommenen Mitarbeiter belief sich dabei auf ungefähr 100 Personen. Widerstände bezüglich der Neuerungen gab es nach der Einführung von Online-Leistungen nicht, dennoch ist die Umsetzung von Reformen allgemein schwierig. Für viele Beschäftigte waren die Vorteile von Online-Leistungen von vornherein bekannt. Die Beschäftigten, die hinsichtlich der Vorteile unsicher waren, konnten größtenteils auch nicht von den Vorteilen profitieren. Das ist der Fall, wenn Beschäftigte trotz Online-Leistungen keine Routineentlastung erfahren können. Daher war es wichtig, die Beschäftigten der Verwaltung an dem Konzept der Online-Leistungen zu beteiligen. So wurden die Beschäftigten mit ihren Visionen in die Konzepte einbezogen.

- **Stuttgart**[271]

Allgemein hatten die Beschäftigten der Stadtverwaltung Stuttgart eine positive Haltung gegenüber Online-Leistungen, weil sie durch die Verlagerung der Arbeit von den Mitarbeitern auf die Bürger auf eine Entlastung gehofft haben. So konnten sich auch hier die Mitarbeiter in den Fachämtern auf qualifizierte Tätigkeiten konzentrieren. Die Mitarbeiter der Verwaltung wurden in Schulungen zum einem mit dem allgemeinen Umgang mit Online-Leistungen vertraut gemacht und zum anderen mit den speziellen Bereichen wie z. B. dem Online-Layout.

Der Gesamtpersonalrat war anfänglich gegenüber dem Angebot von Online-Leistungen der Stadt skeptisch, weil er in dem unsicheren Umgang und den Schulungsmaßnahmen eine zusätzliche Belastung für die Mitarbeiter sah. Allgemein wird die Veränderungsbereitschaft bei den Gesamtpersonalräten geringer eingeschätzt als bei den Mitarbeitern.

---

[270] Interview am 11.02.2004 mit dem zuständigen Mitarbeiter aus der Personalabteilung.
[271] Interview am 25.02.2004 mit dem zuständigen Mitarbeiter aus der Personalabteilung.

3.3.5   Auswirkungen auf die Wirtschaftlichkeit

-   **Erfurt**[272]

Die Stadtverwaltung Erfurt hatte keine direkten Erwartungen an die Wirtschaftlichkeit des Online-Portals. Eine aussagekräftige Erhebung über die Wirtschaftlichkeit liegt noch nicht vor.

Die Verwaltung ist bestrebt, in Zukunft noch mehr Leistungen anzubieten. Die Zufriedenheit der Bürger mit den Online-Diensten der Stadt ist gegeben. Für die Zukunft ist eine verstärkte Angebotsorientierung für die private Wirtschaft geplant. Zwar kosten in der Regel zusätzliche Leistungen auch zusätzlich mehr, der Kostenaufwand für die Online-Leistungen der Stadt Erfurt war allerdings nicht besonders hoch. Die Stadt geht von erheblichen Qualitätssteigerungen bei geringem Einsatz von Ressourcen aus. Für die Zukunft wird auch über eine Neukonzeptionierung des Online-Angebots nachgedacht. Bei der Weiterentwicklung des Online-Angebots spielt der Wettbewerb eine bedeutende Rolle. Ein Wettbewerb im wirtschaftlichen Sinne existiert in der Verwaltung nicht. Bezüglich der Online-Angebote existiert auch innerhalb der Verwaltung kein Wettbewerb.

Allerdings wird seitens der Verwaltung gern nach neuen Konzepten aus der „Städtenachbarschaft" geschaut, um Orientierungshilfen zu gewinnen.

-   **Bremen**[273]

Grundlegende Ziele beim Angebot von Online-Leistungen waren für die Stadtverwaltung Bremen:

-   mehr Effizienz, d. h., entweder für die gleiche Leistung weniger zahlenoder für das gleiche Geld mehr Leistungen schaffen,

-   allgemeine Qualitätssteigerung,

-   Steigerung der Arbeitsqualität, Entlastung von Routinearbeit, wie z. B. die immer wiederkehrende Informationsausgabe.

So spielen Online-Leistungen hinsichtlich der Effizienz und Effektivität eine besondere Rolle. Die Stadtverwaltung sieht das Online-Angebot als ein zusätzliches Angebot zur Bereicherung der öffentlichen Portale zu geringen Kosten. Wie wirtschaftlich letztendlich die Online-Leistungen sind, kann nicht bewertet werden, da noch keine klare Kosten- und Leistungsrechnung existiert. Bei den Unternehmen können Effizienzgewinne erzielt werden, für den einzelnen Bürger ist es lediglich eine zusätzliche Leistung der Stadt zu geringen Kosten.

---

[272]   Interview am 18.02.2004 mit dem zuständigen Mitarbeiter aus der DV-Abteilung.
[273]   Interview am 11.02.2004 mit dem zuständigen Mitarbeiter aus der DV-Abteilung.

Die Stadtverwaltung befindet sich in einem starken Wettbewerb mit den Gemeinden im Umkreis von Bremen. Ziel ist dabei, Nützliches zu erfahren oder weiterzugeben. Insgesamt sind Qualitätssteigerungen durch Online-Angebote in der Verwaltung vorhanden. Diese Qualitätssteigerungen gelten vor allem für Unternehmen. Für die Zukunft wird mehr Nutzerfreundlichkeit mit Hilfe von externer, aber auch interner Hilfe geplant.

- **Stuttgart**[274]

Anders als in den anderen untersuchten Stadtverwaltungen wurden in Stuttgart die Wirtschaftlichkeitspotentiale von E-Government ermittelt. Grundvoraussetzung bei der Ermittlung der Wirtschaftlichkeitspotentiale war die klare Vorstellung, wem die Online-Leistungen nutzen und mit welchen Mitteln dies errreicht werden sollen. Um diesen Nutzen messen zu können, hat die Stadtverwaltung drei verschiedene Instrumente angewandt:

1. Prozeß-Designer. Hiermit werden die Sachzusammenhänge des spezifischen Vollprozesses nach Soll und Ist analysiert.

2. Prozeß-Kalkulator. Dient der quantitativen Messung der Finanzströme, internen Verrechnungen sowie der Opportunitätskosten.

3. Qualitativer Nutzenmesser. Aus den Ergebnissen des 1. und 2. Instruments werden der qualitative Nutzen von Voll- und Teilprozessen erhoben.

In der qualitativen Wirtschaftlichkeitsanalyse stellte sich heraus, daß Online-Leistungen sowohl dem Amt, als auch dem Bürger Einsparpotentiale bringen. Für das Amt ergeben sich die Einsparpotentialen in allen Prozeßphasen, d. h. sowohl in der Informations-, als auch in der Beratungs- und Transaktionsphase. Diese Vorteile betreffen vor allem die Bürger, die gezielt online nach Informationen suchen, die sie für das jeweilige Online-Angebot brauchen. Dies führt zu Entlastung der Mitarbeiter in den Ämtern von der Beratungstätigkeit in zweierlei Hinsicht: Einerseits durch weniger Rückfragen, aufgrund der ausführlichen Informationen im Internet und andererseits durch geringen Beratungsaufwand, da der Bürger schon vorweg sich online informiert hat.

Die Einsparpotentiale könnten noch erhöht werden, wenn bei der Bezahlung für Online-Leistungen statt des Lastschriftverfahrens vermehrt Kreditkarten zum Einsatz kämen. Eine kostensteigernde Seite hat das Online-Angebot von Verwaltungsleistungen letztendlich doch, wenn es z. B. um die Zusendung von Urkunden oder Bescheinigungen geht, die der Bürger Online bestellt hat. Während beim klassischen Verfahren ca. 60 % der Urkunden an den Bürger versendet werden, sind es im Online-Verfahren etwa 96 %.

---

[274]   Interview am 25.02.2004 mit dem zuständigen Mitarbeiter aus der DV-Abteilung.

3.3.6 Zusammenfassung: Auswirkungen des elektronischen Portals

Die Auswirkungen des elektronischen Portals auf die Aufbauorganisation war in den untersuchten Kommunalverwaltungen in der Regel gering, da das Leistungsspektrum meist einen geringen Umfang besaß. Einsparungen waren nicht zu verzeichnen. In Erfurt erfolgte eine räumliche und personelle Zusammenlegung, die zu „KW-Vermerken" führte. Bremen wiederum vermied die Verbindung von Online-Leistungen mit Stellenstreichungen.

Stuttgart begründete die geringen personellen Veränderungen mit dem geringen Ausmaß von Online-Leistungen. Dagegen konnten Auswirkungen auf die Ablauforganisation beobachtet werden. In Erfurt hat sich die Ablauforganisation verbessert. Die Ausstellung eines Personalausweises nimmt nun statt vier Wochen nur eine Woche in Anspruch. Bremen dagegen befindet sich in der Anfangsphase und konnte bisher keine großen Veränderungen aufzeigen. In Stuttgart konnte lediglich eine kleine Entlastung in der Sachbearbeitung verzeichnet werden.

Die Auswirkungen auf die Bürgerfreundlichkeit bestanden in den untersuchten Verwaltungen in unterschiedlicher Weise. Während in Erfurt positive Auswirkungen gemeldet wurden, erklärt die Stadtverwaltung Bremen, daß die Nutznießer von Online-Leistungen in erster Linie immer noch die Unternehmen und nicht die Bürger sind. Dennoch profitieren die Bürger von der zeitlich uneingeschränkten Informationsversorgung. In Stuttgart waren die Vorteile nicht nur durch den uneingeschränkten Zugriff der Bürger auf die Online-Leistungen gekennzeichnet, sondern auch die Inanspruchnahme von zusätzlichen Leistungen war von Bedeutung.

Auch die Auswirkungen auf die Beschäftigten der Verwaltungen waren sehr positiv. Während in Erfurt die Benutzerfreundlichkeit der Online-Anwendungen hervorgehoben wurde, nahmen die Verwaltungsbeschäftigten in Bremen die Anwendung von moderner Technologie positiv entgegen. In Stuttgart hatte man desweiteren auf Entlastung von Routinearbeit gehofft.

Hinsichtlich der Wirtschaftlichkeit gab es in der Stadtverwaltung Erfurt keine direkten Erwartungen. Bremen sah das Angebot von Online-Leistungen als zusätzliche Bereicherung der öffentlichen Portale zu geringen Kosten. Anders als in Erfurt und Bremen wurden in Stuttgart die Wirtschaftlichkeitspotentiale von Online-Leistungen ermittelt. Das Ergebnis war, daß Online-Leistungen sowohl in den jeweiligen Ämtern durch straffe Prozesse zu Einsparungen führten, als auch für die Bürger einen Informationsvorsprung ermöglichten. Die folgende Abbildung faßt diese Ergebnisse zusammen.

in: auf:	Bremen	Stuttgart	Erfurt
Aufbauorganisation	keine	keine	keine
Ablauforganisation	+ +	+	+ + +
Bürgerfreundlichkeit	+ + +	+ + +	+ + +
Beschäftigtenorientierung	+ +	+	+ +
Wirtschaftlichkeit	+	+ + +	keine
Legende: + : geringe positive Auswirkungen ++ : mäßige positive Auswirkungen +++ : starke positive Auswirkungen - : geringe negative Auswirkungen - - : mäßige negative Auswirkungen			

Abb. 18: Auswirkungen des virtuellen Portals

Quelle: eigene Darstellung

3.4 Zusammenfassung: „Analyse der Auswirkungen von Portalen auf Organisation, Bürgerfreundlichkeit, Beschäftigtenorientierung und Wirtschaftlichkeit"

Faßt man die Auswirkungen des persönlichen Zugangs auf die Bereiche Organisation, Bürgerfreundlichkeit, Beschäftigtenorientierung und Wirtschaftlichkeit zusammen, ergeben sich folgende Ergebnisse:

Die Kommunalverwaltungen Anhalt-Zerbst, Dortmund und Hagen verzeichneten im Bereich der Auswirkungen auf die Aufbauorganisation unterschiedliche Ergebnisse. Während die Bürgerbüros und Bürgerämter in der Kreisverwaltung Anhalt-Zerbst und Hagen keine struktuellen Veränderungen in der Aufbauorganisation hervorriefen, kam es in der Stadtverwaltung Dortmund zu ausgeprägten Veränderungen.

Dagegen zeigten sich in der Ablauforganisation in allen untersuchten Stadtverwaltungen positive Wirkungen. Ein weiterer Bereich mit positiven Wirkungen waren die Auswirkungen des persönlichen Portals auf die Bürger. Die Bündelung von Dienstleistungen bedeutete in der Regel für die Bürger einen zusätzlichen Nutzen.

Positive Auswirkungen für Mitarbeiter wurden dagegen kaum beobachtet. Dies läßt sich damit begründen, daß die Vorteile des persönlichen Zugangs in erster Linie den Bürgern, jedoch nicht den Mitarbeitern zukommen.

Auch die Auswirkungen auf die Wirtschaftlichkeit waren sehr unterschiedlich. Während in der Kreisverwaltung Anhalt-Zerbst von Kostenneutralität gesprochen wurde, sprach die Stadtverwaltung Dortmund von sinkenden Kosten und steigenden Synergieeffekten. Die Stadtverwaltung Hagen dagegen verzeichnete bei den Auswirkungen von Bürgerbüros auf die Wirtschaftlichkeit der Verwaltung steigende Kosten.

Die Auswirkungen des telefonischen Portals auf die untersuchten Bereiche ergaben hinsichtlich der Aufbauorganisation keine Veränderungen.

Die Ablauforganisation hingegen konnte durch positive Einflüsse verbessert werden. Hohe Zufriedenheit durch enorm gestiegene Erreichbarkeitsquoten waren die Ergebnisse der Bürgerorientierung.

Während die Auswirkungen auf die Mitarbeiter in Duisburg durch Routineentlastung positiv waren, konnten in Karlsruhe neutrale bis mäßig negative Wirkungen aufgrund erhöhten Stresses verzeichnet werden.

Auch in der Beurteilung der Wirtschaftlichkeit meldeten die Kommunen unterschiedliche Auswirkungen. Im Call Center Duisburg konnten die Investionskosten bereits gedeckt und Synergien erreicht werden. Das Call Center in Karlsruhe dagegen konnte keine konkreten Angaben über die Auswirkungen des telefonischen Portals auf die Wirtschaftlichkeit machen. In beiden Kommunen waren jedoch eine höhere Effizienz und Effektivität zu verzeichnen.

Die Auswirkungen des elektronischen Portals waren im Verhältnis zum persönlichen und telefonischen Zugang nicht im gleichen Umfang ausgeprägt. Dies ist durch gegenwärtig eher geringen Umfang und Nutzung von Online-Angeboten begründet. Mittelfristig werden jedoch größere Auswirkungen in Form von Personaleinsparungen erwartet.

Dennoch konnten im Bereich der Aufbau- und Ablauforganisation bereits erste positive Wirkungen festgestellt werden.

Die Analyse der untersuchten Kommunen in Erfurt, Bremen und Stuttgart zeigte, daß überall eine größere Bürgerorientierung zu verzeichnen war.

Durch Entlastung von der Routinearbeit konnte ebenfalls bei den untersuchten Kommunen eine höhere Mitarbeiterorientierung beobachtet werden.

Die Auswirkungen auf die Wirtschaftlichkeit fielen bei den drei Kommunen unterschiedlich aus. Während Erfurt keine großen Erwartungen hatte, sah Bremen durch die Qualitätssteigerungen bei gleichbleibenden Kosten positive Effekte. In Stuttgart wurde eine Wirtschaftlichkeitsanalyse durchgeführt, die die positiven Effekte der Maßnahme nachwies.

Die Untersuchungen zeigen, daß elektronische Dienste geeignet sind, sowohl zum Mehrwert für die Bürger zu führen, als auch Kostensenkungspotentiale auf Seiten der Verwaltung zu erschließen. Somit kann von einer „Win-Win-Situation" für die

Verwaltung und Bürger gesprochen werden. Einen Gesamtüberblick über die Auswirkungen der Portale gibt die folgende Abbildung.

in: auf:	Anhalt-Zerbst	Dortmund	Hagen
Aufbauorganisation	keine	+ + +	keine
Ablauforganisation	+ + +	+ + +	keine
Bürgerfreundlichkeit	+ + +	+ + +	+ + +
Beschäftigtenorientierung	+	+ + +	+ + +
Wirtschaftlichkeit	keine	+ +	-
Effizienz und Effektivität	+ + +	+ + +	+ + +

in: auf:	Duisburg	Karlsruhe
Aufbauorganisation	keine	keine
Ablauforganisation	+ + +	+ +
Bürgerfreundlichkeit	+ + +	+ +
Beschäftigtenorientierung	+ + +	- -
Wirtschaftlichkeit	+ +	keine
Effizienz und Effektivität	+ +	+

in: auf:	Bremen	Stuttgart	Erfurt
Aufbauorganisation	keine	keine	keine
Ablauforganisation	+ +	+	+ + +
Bürgerfreundlichkeit	+ + +	+ + +	+ + +
Beschäftigtenorientierung	+ +	+	+ +
Wirtschaftlichkeit	+	+ + +	keine

Legende:
+ : geringe positive Auswirkungen
++ : mäßige positive Auswirkungen
+++ : starke positive Auswirkungen
- : geringe negative Auswirkungen
- - : mäßige negative Auswirkungen

Abb. 19: Gesamtübersicht der Auswirkungen aller Portale

Quelle: eigene Darstellung

4. Verwaltungsmodernisierung und Perspektiven

4.1 Neue Konzepte und Lösungsmöglichkeiten

4.1.1 Bürgerämter und Bürgerbüros

Fast alle Modernisierungsvorhaben haben drei grundlegende Ziele: Mehr Bürgerorientierung, mehr Mitarbeiterorientierung und Kostensenkung. Dabei stehen diese drei Ziele meistens im Spannungsverhältnis und werden je nach Modernisierungsinstrument und -strategie anders beeinflußt. Wichtig ist jedoch, dieses „magisches Dreieck" der Verwaltungsmodernisierung in Einklang zu bringen. Daß hierfür verschiedene Wege existieren, konnte mit der empirischen Portalanalyse festgestellt werden. Es konnte gezeigt werden, dass das der erhöhten Bürgerorientierung dienende Bürgeramt von der einen Kommune als geeignetes Instrument zur Kostensenkung und gleichzeitig zur Erhöhung der Bürger- sowie Mitarbeiterorientierung gesehen wird.

Allerdings wurde die gleiche Maßnahme, der Betrieb eines Bürgeramtes, in einer anderen Kommune als „Luxus" bezeichnet, der zwar zu mehr Bürgerorientierung führe, jedoch auch erhöhte Personalkosten verursache. Eine andere Verwaltung sah sogar eine doppelte Belastung der Verwaltung. In dieser Kommunalverwaltung stiegen nicht nur die Personalkosten, sondern das Personal würde überdurchschnittlich in Anspruch genommen, was letztendlich zur „Personalstrapazierung" führte und die Verwaltung kostenmäßig belastete.

Dies läßt sich damit begründen, daß die sich jeweilige Situation in der Kommune unterscheidet, Modernisierungsinstrumente nicht einheitlich auf alle Kommunen übertragen werden können. Zum anderen führt die unterschiedliche Umsetzung von Modernisierungsinstrumenten zu unterschiedlichen Ergebnissen. Die Instrumente besitzen daher unterschiedliche Auswirkungen auf Bürger- und Mitarbeiterorientierung sowie Kosten.

Es ergeben sich unterschiedliche Formen im Verhältnis zwischen Bürger- und Mitarbeiterorientierung. So besteht nach Müller[275] dann eine positive Korrelation zwischen der Bürger- und Mitarbeiterorientierung, wenn die Orientierung nach beiden Zielgrößen gleichstark ist. Tendiert die Orientierung mehr zum Bürger oder zum Mitarbeiter, so kann ein negativer Zusammenhang zwischen den beiden Größen entstehen. In einer vereinfachten Darstellung können vier typische Konstellationen unterschieden werden. (s. Abb. 20)

---

[275] Vgl. Müller, Stefan. Integration von Kunden- und Mitarbeiterorientierung. In: Bruhn, Manfred (Hrsg.) Internes Marketing. 1999. S. 341f.

Mitarbeiterorientierung/ Bürgerorientierung	Stark	Schwach
Stark	Idealfall	Bürgerzentrismus
Schwach	Selbstzentrisierung	Produkt/Leistungszentrismus

Abb. 20: Korrelation zwischen Bürger- und Mitarbeiterorientierung.
Quelle: Eigene Darstellung in Anlehnung an Müller, 1999, S. 341f.

Die ideale Korrelation zwischen Bürger- und Mitarbeiterorientierung liegt vor, wenn diese im gleichen Maße vorgenommen werden.

Ist die Mitarbeiterorientierung stark und die Bürgerorientierung schwach, so liegt eine Selbstzentrisierung vor.

Ist dagegen die Mitarbeiterorientierung zu schwach und die Bürgerorientierung zu stark, so kann von einem Bürgerzentrismus gesprochen werden.

Ein Produkt- bzw. Leistungszentrismus liegt dann vor, wenn sowohl die Mitarbeiter- als auch die Bürgerorientierung schwach ist.

Nach Kißler sind die Gründe für Negativentwicklungen und für den „Stillstand" von Modernisierungsmaßnahmen nicht als tragisch zu bewerten. Denn dies bietet die Chance zur Selbstvergewisserung in der Frage, ob die Modernisierungsrichtung stimmt oder ob Neuorientierung erforderlich ist.[276]

Obwohl die technische Entwicklungsgeschwindigkeit und das Wandlungstempo in der Gesellschaft für die Verwaltungen ein kaum zu bewältigendes Problem darstellen,[277] muß dennoch nach neuen Konzepten und Lösungsmöglichkeiten gesucht werden. Immerhin werden öffentliche Verwaltungen in der neuen Phase der Verwaltungsmodernisierung als „veränderungsresistent" bewertet.[278]

Daher reicht allein die Einrichtung von Bürgerbüros und Bürgerämtern nicht aus, um von einem „guten Service" sprechen zu können. Genauso wichtig ist es, die organisatorischen Abläufe in der Verwaltung, das Back-Office, zu verbessern. So nützt die Freundlichkeit im Bürgerbüro wenig, wenn in anderen Ämtern der Verwaltung der Dienstleistungsgedanke nicht breit vertreten ist. Zwar wird Bürgernähe überall offen propagiert, dennoch kommt es nicht selten vor, daß Verwaltungen

---

[276] Vgl. Kißler, Leo. Stillstand auf der „Baustelle"? Plädoyer für einen Erkenntnis- und Erfahrungsaustausch zur kommunalen Verwaltungsmodernisierung. In: Bogumil, Jörg / Kißler, Leo (Hrsg.) Stillstand auf der „Baustelle"? Barrieren der kommunalen Verwaltungsmodernisierung und Schritte zu ihrer Überwindung. 1998. S. 11.

[277] Vgl. Lenk, Klaus. Neue Informationsdienste im Verhältnis von Bürger und Verwaltung. 1990. S. 29f.

[278] Vgl. Kißler, Leo / Bogumil, Jörg / Greifenstein, Ralph / Wiechmann, Elke. Moderne Zeiten im Rathaus? 1997. S. 201f.

aufgrund unklarer Zuständigkeiten den Bürger zu lange suchen lassen.[279] Durch das Aufsuchen falscher Zuständigkeiten und die Abgabe von unvollständigen Formularen verursachen die Bürger ihre langen Wartezeiten zum Teil selbst.

Ideal wäre eine Vorgehensweise, bei der die Bürger die Möglichkeit hätten, ihre Anliegen bei den Informationsstellen „abzugeben", damit diese zur abschließenden Bearbeitung an die Bürgerämter bzw. Bürgerbüros weitergeleitet werden können. Bleiben dennoch Aufgaben übrig, die auch die Bürgerämter nicht abschließend bearbeiten können, können sich die Fachämter mit der Bearbeitung auseinandersetzen.

Aufgabe der Informationsstellen sollte nicht die Bearbeitung, sondern die zielgerichtete Weiterleitung sein.

Auf diese Weise findet eine Selektion von Aufgaben statt, die vorher „ungefiltert" in die Fachämter gelangten und das teure Fachpersonal zusätzlich belasteten.

Desweiteren ist für die Weiterentwicklung und Verbesserung von Bürgerämtern, Bürgerläden und Bürgerbüros eine ablauforganisatorische Überprüfung der angebotenen Leistungen erforderlich, um feststellen zu können, welche Leistungen immer noch vom persönlichen Portal erledigt werden sollten und welche auf andere Verwaltungen übertragen werden könnten.[280]

Unabhängig davon, wie fortschrittlich die verschiedenen Portale sind, sollten jedoch Verwaltungen ihre Aufgaben so erfüllen, daß der Verwaltungsaufwand nicht auf den Bürger oder Kunden übertragen, sondern durch die Verwaltung selbst übernommen wird.[281] Mit einem multiplen Zugang zu öffentlichen Leistungen kann dies unterstützt werden.[282]

4.1.2 Call Center

Call Center entwickeln sich ständig, doch das Dilemma zwischen Technik und Organisation bleibt bestehen. Kostensenkungen und Qualitätssteigerungen werden gleichzeitig erwartet. Zwar ermöglicht die moderne IuK-Technik Massenabwicklungen und umfassende Informationsversorgung der Call Center Agenten, dennoch wird der Wunsch nach noch mehr Effizienz und Effektivität nie ganz erfüllt.[283]

---

[279] Vgl. Galle, Ulrich. Bürgerbeauftragter des Landes Rheinland-Pfalz in einem Interview zum Thema „Freundlichkeit muss selbstverständlich sein". Frankfurter Rundschau vom 29.01.2004. S. 36.

[280] Vgl. Kraemer, Dieter / Kaufung, Harald. Bürgerämter sind nur der Anfang. In: Günther, Albert (Hrsg.) Verwaltunsmodernisierung. 2000. S. 96.

[281] Vgl. Grimmer, Klaus. Strukturen von Führungsinformation. In: Reinermann, Heinrich (Hrsg.) Führung und Information. 1991. S. 97.

[282] Vgl. Reinermann, Heinrich. Der öffentliche Sektor im Internet. 2000. S. 30.

[283] Vgl. Gundthof, Lars / Holtgrewe, Ursula: Call Center-Rationalisierung im Dilemma. In: Brose, Hanns-Georg (Hrsg.) Die Reorganisation der Arbeitsgesellschaft. 2000. S. 173-203.

Daher gibt es auch für das telefonische Portal eine Reihe von Verbesserungsvorschlägen, da nicht jedes Call Center tatsächlich auch ein Call Center ist oder seine vorhandenen Kapazitäten nicht ganz ausschöpft. Wichtig ist dabei die Gewährleistung von Verfahrensregeln zur besseren Erreichbarkeit. In Frage käme ein Call Center mit einer integrierten Telefonvermittlung.

Ein wichtiger Punkt bei der Weiterentwicklung des telefonischen Zugangs ist die Betrachtung von Möglichkeiten und Grenzen von Call Centern. In erster Linie kommen die Grenzen des Call Center Personals oder die technischen Grenzen in Frage. Während die technischen Grenzen von Tag zu Tag mit der Weiterentwicklung der modernen IuK-Technik behoben werden können, werden die Grenzen des Call Center Personals immer bestehen. Zwar werden immer bessere Call Center Techniken entwickelt, die die Arbeit des Call Center Personals erleichtern, aber die Anforderungen, wie Kommunikationsfähigkeit, Teamfähigkeit, Bürgerorientierung, Querschnittswissen, zeitliche Flexibilität, Streßresistenz und Konfliktfähigkeit bleiben.[284] Das Prinzip der Call Center kann nicht einfach kopiert werden, sondern die zu findende Lösung muß für die jeweilige Kommune maßgeschneidert sein.[285]

4.1.3 Virtuelle Dienste und E-Government

Seit Jahren ruht auf den Möglichkeiten der virtuellen Dienste und des E-Government die Hoffnung, die Effizienz in Kommunalverwaltungen zu steigern, aber gleichzeitig die Kosten zu senken.[286] Öffentliche Verwaltungen hoffen darauf, mit Hilfe des Internets sowie integrierter Software-Lösungen die Wünsche und Bedürfnisse der Bürger besser erfüllen zu können, indem die Bearbeitungs- und Wartezeiten kürzer werden, ihre Anliegen vollständig und ohne Umwege über das Internet abgewickelt und vor allem unterschiedliche Anliegen aus einer Hand erledigt werden können.[287] Diesen schon lange bekannten, aber dennoch immer noch nicht befriedigend umgesetzten Herausforderungen stehen die Kommunen gegenüber.

Auch wenn inzwischen über 70 % der Verwaltungen im Netz sind und die Leistungsangebote per Internet immer größer werden, ist die Bürgerorientierung dennoch nicht ausreichend entwickelt. Beispielsweise wurden im Jahre 2001 vom ProfNet-Institut in Dortmund insgesamt 300 Internetauftritte von deutschen Kommunen analysiert und bewertet. Ergebnis der Studie war, daß zwar die Inhalte der

---

[284] Vgl. Grabow, Busso. Information, Kommunikation und Multimedia in den Städten. Materialien Deutsches Institut für Urbanistik. 6/2000. S. 88.

[285] Vgl. Christian Ude im Wochenblatt, Heft 42, 1999 unter http://www.munich.de/ob/99/1019.htm vom 18.07.2002.

[286] Vgl. Reinermann, Heinrich. Kann „Electronic Government" die öffentliche Verwaltung verändern? In: Verwaltungsrundschau. 2002. Heft 5. S. 164ff.

[287] Vgl. Reinermann, Heinrich. Verwaltungsmodernisierung mit New Public Management und Electronic Government. In: Knödler, Hermann / Stierle, Michael (Hrsg.) Globale und monetäre Ökonomie. Festschrift für Dieter Duwendag. 2003. S. 381ff.

Internetauftritte gut gestaltet, jedoch die Interaktivität und die Kommunikations-freundlichkeit immer noch ausbaufähig waren.[288] Eine Studie der Universität Witten/Herdecke macht deutlich, daß 69 % der Inter-netbenutzer[289] ihre Behördengänge lieber über das Internet erledigen würden. Auf der anderen Seite ist zu bedenken, daß, wenn im Durchschnitt pro Jahr nur 2,1 Amtsgänge benötigt werden, sich die Nutzung des Internets allein nicht lohnt. Ei-nen großen Vorteil hätten demzufolge die „einheimischen" Internet-Nutzer, die schon tagtäglich mit dem Internet umgehen. Daß dieser Vorteil allerdings nur von 3 % der Internetnutzer beansprucht wird, sorgt für Enttäuschung bei den Erfolgs-erwartungen.[290] Diese negativen Ergebnisse können nur damit begründet werden, daß entweder wenig Marketing für ein kommunales E-Government betrieben wur-de und/oder immer noch Unsicherheiten hinsichtlich des Datenschutzes[291] und der Rechtsanpassungen in der elektronischen Signatur bestehen.[292]

Das elektronische Portal ist der Bereich, der auf einer vielfältigen Benutzung durch Bürger und Verwaltung beruht. So sollte der elektronische Zugang nicht nur für die Bürger, sondern ebenso für die Beschäftigten der Verwaltung zur Verfügung ge-stellt werden. Beschäftigte aus allen Bereichen und Ebenen der Verwaltung sowie den Zugangsebenen Bürgerämter, Kundenbüros sowie Call Center sollten auch damit beschäftigt sein, alle Informationen die für virtuelle Dienste erforderlich sind, aufzubereiten, sie zu pflegen und zu aktualisieren.[293]

Der Bürger sollte schließlich, wenn er den virtuellen Zugang gewählt hat, immer aktuelle, klare und ausführliche Informationen bekommen.[294]

---

[288] Vgl. Kamenz, Uwe. Großes Internetangebot – doch wo bleibt die Kundenorientierung? In: Innovative Verwaltung, Heft 1-2. 2002. S. 33.

[289] (ungefähr 30 Mio. zum Jahresbeginn 2002)

[290] Vgl. Blumenthal, Jörg. Digitales Rathaus – Zwischenbilanz. In: Kubicek, Herbert / Klumpp, Dieter / Bullesbach, Alfred / Fuchs, Gerhard / Roßnagel, Alexander (Hrsg.) Innovati-on@Infrastruktur. 2002. S. 210 ff.

[291] Unsicherheiten, die gegenwärtig hinsichtlich des Datenschutzes bei den virtuellen Diensten bestehen, bestanden vor 30 Jahren bei der elektronischen Datenverarbeitung. Näheres vgl. Brinckmann, Hans. Datenschutz und Recht auf Information. In: Kilian, Wolfgang / Lenk, Klaus / Steinmüller, Wilhelm (Hrsg.): Datenschutz. Juristische Grundsatzfragen beim Einsatz elektro-nischer Datenverarbeitungsanlagen in Wirtschaft und Verwaltung. 1973. S. 77-89. Brinck-mann, Hans. Probleme der EDV-Einführung in der öffentlichen Verwaltung. In: Heyse, Eberhard (Hrsg.): Modernisierung der Verwaltung, insbesondere durch technologische Verfah-ren. 1977. S. 31-47.

[292] Hinsichtlich der näheren Betrachtung der Sicherheitsaspekte vgl. Grimm, Rüdiger. Rechts-und Zahlungssicherheit im Internet. In: Kubicek u.a. (Hrsg.): Jahrbuch Telekommunikation und Gesellschaft. 1997. S. 211ff.

[293] Vgl. Reinermann, Heinrich. Der öffentliche Sektor im Internet. 2000. S. 88.

[294] Vgl. Reinermann, Heinrich. Visionen für virtuelle öffentliche Dienstleistungen. In: Bräunig, Dietmar / Greiling, Dorothea (Hrsg.) Stand und Perspektiven der öffentlichen Betriebswirt-schaftslehre. Festschrift für Peter Eichhorn. 1999. S. 426ff.

4.1.4 Ein optimiertes Modell für alle Verwaltungen oder ein situativ angepaßtes Modell?

Auch in den Kommunen hat sich der leichtere Weg – das Modelldenken – zum Teil durchgesetzt. Daß aber ein allgemeines Modell und schon gar nicht eines von der privaten Wirtschaft auf die Kommunen übertragbar ist, wird immer deutlicher.[295] Daher gilt es Abschied von einheitlichen Reformmodellen zu nehmen.[296] Das bisherige Scheitern von vielen Modellversuchen kann in den Rahmenbedingungen gesucht werden.[297] Demnach sollen die Strukturen der öffentlichen Verwaltung so gestaltet sein, daß sie den zukünftigen Anforderungen gerecht werden können. Aber auch der Bürger sollte diesbezüglich die eigene Verantwortung durch erhöhte Bereitschaft, mehr Aufgaben selbst zu übernehmen und zur Zukunftsfähigkeit des Staates beizutragen, zeigen.[298]

Für alle Zugangsformen kann jedoch gemeinsam folgendes empfohlen werden. Seit Jahren wird eine zunehmende Vertrauenslücke und Entfremdung zwischen Politik und Bürgern beobachtet. Diese Lücke kann durch erhöhte Partizipation und Engagement der Bürger geschlossen werden.[299]

Unumgänglich ist auch eine fließende Kommunikation in einer nahtlosen Verwaltung, die bisher immer wieder vernachlässigt wurde.[300] Nicht wenige Kommunen geraten in ihrem Modernisierungsprozeß z. B. durch Dezentralisierung in Kommunikationsprobleme zwischen den einzelnen Verwaltungseinheiten.[301]

Auch die Flexibilität ist zwar in allen Bereichen der Verwaltung erwünscht, jedoch unterscheidet sie sich nach Art und Umfang der konkreten Verwaltungseinheit. Selbst die Flexibilität innerhalb eines Portals kann sehr unterschiedlich sein. So wird z. B. in Call Centern die Flexibilität in vielerlei Hinsicht gefordert. Nicht nur die

---

[295] Vgl. König, Klaus. Zur Managerialisierung und Ökonomisierung der öffentlichen Verwaltung. 2000. S. 49.

[296] Vgl. Bogumil, Jörg. Die politische Führung öffentlicher Dienste – Möglichkeiten und Grenzen der Reorganisation. In: Koch, Rainer / Conrad, Peter (Hrsg.) New Public Service. Öffentlicher Dienst als Motor der Staats- und Verwaltungsmodernisierung. 2003. S. 72.

[297] Vgl. Grimmer, Klaus. Öffentliche Verwaltung in Deutschland. 2004. S. 77f.

[298] Vgl. Metz, Emanuel. Bundesstaaten im Vergleich. In: König, Klaus (Hrsg.) „Schlanker Staat"- Verwaltungsmodernisierung im Bund. 1998. S. 156.

[299] Vgl. Klages, Helmut. Good Governance in entwickelten Ländern? Speyerer Arbeitsheft Nr. 132. 2000. S. 1. Grundlegend vgl. Glück, Alois / Magel, Holger. Neue Wege in der Kommunalpolitik. Durch eine neue Bürger- und Sozialkultur zur aktiven Bürgergesellschaft. 2000. Heinze, Rolf G. / Olk, Thomas. Bürgerengagement in Deutschland. Bestandsaufnahme und Perspektiven. 2000. Klages, Helmut. Do it yourself-Demokratie. Hat bürgerschaftliches Engagement als Demokratie der Zukunft noch eine Chance? In: Zukünfte, Heft 34. 2001. S. 27-30. Weiterführend vgl. Beck, Ulrich. Freiwillig aber nicht um sonst. Bürgerarbeit als neues Modell von Engagement auf kommunaler Ebene. In: Politische Ökologie, Heft 54. 1998. S. 61-64. Boeck, Chris. Die Bürger – vom Störenfried zum Lückenbüßer? Über die Reformperspektive Bürgergesellschaft. In: KWI-Info, Heft 3. 2000. S. 5-13.

[300] Vgl. Pröhl, Marga. Good Governance für Lebensqualität vor Ort. 2002. S. 111.

[301] Vgl. Osner, Andreas. Kommunale Organisations-, Haushalts- und Politikreform. 2000. S. 104ff

Flexibilität in der Persönlichkeit, sondern auch in der Qualifikation und Zeit werden von Call Center Agenten erwartet.[302] Fraglich ist auch, ob alle Kommunen den gleichen Weg des NSM oder doch einen Kombinationsweg, der aus Serviceläden und Bürgerkommune besteht, gehen sollen.[303]

Nur mit Zurückhaltung kann ein optimiertes Modell für alle Verwaltungen dann empfohlen werden, wenn durch gut entwickelten telefonischen Zugang sowie virtuellen Zugang der persönliche Zugang weitestgehend abgedeckt werden kann.

4.2   Perspektiven

4.2.1   Anwendung betriebswirtschaftlicher Instrumente

Das kommunale Management muß auf die veränderten Aufgaben, steigenden Ansprüche sowie knappen Budgets angemessen reagieren.[304] Die Idealvorstellung einer modernen Kommune ist eine Verwaltung, die optimal funktioniert, in der die Beschäftigten so qualifiziert werden, daß sie den Erfordernissen der Reformen entsprechen können, dennoch aber nicht überbelastet sind und verantwortungsvoll sowie motiviert arbeiten. Die Organisation soll so gestaltet sein, daß das Zusammentreffen und Zusammenwirken von verschiedenen Zielen zu einem Optimum der Verwaltungsdienstleistungen führt und der Bürger bzw. Kunde diese so in Anspruch nehmen kann, wie es für ihn am besten geeignet ist.[305] Der Einsatz betriebswirtschaftlicher Instrumente kann die Erreichung dieser Ziele erleichtern.

Bundesweit läßt sich ein Trend hinsichtlich der Dominanz von betriebswirtschaftlichen Elementen bei der Reform ablesen. Die Begründung dafür liegt oftmals in der Hoffnung auf höhere Effizienz.[306] In der Vergangenheit spielte die Betriebswirtschaftslehre im öffentlichen Sektor nur eine untergeordnete Rolle. Doch diese Situation hat sich in den letzten Jahren erheblich geändert.[307]

Die von der Betriebswirtschaft abgeleiteten Steuerungselemente sind jedoch nur begrenzt auf die öffentliche Verwaltung übertragbar. Schließlich führt die reine Outputorientierung aus der Wirtschaft zu Fehlallokationen in der öffentlichen Verwaltung. Die Reformbemühungen allein führen daher nicht zur Problemlösung der

---

[302]   Vgl. Gundthof, Lars / Holtgrewe, Ursula: Call Center-Rationalisierung im Dilemma. In: Brose, Hanns-Georg (Hrsg.) Die Reorganisation der Arbeitsgesellschaft. 2000. S. 173-203.

[303]   Vgl. Grimmer, Klaus. Verwaltungsmodernisierung und kommunale Organisationsmodelle. In: Verwaltung und Management. Heft 2. 2004. S. 72.

[304]   Vgl. Schäffer, Michael. Kommunale Kostenmanagementsysteme. 1999. S. 2.

[305]   Vgl. Hill, Hermann. Potentiale und Perspektiven der Verwaltungsmodernisierung. In: Lüder, Klaus (Hrsg.) Öffentliche Verwaltung der Zukunft. 1998. S. 129ff.

[306]   Vgl. Weiß, Karin. Das Neue Steuerungsmodell – Chance für die Kommunalpolitik? 2002. S. 78.

[307]   Vgl. Budäus, Dietrich. Öffentliche Betriebswirtschaftslehre – Stand und Entwicklungsperspektiven. In: Thieme, Werner (Hrsg.) 25 Jahre Verwaltungswissenschaft in Hamburg. 1987. S. 93f.

öffentlichen Verwaltungen, weil die Defizite der öffentlichen Hand größer sind, als die Einsparpotentiale der Binnenrationalisierung.[308]

Andererseits gibt es aus der Betriebswirtschaft abgeleitete Instrumente, die zwar auch in öffentlichen Verwaltungen angewandt werden können, jedoch bisher selten eingesetzt wurden. Ein Beispiel dafür ist die Erfolgskontrolle. Das bis heute selten eingesetzte Instrument gewinnt seit Beginn der Untersuchungen nach Fehlerquellen im Modernisierungsprozeß immer mehr an Bedeutung. Dabei bleibt die Anwendung der Erfolgskontrolle nicht nur im Binnenbereich der Verwaltung, sondern kann ebenso als politische Erfolgskontrolle das Bindeglied zwischen Politik und Verwaltungsmodernisierung werden.[309]

Probleme entstehen immer wieder dadurch, wenn die in der Privatwirtschaft gewonnenen Erfahrungen vorbehaltlos und flächendeckend auf die öffentlichen Verwaltungen übertragen werden.[310]

Im Rahmen des Organisationsentwicklungsprozesses sind öffentliche Verwaltungen immer mehr gefordert, Arbeitsqualität, Verwaltungsqualität sowie Produktivität zu steigern. Die Rationalisierungsziele der Privatwirtschaft gelten auch in der öffentlichen Verwaltung als durchschlagende Argumente.[311]

So ist bei allen Modernisierungsmaßnahmen die organisationelle Veränderung unabdingbar.[312] Gelingt es nicht, die Arbeitsorganisation angemessen an die Situation des öffentlichen Sektors anzupassen, werden Verwaltungen weder in der Lage sein, den Anforderungen hinsichtlich der Effizienz und Effektivität, noch hinsichtlich der Bürger- und Beschäftigtenorientierung gerecht zu werden.[313] So sind die gegebenen Ressourcen so einzusetzen, daß der gesetzliche Auftrag vollständig in einer für den Adressaten konsumierbaren Weise zu minimalen Kosten ausgeführt wird.[314]

Das Konzept der losen Kopplung und neue Organisationsmodelle sind dabei eine hilfreiche Möglichkeit.

Beim Konzept der losen Kopplung handelt es sich um die einzelnen Elemente in der Organisation, die zwar aufeinander reagieren, jedoch ihre Unabhängigkeit voneinander bewahren. Mit zunehmender Kopplung der einzelnen Organisationseinheiten vermehren sich auch die Umweltbeziehungen der Organisationseinheiten zueinander, so daß daraus noch mehr Wandlungs- und Entwicklungsfähigkeit ent-

---

[308] Vgl. Nedden, Martin zur. Ökonomisierung der öffentlichen Verwaltung. 2000. S. 56.

[309] Vgl. Pröhl, Marga. Good Governance für Lebensqualität vor Ort. 2002. S. 89.

[310] Vgl. Naschold, Frieder / Bogumil, Jörg. Modernisierung des Staates. 1998. S. 83.

[311] Vgl. Kißler, Leo / Bogumil, Jörg / Wiechmann, Elke. Das kleine Rathaus. 1994. S. 139.

[312] Vgl. Kneissler, Thomas. Von Taylors one best way zur Verwaltungsmodernisierung. In: Killian, Werner / Kneissler, Thomas. Demokratische und partizipative Verwaltung. 1999. S. 283ff.

[313] Vgl. Brüggemeier, Martin / Röber, Manfred. Stand und Entwicklungsperspektive der Arbeitsorganisation im öffentlichen Dienst. Auf dem Weg zu einem Produktionsregime? In: Koch, Rainer / Conrad, Peter (Hrsg.) New Public Service. Öffentlicher Dienst als Motor der Staats- und Verwaltungsmodernisierung. 2003. S. 127.

[314] Vgl. Grimmer, Klaus. Öffentliche Verwaltung in Deutschland. 2004. S.79.

steht und somit die Problemlösungskompetenz der Organisationseinheiten ansteigt.[315]

Neue Organisationsmodelle wie Lean Administration, Neues Steuerungsmodell und Total Quality Management finden im Rahmen der Verwaltungsmodernisierung immer mehr Einsatz.

Lean Administration lehnt sich an den aus der Privatwirtschaft stammenden Begriff Lean Management an.[316] Dabei steht nicht nur eine Verschlankung der Organisation, sondern zunehmend der Übergang vom Leistungsstaat zum Gewährleistungsstaat im Fokus.[317] Der Anwendungsbereich erstreckt sich über alle Verwaltungsebenen. Auf der Bundes- und Landesebene handelt es sich um die Abflachung der Hierarchien durch Abschaffung der Unterabteilungen.[318] Auf der Kommunalebene geht es häufig um die Zusammenlegung der Dezernate und Ämter zu Fachbereichen mit der Absicht auf Verbesserung der Kooperation und Kommunikation der Verwaltungseinheiten bei der Leistungserstellung miteinander aber auch der Vermeidung von langen Warte-, Liege,- und Bearbeitungszeiten.[319]

Das Konzept des Lean Managements erfordert flache Hierarchien und den Aufbau von Teamarbeit.[320] Durch Teamarbeit kann die Flexibilität und Lernbereitschaft der Mitarbeiter verbessert werden.[321]

Das NSM, dessen Grundgedanke die Verbesserung des Verwaltungshandelns mit Hilfe von Produktbildung, Kosten- und Leistungsrechnung, Zielvereinbarungen, Controlling, Berichtswesen, Budgetierung und dezentralen Ressourcenverantwortung ist[322], wurde schon im ersten Kapitel ausführlich behandelt und soll daher aus inhaltlichen Gründen nicht wiederholt werden.

TQM in der öffentlichen Verwaltung gilt als Konzept zur Erreichung eines höchstmöglichen Qualitätsgrades von Verwaltungsdienstleistungen.[323]

---

[315] Vgl. Kneissler, Thomas. Tastende Schritte zu einer neuen Verwaltung. 2000. S. 16.

[316] Vgl. Hill, Hermann. Lean Management in der Kommunalverwaltung. In: Der Bayerische Bürgermeister. 1994. Heft 1, S. 13f.

[317] Vgl. Schuppert, Gunnar Folke. Der moderne Staat als Gewährleistungsstaat. In: Schröter, Eckhard (Hrsg.) Empirische Policy- und Verwaltungsforschung. 2001. S. 399ff.

[318] Vgl. Hill, Hermann. Bürokratieabbau und Verwaltungsmodernisierung. In: Die öffentliche Verwaltung. 2004. S. 721ff.

[319] Vgl. Busse, Volker. Verfahrenswege zu einem „schlankeren Staat". In: Die öffentliche Verwaltung. 1996. S. 389.

[320] Vgl. Bogumil, Jörg / Kißler, Leo. Vom Untertan zum Kunden? Möglichkeiten und Grenzen von Kundenorientierung in der Kommunalverwaltung. 1995. S. 13.

[321] Vgl. Schiedner, Felix. Arbeiten in Teams. In: Grimmer, Klaus / Werner, Rita. Innovationen in öffentlichen Verwaltungen. 1997. S. 78ff. Hill, Hermann / Fisch, Rudolf. Personalmanagement der Zukunft. Person – Team – Organisation. 2001.

[322] Vgl. Hill, Hermann. Verwaltung im Umbruch. 1997. S. 7f.

[323] Vgl. Bogumil, Jörg / Kißler, Leo. Vom Untertan zum Kunden? Möglichkeiten und Grenzen von Kundenorientierung in der Kommunalverwaltung. 1995. S. 14f.

Kerngedanke des TQM ist es, die Qualität zu verbessern und zu sichern, um kundenorientiert handeln zu können.[324]

TQM gehört zu den Erfolgsfaktoren der nachhaltigen Verwaltungsmodernisierung[325], das zwar als wichtige Komponente in die Reformstrategie aufgenommen, jedoch schwach koordiniert und aufgrund von Umsetzungshemmnissen nicht weiterentwickelt wurde und somit nur auf der Basis der Pilotprojekte steckengeblieben ist. Zum TQM gehört nicht nur die Kunden- bzw. Bürgerorientierung, sondern ebenfalls die Beschäftigtenorientierung, das Bestreben nach Verbesserung und Qualitätsverantwortung.[326] Diese Ziele können durch Wettbewerb intensiviert werden, wenn Wettbewerb für die Verwaltungsmitarbeiter nicht als Bedrohung, sondern als Chance gesehen wird.[327] Jedoch ist zu beachten, daß ein ungeregelter Wettbewerb Qualitätsmerkmale des öffentlichen Dienstes wie Zugangsgerechtigkeit und Verläßlichkeit gefährden könnte.[328]

Im Zusammenhang mit dem internationalen und regionalen Qualitätsmanagement wurde das gemeinsame europäische Qualitätsbewertungssystem für die EU-Mitgliedstaaten entwickelt, mit dem Ziel, Verwaltungsorganisationen bei der Anwendung des Qualitätsmanagements in den Anfangsstadien als Orientierungshilfe zu dienen; als Bindeglied zwischen den verschiedenen Modellen und Methoden des Qualitätsmanagements zu funktionieren sowie zur Ermöglichung des interkommunalen Benchmarking.[329]

---

[324] Vgl. Hill, Hermann. Qualität in der öffentlichen Verwaltung. In: Stadt und Gemeinde 1996. S. 180.

[325] Vgl. Hegemann, Gudrun. Reform der Verwaltung nur über Wettbewerb, Ablaufmodell zum Einstieg in den Leistungsvergleich. In: Verwaltung, Organisation, Personal. Heft 10. 2001. S. 23ff.

[326] Vgl. Naschold, Frieder / Oppen, Maria / Wegener, Alexander. Kommunale Spitzeninnovationen. 1998. S. 54f.

[327] Vgl. Hill, Hermann. Qualität in der öffentlichen Verwaltung. In: Hill, Hermann (Hrsg.). Verwaltung im Umbruch. 1997. S. 135ff.

[328] Vgl. Hibbeler, Hermann. „Markttest" öffentlicher Dienstleistungen. 1998. S. 11. Auch unter http://skylla.wz.-berlin.de/pdf/1998/ii98-208.pdf zu sehen.

[329] Vgl. Klages, Helmut. Good Governance in entwickelten Ländern? Speyerer Arbeitsheft Nr. 132. 2000. S. 3f. Grundlegend vgl. Bandemer, Stefan von. Benchmarking. In: Bandemer, Stefan von u.a. (Hrsg.) Handbuch zur Verwaltungsreform. 1998. S. 362-369. Grieble, Oliver / Scheer, August-W. Grundlagen des Benchmarkings öffentlicher Dienstleistungen. 2000. Karlöft, Bengt. Das Benchmarking-Konzept. Wegweiser zur Spitzenleistung in Qualität und Produktivität. 1994. Vertiefend vgl. Hackbarth, Bärbel / Igerl, Tobias / Schmidt, Hilmar. Prozeßbenchmarking in der öffentlichen Verwaltung. In: Neues Verwaltungsmanagement, Heft 8. S. 1-28. Hunziker, Alexander / Rahmann, Florian. Benchmarking fördert eine neue Verwaltungskultur. In: Verwaltung, Organisation, Personal. 1998. Heft 6. S. 20-24. Schuster, Ferdinant. Benchmarking als Ersatz für Wettbewerb. Können interkommunale Leistungsvergleiche ein Motor für Veränderungen sein. In: Edeling, Thomas / Jann, Werner / Wagner, Dieter (Hrsg.) Reorganisationsstrategien in Wirtschaft und Verwaltung. 2001. S. 201-228.

Letztendlich bedarf die Erstellung von gemeinwohlorientierten Dienstleistungen einer guten Planung sowohl auf der operativen, als auch auf der strategischen Ebene.[330]

Darüber hinaus ist in Organisationen ein Klima erforderlich, das die Mitarbeiter zum Lernen und vor allem zur Entwicklung und Ausschöpfung eigener Potentiale veranlaßt.[331] Fort- und Weiterbildungsmaßnahmen des Verwaltungspersonals sind dabei unumgänglich.[332] Allein der Einsatz von neuer IuK-Technik erfordert Fort- und Weiterbildungsmaßnahmen von Verwaltungsmitarbeitern.[333]

Auch wenn die Fortbildungsgründe[334] die gleichen sind, wird das Fortbildungsverhalten im öffentlichen Dienst dem der privaten Wirtschaft oft unterlegen eingeschätzt und allgemein von Vernachlässigung des Personals im öffentlichen Dienst gesprochen.[335]

In erster Linie sind es die Verwaltungsmitarbeiter, die von den betriebswirtschaftlichen Instrumenten in ihrer Arbeitsteilung, Führung, Leistungsgestaltung und Kontrolle beeinflußt werden.[336] Daher ist der Erfolg oder Mißerfolg einer Verwaltungsmodernisierung vor allem von der Einstellung und Motivation der Verwaltungsmitarbeiter abhängig.[337] Allgemein können bei der Motivation zwischen materiellen und immateriellen Leistungsanreizen unterschieden werden.[338] Es ist jedoch aufgrund

---

[330] Vgl. Grunow, Dieter. Qualitätsanforderungen für die Verwaltungsmodernisierung. In: Reichard, Christoph / Wollmann, Hellmut (Hrsg.) Kommunalverwaltung im Modernisierungsschub? 1996. S. 50ff.

[331] Vgl. Zielinski, Heinz. Management im öffentlichen Sektor. 2003. S. 93.

[332] Vgl. Nentzel, Brigitta. Das Personal, die vernachlässigte Ressource in der Verwaltungsmodernisierung: Human Resource Management – Ansatz zur Neuorientierung der Personalarbeit. In: Killian, Werner / Kneissler, Thomas (Hrsg.) Demokratische und partizipative Verwaltung. 1999. S. 191ff. Hill, Hermann, Verwaltungsqualifikation. In: Die neue Verwaltung. Heft 4. 1993. S. 32. Hill, Hermann. Neue Anforderungen an die Mitarbeiter/innen. In: Drescher, Anne (Hrsg.) Handbuch zur Personalauswahl in der modernen Kommunalverwaltung. 2001. S. 23ff.

[333] Vgl. Grimmer, Klaus. Verwaltungsreform durch Nutzung der Informations- und Kommunikationstechnik. 1990. S. 64.

[334] Die Fortbildungsgründe und Fortbildungsarten im öffentlichen Sektor werden näher erläutert in: Reichard, Christoph. Betriebswirtschaftslehre der öffentlichen Verwaltung. 1987. S. 272ff.

[335] Vgl. Kühnlein, Gertrud / Wohlfahrt, Norbert. Leitbild lernende Verwaltung? 1995. S. 13. Hill, Hermann. Personal als Schlüsselfaktor für Effizienzsteigerung in der Verwaltung. In: der Landkreis. 1994, Heft 7. S. 310ff.

[336] Vgl. Kühnlein, Gertrud. Fortbildung als Modernisierungsinstrument? In: Reichard, Christoph / Wollmann, Hellmut (Hrsg.) Kommunalverwaltung im Modernisierungsschub? 1996. S. 206ff. Schimanke, Dieter. Dilemma der Personalpolitik. In: Derlien, Hans-Ulrich (Hrsg.) 10 Jahre Verwaltungsaufbau Ost – eine Evaluation. 2001. S. 179 ff.

[337] Vgl. Nentzel, Brigitta. Das Personal, die vernachlässigte Ressource in der Verwaltungsmodernisierung. In: Killian, Werner / Kneissler, Thomas (Hrsg.) Demokratische und partizipative Verwaltung. 1999. S. 191ff. ; Gapski, Jörg / Hollmann, Reiner. Beteiligung verpflichtet – die Modernisierung der Verwaltung aus der Sicht der Beschäftigten. In: Boeßenecker, Karl-Heinz / Trube, Achim / Wohlfahrt, Norbert (Hrsg.) Verwaltungsreform von unten? 2001. S. 139f.

[338] Vgl. Klages, Helmut. Neue Herausforderungen und Möglichkeiten der Leistungsmessung und -beurteilung. In: Reinermann, Heinrich / Unland, Holger (Hrsg.) Die Beurteilung – vom Ritual zum Personalmanagement. 1997. S. 21ff.

des öffentlichen Dienstrechtes nicht möglich, die Motivation der Verwaltungsbe-schäftigten durch materielle Leistungsanreize zu fördern.[339] Auch immaterielle Leistungsanreize, wie z. B. die Gewährung von Fortbildung, können die Arbeitszufriedenheit der Verwaltungsmitarbeiter erhöhen.[340] Ein weiterer immaterieller Leistungsanreiz wäre die Arbeitszeitzufriedenheit. Nach Koch lassen die stark differenzierten Arbeitszeitformen die erfolgreiche Umsetzung in der Praxis nicht erkennen.[341]

Die folgende Abbildung zeigt, wie Leistungsanreize im Prozeß der Verwaltungs-steuerung in der Zielsetzung verankert, durch Kontraktmanagement[342] verfestigt und die Umsetzung durch Controlling bewertet wird.

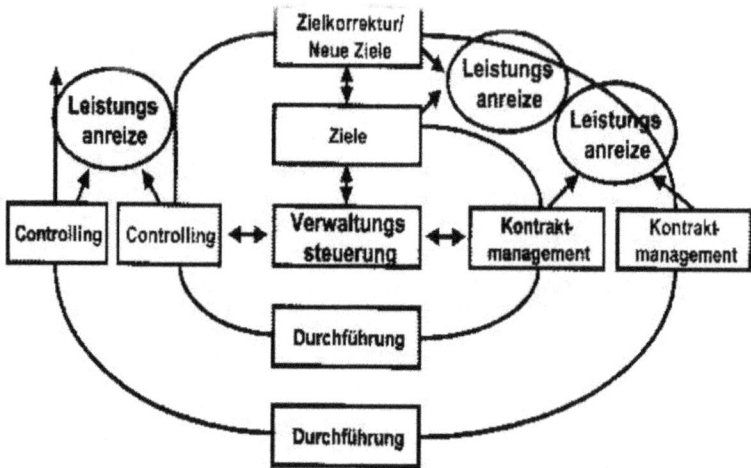

Abb. 21: Leistungsanreize im Prozeß der Verwaltungssteuerung

Quelle: Busse. 2003. S. 218.[343]

---

[339] Vgl. Klages, Helmut. Öffentliche Verwaltung im Umbruch – neue Anforderungen an Führung und Arbeitsmotivation. 1990. S. 10.

[340] Vgl. Weinert, Ansfried B. Leistungsmotivation und Leistungszufriedenheit. In: Klages, Helmut (Hrsg.) Öffentliche Verwaltung im Umbruch – neue Anforderungen an Führung und Arbeitsmo-tivation. 1990. S. 32ff.

[341] Vgl. Koch, Rainer. Öffentliche Dienste in der Staats- und Verwaltungsmodernisierung. Zur Op-timierung inkrementaler Strategien der Modernisierung öffentlicher Dienste. In: Koch, Rainer / Conrad, Peter (Hrsg.) New Public Service. Öffentlicher Dienst als Motor der Staats- und Ver-waltungsmodernisierung. 2003. S. 24.

[342] Grundlegend dazu vgl. Hill, Hermann / Rembor, Ralph-Peter. Einstieg in das Kontraktmana-gement in der Kommunalverwaltung. In: Die innovative Verwaltung. 1995. Heft 5. S. 42ff.

[343] Vgl. Busse, Beate. Verwaltungssteuerung und Motivation der Beschäftigten durch Leistungs-anreize. In: Verwaltung und Management. Heft 4. 2003. S. 217-219.

Im Rahmen der Modernisierungsmaßnahmen kommen auch Mängel in der Personalentwicklung und im Personalmanagement vor.[344]

Deshalb gewinnt die nachhaltige Personalentwicklung[345], die sowohl den abnehmenden Personalbedarf, als auch den zunehmenden Qualifikationsanforderungen in öffentlichen Verwaltungen berücksichtigt, zunehmend an Bedeutung.[346]

Im Hinblick auf das oft bemängelte Bildungsniveau der Verwaltungsmitarbeiter kann eine Gegenthese zumindest im Bereich der Call Center aufgestellt werden. Die These belegt, daß zwar die Qualifikation der Call Center-Agenten sehr unterschiedlich ist, aber die Tendenz sich zu einer höheren Qualifikation beläuft. Demnach haben etwa 21 % der Call Center Agenten einen Abitur- und sogar 19 % einen Hochschulabschluß.[347]

4.2.2 Die technisch moderne und bürgernahe Verwaltung

Seit Jahren befindet sich die Gesellschaft auf dem Weg von der Industriegesellschaft hin zu einer vernetzten Informations-, Kommunikations- und Wissensgesellschaft[348]. Während die Wirtschaft auf diesen gesellschaftlichen Wandel schneller reagiert hat, befindet sich die öffentliche Verwaltung immer noch in einem technischen Rückstand. Doch das Angebot von effizienten und effektiven Verwaltungsleistungen hängt mit der Leistungsfähigkeit der IuK-Techniken zusammen.[349]

Der Einsatz moderner Technik ist keinesfalls eine Neuigkeit bei der Verwaltungsreform, jedoch ist sie immer wieder mit Mängeln und Rückständen verbunden.[350] Zwar wird dies als ein Vorurteil gegenüber öffentlichen Verwaltungen gesehen,[351]

---

[344] Vgl. König, Rainer / Berger, Christin / Feldner, Juliane. Die Kommunalverwaltung als lernende Organisation. 2001. S. 92.

[345] Die nachhaltige Personalentwicklung umfaßt die Verbesserungen in der Beurteilung, Einsatz und Förderung des Personals. Vgl. diesbezüglich: KGSt-Bericht. Personalführung. Teil 2: Potentialermittlung. Bericht-Nr. 4. 1999. S. 7ff.

[346] Vgl. Grimmer, Klaus / Stabik, Lucia. Staat und Verwaltung 2021. 1997. S. 97.

[347] Vgl. Gundthof, Lars / Holtgrewe, Ursula. Call Center – Rationalisierung im Dilemma. In: Brose, Hanns-Georg (Hrsg.) Die Reorganisation der Arbeitsgesellschaft. 2000. S. 173-203.

[348] Vgl. Behrens, Fritz. Die Herausforderung zur zivilgesellschaftlichen Staatsmodernisierung. In: Verwaltung und Management. 2003. Heft 5, S. 228.
Bräunig, Dietmar / Daum, Ralf. Perspektiven der Modernisierung öffentlicher Verwaltungen unter Berücksichtigung von elektronischer Informationsverarbeitung. In: Zeitschrift für Betriebswirtschaft. 2000. Heft 7/8. S. 843f. Hill, Hermann / Klages Helmut. Die moderne Verwaltung – Gestaltung durch Information. 1999.

[349] Vgl. Grimmer, Klaus. Verwaltungsreform durch Nutzung der Informations- und Kommunikationstechnik. 1990. S. 6ff.

[350] Vgl. Franz, Arne. Gibt es für kommunale Bürgerämter/Bürgerbüros einen dauerhaften Stellenwert im Konzept des elektronischen Rathauses? 2003. S. 16ff.

[351] Vgl. Wind, Martin. Technisierte Behörden. 1999. S. 45.

jedoch ist der Einsatz von Informations- und Kommunikationstechnik in den Verwaltungen höchst unterschiedlich.[352]

In der anfänglichen Umsetzungsphase besaß der Einsatz von IuK-Technik keinen nennenswerten Stellenwert, weil das Vertrauen der Benutzer nicht besonders ausgeprägt war.[353] Dies hat sich erst mit zunehmenden Reformerfahrungen geändert.[354]

Während früher der „Datenhunger" als Folge des Technikrückstandes in den Verwaltungen verstanden wurde[355], ist heute die „Informationsflut", die auf den Technikrückstand zurückzuführen ist.

Nach wie vor herrschen im öffentlichen Dienst das Gemeinwohlprinzip und die Sozialpflichtigkeit.[356] In diesem Zusammenhang wird oft die Bürgerkommune erwähnt.[357] Die Bürgerkommune ist dabei der Folgeschritt der Dienstleistungskommune und die Vorstufe einer bürgerorientierten Kommune.[358] Die Besonderheit bei einer Bürgerkommune liegt in der Neugestaltung des Kräftedreiecks zwischen Bürgern, Verwaltung und Kommunalvertretung.[359]

Im Laufe der Zeit verändern sich die Ansprüche der Bürger und auch das Verhältnis zwischen Kommune und Bürger.[360]

Die Forderung nach einer Bürgerkommune entstand spätestens mit der Einführung des Neuen Steuerungsmodells, nach der die Behörde zum Dienstleistungsunternehmen werden und in der die Kunden- bzw. Bürgerorientierung vorherrschen sollte.[361]

Die Tatsache, daß immer mehr Teile der Kommunalverwaltungen in privatwirtschaftlich agierende Gesellschaften umgewandelt werden, birgt die Gefahr, daß

---

[352] Vgl. Grimmer, Klaus. Neue Instrumente für Innovationsprozesse zur Gestaltung von Arbeit und Technik in öffentlichen Büro- und Verwaltungsbereichen. 1994. S. 52.

[353] Vgl. Brinckmann, Hans / Wind, Martin. Teleadminstration. Online-Dienste im öffentlichen Sektor der Zukunft. 1999. S. 76f.

[354] Vgl. Gerstlberger, Wolfgang / Killian, Werner. Controlling mit dem Rechenschieber? Ergebnisse einer Umfrage in bundesdeutschen Kommunen zur IuK-Technik in der Verwaltungsmodernisierung. 1996.

[355] Vgl. Grimmer, Klaus. Informationstechnik in öffentlichen Verwaltungen. 1986. S. 352.

[356] Vgl. Meyersiek, Dietmar. Motivation und Führung. In: Klages, Helmut. Öffentliche Verwaltung im Umbruch – neue Anforderungen an Führung und Arbeitsmotivation. 1990. S. 116.

[357] Grundlegend dazu vgl. Hill, Hermann. Die Bürgerkommune im 21. Jahrhundert. In: Glück, Alois/Magel, Holger (Hrsg.) Neue Wege in der Kommunalpolitik: durch eine neue Bürger- und Sozialkultur zur aktiven Bürgergesellschaft. 2000. S. 11ff.

[358] Vgl. Lübking, Uwe / Bülow, Jörg. Kommunale Verwaltungsreform. Von der Binnenmodernisierung zur Bürgerkommune. In: Stadt und Gemeinde. 2000. Heft 5. S. 164f.

[359] Vgl. Bogumil, Jörg / Holtkamp, Lars. Die Neugestaltung des kommunalen Kräftedreiecks. In: Verwaltung, Organisation, Personal. 2001. Heft 4. S. 10.

[360] Vgl. Pröhl, Marga / Plamper, Harald. Von der Mißtrauens- zur Vertrauenskultur. In: Töpfer, Armin (Hrsg.) Die erfolgreiche Steuerung öffentlicher Verwaltungen. 2000. S. 120ff.

[361] Vgl. Bogumil, Jörg / Kißler, Leo. Der Bürger als Kunde? In: Reichard, Christoph / Wollmann, Hellmut (Hrsg.) Kommunalverwaltung im Modernisierungsschub? 1996. S. 183ff.

die kommunale Selbstverwaltung samt ihrer Allgemeinwohlverpflichtung verloren geht.[362]

Grabow und Floeting fordern demzufolge ein gesellschaftliches statt ein technikzentriertes Leitbild auf dem Weg zu einer bürgernahen Verwaltung.[363] So müssen neue Strategien an das soziale und kulturelle Umfeld angepaßt werden.[364] Empfohlen werden kann, – unter Einbezug der Allgemeinwohlverpflichtung –, eine gründliche Binnenrationalisierung im öffentlichen Sektor. Dabei ist bürgerschaftliche Selbsthilfe und „Bürgersponsoring" zwar ein wichtiger Aspekt im Rahmen der Verwaltungsmodernisierung, jedoch als Problemlöser in Zeiten der fiskalischen Engpässe weniger geeignet.[365]

Außerdem beinhaltet eine Bürgerkommune nicht nur die Bürgerbeteiligung, sondern auch die Aufgabe, die Beiträge der Bürger mit Hilfe eines Netzwerkes auf das Gemeinwohl hin zu bündeln, um Ziele wie sozialer Zusammenhalt, Solidarität, soziale Gerechtigkeit sowie Eigenverantwortung der Bürger zu erreichen.[366]

Neben der Bürgerkommune existiert auch das Konzept des aktivierenden Staates, das die Forderung von bürgerschaftlicher Selbstorganisation in den Mittelpunkt stellt.[367] Die Bürgerbeteiligung dient dabei der aktiven Mitgestaltung des Bürgers beim Zugang zu öffentlichen Dienstleistungen.[368]

Nach Reichard ist bei der Bürgerkommune die Öffnung der öffentlichen Verwaltung gegenüber den Bürgern sowie die Einbeziehung der Bürger in den Leistungserstellungsprozeß von grundlegender Bedeutung.[369] So kann Bürgerorientierung durch Förderung von Bürgerengagement und bürgerschaftliche Mitwirkung gestärkt werden.[370]

---

[362] Vgl. Zühlke, Werner. Ökonomisierung der öffentlichen Verwaltung. 2000. S. 14.

[363] Vgl. Grabow, Busso / Floeting, Holger. In: Kommunalverwaltung im Wandel. 1999.

[364] Vgl. Hill, Hermann. Vergeßt die Bürger nicht! Entwicklung einer bürgerorientierten Kommunalverwaltung. In: Hill, Hermann (Hrsg.) Verwaltung im Umbruch. 1997. S. 101ff.

[365] Vgl. Zierold, Horst. Nachholbedarf der Planung in ökonomischen Fragen. In: Institut für Landes- und Stadtentwicklungsforschung des Landes Nordrhein-Westfalen. Ökonomisierung der öffentlichen Verwaltung. 2000. S. 25f.

[366] Vgl. Roth, Roland. Auf dem Weg zur Bürgerkommune? In: Schröter, Eckhard (Hrsg.) Empirische Policy- und Verwaltungsforschung. 2001. S. 133ff.

[367] Vgl. Wohlfahrt, Norbert. Bezugspunkte und normative Voraussetzungen der Verwaltungsreform – eine theoretische Einführung. In: Boeßenecker, Karl-Heinz / Trube, Achim / Wohlfahrt, Norbert (Hrsg.) Verwaltungsreform von unten? 2001. S. 25.

[368] Vgl. Kißler, Leo / Bogumil, Jörg / Wiechmann, Elke. Das kleine Rathaus. 1994. S. 141.

[369] Vgl. Reichard, Christoph. Governance öffentlicher Dienstleistungen. In: Budäus, Dietrich / Schauer, Reinbert / Reichard, Christoph (Hrsg.) Public und Nonprofit Management: Neuere Entwicklungen und aktuelle Problemfelder. 2002. S. 36.

[370] Vgl. Pröhl, Marga / Sinning, Heidi. Good Governance und Bürgergesellschaft – Verwaltungsmodernisierung, Bürgerorientierung und Politikreform als zentrale Anforderungen an Kommunen. In: Pröhl, Marga / Sinning, Heidi / Nährlich, Stefan (Hrsg.) Bürgerorientierte Kommunen in Deutschland. Anforderungen und Qualitätsbausteine. 2002. S. 21ff.

Auch wenn mit Modernisierungsmaßnahmen versucht wird, das Wohl der Bürger zu vergrößern, bleibt zu erwähnen, daß Verwaltungsmitarbeiter bei der Leistungserbringung nicht nur mit netten und hilfesuchenden Bürger zu tun haben, sondern auch mit „Nörglern", „Dränglern" oder mit wenig verständnisvollen Bürgern umgehen müssen.[371]

4.2.3 Verwaltungsreform als Integration von Bürgern, Verwaltungsmitarbeitern und Politik

Vertrauen und Kontrolle sind die Vorstufen von Akzeptanz[372]. Innovationen und Modernisierungsmaßnahmen in öffentlichen Verwaltungen rufen Schwierigkeiten und Widerstände seitens der Beteiligten hervor, wenn keine Akzeptanz vorhanden ist.[373] Daher ist die Akzeptanz der Betroffenen unumgänglich für den Erfolg von Modernisierungsmaßnahmen. Verwaltung und Bürger, die als „Anbieter" und „Nachfrager" von Verwaltungsdienstleistungen verstanden werden dürfen, entscheiden daher häufig über den Erfolg oder Mißerfolg einer Modernisierungsmaßnahme maßgeblich mit.[374] Dabei ist die Akzeptanz meistens keine ganzheitliche Komponente für die betroffenen Akteure, sondern sie kann sich auf verschiedene Kriterien beruhen. Dies ist beispielsweise der Fall, wenn die Beschäftigten einer Verwaltung zwar mit den neuen IuK-Lösungen zufrieden sind, jedoch die im Rahmen der Modernisierungsmaßnahme neu definierte Organisationsstruktur der Verwaltung nicht akzeptieren oder umgekehrt.[375] Ebenfalls kann es vorkommen, daß die Bürger zwar modernere und effizientere Leistungen verlangen, sobald diese jedoch angeboten werden, sich damit nicht zufrieden zeigen, da sie entweder zu kompliziert oder umständlich erscheinen.

Immer mehr Städte melden eine geringe Akzeptanz der Reform bei den Verwaltungsmitarbeitern. Diesbezüglich wird von einer „U-förmigen" Entwicklung gesprochen. Die Verwaltungsreform wurde mit anfänglicher Skepsis begonnen, mit Reformeuphorie weiterentwickelt und nun mit Reformenttäuschungen gebremst.[376]

Jann unterscheidet bei der Akzeptanz und Nicht-Akzeptanz der Veränderungen die reale und die symbolische Umsetzung, bei der die unterschiedlichen Motive der Verwaltungsmitarbeiter verdeutlicht werden.

---

[371] Vgl. Püttner, Günter. Zur Lage der Gemeinden in Deutschland. In: Archiv für Kommunalwissenschaften. 1999. Heft 2. S. 183.

[372] Vgl. Göbel, Markus. Wandel im mittleren Verwaltungsmanagement. In: Zeitschrift für Personalforschung. 2000. Heft 3. S. 253f.

[373] Vgl. Grimmer, Klaus / Werner, Rita. Innovationen in öffentlichen Verwaltungen. 1997. S. 11.

[374] Vgl. Kißler, Leo / Bogumil, Jörg / Greifenstein, Ralph / Wiechmann, Elke. Moderne Zeiten im Rathaus? 1997. S. 200.

[375] Vgl. Gaugler, Eduard. Neue Technologien für die Büros – werden sie akzeptiert? In: Wagener, Frido (Hrsg.) Zukunftsaspekte der Verwaltung. 1980. S. 143ff.

[376] Vgl. Klages, Helmut. Der blockierte Mensch. 2002. S. 130.

Die folgende Abbildung stellt den einfachen Zusammenhang zwischen Akzeptanz von Reformen und ihrer Umsetzung dar[377]:

Umsetzung \\ Akzeptanz	Reale Umsetzung	Symbolische Umsetzung
Veränderungen werden Akzeptiert	Unterstützer, „strategische Wahl"	„Nachäffer,Jubel-Anhänger, cultural dopes"
Veränderungen werden nicht akzeptiert	Widerwillige Umsetzung „Lähmschicht"	Heuchler „de-coupling"

Abb. 22: Zusammenhang zwischen Akzeptanz und Umsetzung von Reformen

Quelle: Jann, Werner. 2004, S. 18.

Aus der Abbildung kann entnommen werden, daß drei der vier Gruppen von Reformakteuren Veränderungen nicht real umsetzen.

Nur wenn Akteure Vorteile für sich und für ihre Umgebung erkennen, agieren sie als Unterstützer bei der Umsetzung von Veränderungen.

Unabhängig vom Portal trägt die Partizipation[378] der betroffenen Akteure einen wesentlichen Teil zur Akzeptanz bei.[379] Betroffen davon sind neben Bürgern und Führungskräften auch Verwaltungsmitarbeiter, Personalrat, Politik und die Presse.[380] Oft kommt nur die Binnenperspektive in den Reformbemühungen zum Ausdruck, wenn es um Kundenorientierung, Output-Steuerung oder Qualitätsmanagement geht.[381] Vernachlässigt wird immer wieder die Förderung des bürgerschaftlichen

---

[377] Vgl. Jann, Werner. Instrumente, Resultate und Wirkungen – die deutsche Verwaltung im Modernisierungsschub? In: Jann, Werner u.a. (Hrsg.) Status-Report Verwaltungsreform. 2004. S. 18f.

[378] Leo Kißler versteht unter Partizipation die Beteiligung an Enteidungsprozessen mit dem Zweck, dort die eigenen Interessen oder die Interssen von Wählerinnen und Wählern durchzusetzen.
Vgl. Kißler, Leo. Vom Erfolgs- zum Auslaufmodell? Die deutsche Mitbestimmung unter Modernisierungsdruck. In: Kißler, Leo / Greifenstein, Ralph / West, Klaus W. (Hrsg.) Erneuerung der Mitbestimmung durch demokratische Partizipation. 1997. S. 63f.

[379] Vgl. Püttner, Günter. Mitbestimmung und Mitwirkung des Personals in der Verwaltung. In: Hans-Joachim von Oertzen (Hrsg.) Demokratisierung und Funktionsfähigkeit der Verwaltung. 1974. S. 73ff.

[380] Die Partizipation von Bürgern und Verwaltungsmitarbeitern werden näher erläutert in: Kubicek, Herbert / Schmid, Ulrich / Wagner, Heiderose. Bürgerinformation durch „neue" Medien? 1997. S. 152ff.
Greifenstein, Ralph / Jansen, Peter / Kißler, Leo. Partizipationskompetenz und technisch-organisatorische Innovation. In: Kißler, Leo (Hrsg.) Partizipation und Kompetenz. 1990. S. 15ff.

[381] Vgl. Sinning, Heidi. Qualitätsmanagement für bürgerorientierte Kommunen. In: Pröhl, Marga / Sinning, Heidi / Nährlich, Stefan (Hrsg.) Bürgerorientierte Kommunen in Deutschland. Anforderungen und Qualitätsbausteine. 2002. S. 139ff.

143

Engagements, das als Partizipation gilt und die Akzeptanz der Bürger fördert.[382] Partizipation beinhaltet auch die vollverantwortliche Mitgestaltung der Arbeitsprozesse durch die Mitarbeiter.[383] Die Partizipation übt eine Art „Kettenreaktion" in der Verwaltung und bei den Mitarbeitern aus. Durch sie steigt die Arbeitszufriedenheit der Mitarbeiter und die Arbeitszufriedenheit führt wiederum zur Steigerung der Mitarbeitermotivation.[384]

Daher herrscht schon lange sowohl in der privaten Wirtschaft als auch in öffentlichen Verwaltungen die Ansicht, daß durch Partizipation der eigenen Beschäftigten nicht nur die Arbeitsmotivation gesteigert werden kann, sondern ebenso die Produktivität.[385]

Ursprünglich hatte Partizipation im Arbeitsleben den Zweck gehabt, den Menschen demokratische Teilhabechancen zu ermöglichen. Inzwischen ist die Partizipation eine Selbstverständlichkeit geworden.[386]

Die Aufgabe der Verwaltungsreform darf nicht an die Technik delegiert werden, vielmehr sollte auf die Ansprüche der öffentlichen Dienstleister und der Bürger eingegangen werden.[387] Vor der Partizipation von Bürger und Kunden sind jedoch ihre Bedürfnisse und Wünsche zu ermitteln.[388] Schließlich wird in der modernen Verwaltung nicht mehr „befohlen", sondern koordiniert und kooperiert.[389]

Die Beteiligung an der kommunalen Willensbildung untersuchte Lenk[390] mit dem Ergebnis, daß die erleichterte und bequeme Informationsaufnahme und -verarbeitung auch die bürgerschaftliche Mitwirkung in den Kommunen erleichtert und fördert. Dies erfolgt zunehmend mit Multimedia, mit der den Bürgern nicht nur „Bürgerberatung auf Knopfdruck" ermöglicht wird, sondern gleichzeitig gut sortierte und leicht zugängliche Informationen zu Verfügung gestellt werden.[391]

---

[382] Vgl. Wallerath, Maximilian. Verwaltungserneuerung. 2001. S. 58ff.

[383] Vgl. Grimmer, Klaus. Verwaltungsmodernisierung und kommunale Organisationsmodelle. In: Verwaltung und Management. Heft 2. 2004. S. 70.

[384] Vgl. Kißler, Leo / Bogumil, Jörg / Greifenstein, Ralph. Beschäftigtenbeteiligung, Arbeitszufriedenheit und Motivation: Licht- und Schattenseiten der Teamarbeit. In: Kißler, Leo; Wiechmann, Elke (Hrsg.) Partizipation im Rathaus auf dem Prüfstand von Forschung und Praxis. 2001. S. 81ff.

[385] Vgl. Kißler, Leo / Bogumil, Jörg / Wiechmann, Elke. Das kleine Rathaus. 1994. S. 74f.

[386] Vgl. Schneider, Karsten / Böck, Kathrin / Killian, Werner / Kneissler, Thomas. Interessenvertretung im „Konzern Stadt". 2001. S. 37.

[387] Vgl. Warburg, Wolfgang. Modernes Personalmanagement als Chance für die Verwaltungsreform. In: Reinermann, Heinrich / Unland, Holger (Hrsg.) Die Beurteilung – vom Ritual zum Personalmanagement. 1997. S. 35ff.

[388] Vgl. Stelzer, Thorsten. Kostensenkung und Kundenorientierung in der Verwaltung. 1996. S. 7ff.

[389] Vgl. Ellwein, Thomas. Das Dilemma der Verwaltung. 1994. S. 87.

[390] Vgl. Lenk, Klaus. In: Kommunalverwaltung im Wandel.

[391] Vgl. Kubicek, Herbert u.a. www.stadtinfo.de 1997. S. 21.

Genauso wichtig ist die Integration der Mitarbeiter in den Modernisierungsprozeß der Verwaltungsreform[392], damit die Ziele, an denen sich die Arbeit orientiert, bis auf die Mitarbeiterebene transparent und damit auch für die Mitarbeiter nachvollziehbar gemacht werden können.[393] Wichtiges Instrument der Mitarbeiterbeteiligung sind beispielsweise Zielvereinbarungen, die sowohl zwischen den Vorgesetzten und Mitarbeiter der Verwaltung, als auch zwischen Mitarbeitern getroffen werden können.[394] Die Partizipation von Mitarbeitern erhöht die Motivation. Die Motivation wiederum die Dienstleistungsqualität der Verwaltung.[395] Während oft die Frage gestellt wird, ob mehr Partizipation auch zu mehr Leistungsfähigkeit der Verwaltung führt,[396] ist man zunehmend der Überzeugung, durch Partizipation der Mitarbeiter die bisher ungenutzten Potentiale auszuschöpfen. Ein Beispiel dafür ist die vielfach unterschätzte Kreativität der Verwaltungsmitarbeiter.[397]

Nach Reinermann setzen sich neue Verwaltungsformen nur durch, wenn sie den Erwartungen der Menschen in der Informationsgesellschaft[398] entsprechen.[399] Kißler bewertet dies als die Zukunft der Arbeit in den Kommunalverwaltungen.[400]

Die nachfolgende Grafik faßt diese Argumente zusammen.

---

[392] Grundlegend hierzu vgl. Kißler, Leo / Graf, Melanie / Wiechmann, Elke. Nachhaltige Partizipation: Beschäftigtenbeteiligung als Beitrag für mehr Chancengleichheit. 2000. Kißler, Leo. Die Mitbestimmung in Deutschland: Modell und Wirklichkeit. 2000.

[393] Vgl. Kißler, Leo. Die Beteiligung der Beschäftigten an der Verwaltungsreform – notwendiges Übel oder Erfolgsgarantie? In: Kißler, Leo / Wiechmann, Elke (Hrsg.) Partizipation im Rathaus auf dem Prüfstand von Forschung und Praxis. 2001. S. 9ff.

[394] Vgl. Carbow, Dirk. Mitarbeiterorientierte Zielvereinbarungen in der Kommunalverwaltung. In: Kißler, Leo / Wiechmann, Elke (Hrsg.) Partizipation im Rathaus auf dem Prüfstand von Forschung und Praxis. 2001. S. 53ff.

[395] Vgl. Berry, Leonard / Parasuraman, Anantharanthan. Dienstleistungsmarketing fängt bei Mitarbeiter an. In: Bruhn, Manfred (Hrsg.) Internes Marketing. Integration der Kunden- und Mitarbeiterorientierung. 1999. S. 89.

[396] Vgl. Gapski, Jörg / Hollmann, Reiner. Beteiligung verpflichtet – die Modernisierung der Verwaltung aus der Sicht der Beschäftigten. In: Boeßenecker, Karl-Heinz / Trube, Achim / Wohlfahrt, Norbert (Hrsg.) Verwaltungsreform von unten? S. 148f.

[397] Vgl. Steinort, Udo. Mitarbeiterorientierung – Gute Zeiten für Beschäftigtenbeteiligung an der Verwaltungsmodernisierung? In: Reinermann, Heinrich / Unland, Holger (Hrsg.) Die Beurteilung – vom Ritual zum Personalmanagement. 1997. S. 139ff.

[398] Grundlegend dazu vgl. Hill, Hermann. Die öffentliche Verwaltung als Teil der Informationsgesellschaft. In: Der Landkreis. 1998. Heft 4. S. 224ff.

[399] Vgl. Reinermann, Heinrich. Verwaltung in der Informationsgesellschaft. In: König, Klaus (Hrsg.) Deutsche Verwaltung an der Wende zum 21. Jahrhundert. 2002. S. 163f.

[400] Vgl. Kißler, Leo. Kommunale Arbeitsmarkt- und Beschäftigungspolitik. In: Kißler, Leo / Wiechmann, Elke (Hrsg.) Die Zukunft der Arbeit in den Städten. 2003. S. 9ff.

Mehr Partizipationsmöglichkeiten

Bürgerorientierung

Transparente

Modernisierungsgestaltung

Anwendung von alternativen

Lösungsmöglichkeiten

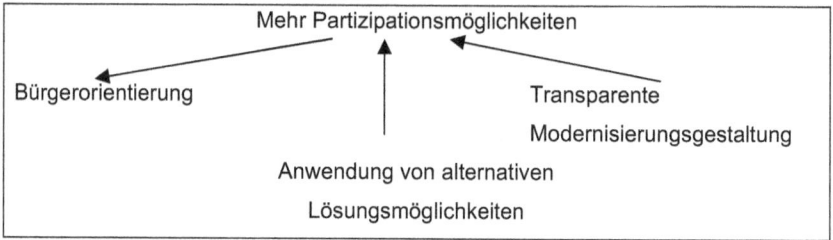

Abb: 23: Mehr Partizipation

Quelle: eigene Darstellung.

Auch die politische Ebene bedarf eines intensiven Einbezugs, um eine ganzheitliche strategische Steuerung realisieren zu können.[401]

Mit der ausreichenden Partizipation der beteiligten Akteure kann wiederum ein Erfolgskreislauf entstehen, der folgendermaßen aussieht:

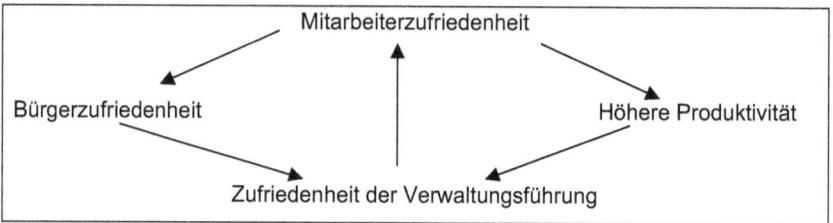

Mitarbeiterzufriedenheit

Bürgerzufriedenheit

Höhere Produktivität

Zufriedenheit der Verwaltungsführung

Abb. 24: Der Erfolgskreislauf und seine Auswirkungen auf die verschiedenen Akteure

Quelle: eigene Darstellung

4.2.4 Zeitgemäße Anpassung einer zukunftsfähigen Verwaltung

Die Strukturen der deutschen Verwaltung sind nach dem 2. Weltkrieg nicht vollständig verloren gegangen, dennoch sollte über eine Neudefinition der zukünftigen Verwaltung nachgedacht werden.[402] Bei der Neudefinition der Rolle der zukunftsfähigen Verwaltung ist festzuhalten, daß allein die Ökonomisierung der Verwaltung nicht den gesamten Reformprozeß darstellt.[403] Sie ist nur ein Teil der Reform. Den

---

[401] Vgl. Fiedler, Jobst / Vernau, Katrin. Strategisches Management als fehlendes Teilchen im Puzzle des Neuen Sterungsmodells. In: Eichhorn, Peter / Wiechers, Matthias (Hrsg.) Strategisches Management für Kommunalverwaltungen. 2001. S. 28f.

[402] Vgl. Fisch, Stefan. Verwaltungsaufbau nach 1945 in Deutschland. In: König, Klaus (Hrsg.) Deutsche Verwaltung an der Wende zum 21. Jahrhundert. 2002. S. 11f.

[403] Vgl. Bartlomiej, Jürgen/Beckmann, Hartmuth/Beyer, Lothar u. a. Wege zur vitalen Stadt: Strategische Handlungsfelder und Ziele. Arbeitsgemeinschaft für wirtschaftliche Verwaltung. AWV-Schrift, 2002. Nr. 01-605.

größeren und wichtigeren Teil stellen die inhaltlichen Ansätze der Reform dar.[404] Ausgliederungs- und Dezentralisierungsentwicklungen sind von großer Bedeutung. Die Konsequenz ist das Modell der „Molekularverwaltung", in der öffentliche Aufgaben durch eine Vielzahl von unterschiedlichen Organisationen erbracht werden.[405] Als vernetzte Verwaltung kann die „Molekularverwaltung" die Form eines „Konzern Stadt" einnehmen.[406]

Die Neudefinition der Verwaltung sollte zwar mehr Kosten- und Verantwortungsbewußtsein sowie Leistungs- und Wirkungsorientierung beinhalten, jedoch nicht zum reduktionistischen Managerialismus fortschreiten.[407]

Die zeitgemäße Anpassung der Rolle der zukunftsfähigen Verwaltung kann folgendermaßen dargestellt werden.

---

[404] Vgl. Nedden, Martin zur. Ökonomisierung der öffentlichen Verwaltung. 2000. S. 56.
[405] Vgl. Kneissler, Thomas. Tastende Schritte zu einer neuen Verwaltung. 2000. S. 104f.
[406] Vgl. Grimmer, Klaus. Öffentliche Verwaltung in Deutschland. 2004. S.87.
[407] Vgl. Zielinski, Heinz. Management im öffentlichen Sektor. 2003. S. 39.

Mehr Effektivität durch:
- Konzentration auf Kernaufgaben
- Klare Zielsetzung und -
  verfolgung
	Mehr Effizienz durch:
	- Prozeßoptimierung
	- Ergebnisorientierte Aufbauorga-
	  nisation

Zeitgemäße Anpas-
sung der zukunftsfä-
higen Verwaltung

Bessere Mitarbeiter durch:
- klare Zuordnung von Verantwor-
  tung
- Leistungsbezogenes
  Personalmanagement
- „sichere" Arbeitsplätze
	Bessere Dienstleistungen durch:
	- Kunden- bzw. Bürgerorientierung
	- Leistungs- und Qualitätswettbe-
	  werb
	- Kontinuierliche Anpassung der-
	  Leistungen an die Kunden- bzw.
	  Bürgerwünsche

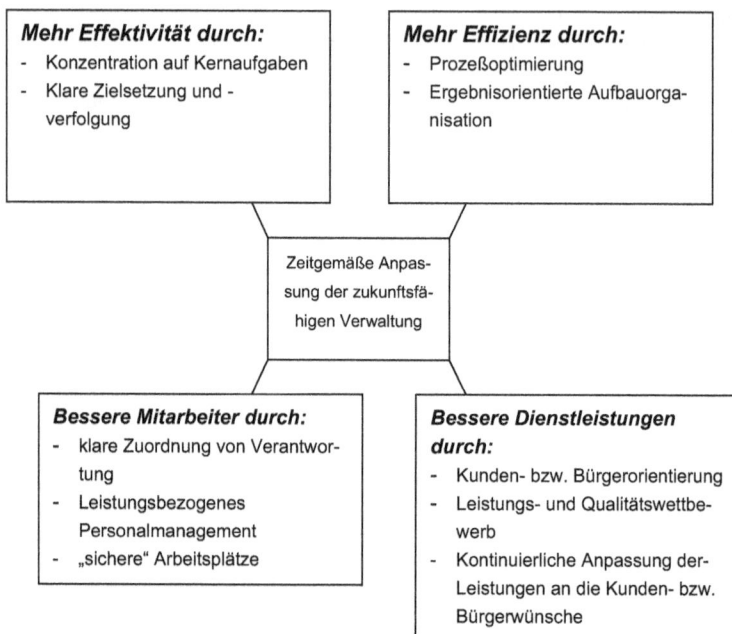

Abb. 25: Die zukunftsfähige Verwaltung

Quelle: eigene Darstellung

Bei der zukuftsfähigen Verwaltung wird der Aspekt der demografischen Entwicklung eine bedeutende Rolle spielen. Mit der demografischen Entwicklung hängen
die kommunalen Einnahmen zusammen. Schon in den 80er Jahren wurde mit dem
Bevölkerungsrückgang in Zukunft Überkapazitäten in kommunalen Einrichtungen
befürchtet.[408]

---

[408] Vgl. Thoss, Rainer. Bevölkerungsrückgang und Verwaltungsaufgaben – werden in Zukunft öffentliche Einrichtungen leerstehen? In: Wagener, Frido (Hrsg.) Zukunftsaspekte der Verwaltung. 1980. S. 189ff.
Denn im 21. Jahrhundert wird mit einem höheren Anteil der über 60jährigen gerechnet. Während dieser in den 90er Jahren noch 16,3 Mio betrug, wird er bis zum Jahr 2030 auf 24,4 Mio
steigen. Doch parallel in dieser Zeit wird für die Gesamtbevölkerung ein erheblicher Rückgang
prognostiziert, so daß der Anteil der über 60jährigen von 20,4% in den 90er Jahre auf 34,9%
im Jahre 2030 steigen wird. Der KGSt nach verbrauchen die Leistungen für ältere Menschen
einen nicht unerheblichen Teil der kommunalen Ressourcen, so daß eine Überdenkung der
Finanzierung der Dienstleistungen für ältere Menschen z. B. durch leistungsorientierte Strukturen vorgeschlagen wird. Näheres siehe: KGSt-Bericht: „Organisation der Leistungen für ältere
Menschen". Bericht Nr. 10, 1994. S. 7ff.

Ein weiterer Punkt ist die Zunahme von sozialer Not sowie die politische Radikalisierung auf der einen Seite und die zunehmende Freizeit der Bevölkerung auf der anderen Seite.[409] Je mehr technische Unterstützung im Leben angewandt wird, umso mehr Freizeit bleibt übrig, die in einer zukunftsfähigen Verwaltung zu gestalten ist.

Zukunftsorientierte Lösungsmöglichkeiten können dazu dienen, öffentlichen Verwaltungen sowohl im Rahmen von Modernisierungsmaßnahmen bei der Problembewältigung zu helfen, als auch zukunftsorientierte Perspektiven anzubieten. Denn Sinn öffentlicher Verwaltungen liegt in der Art und Weise der Problemwahrnehmung und -bearbeitung sowie in ihrer Strukturierung und Integration der Gesellschaft, im Umgang mit bürgerschaftlichen Erwartungen und in der Innovation.[410]

Bei der Lösung der geschilderten Probleme kann eine Verwaltung durch Steuerung von außen, z. B. durch Privatisierung[411], Entmonopolisierung etc. oder durch Entwicklungen von innen, wie z. B. durch Schaffung von klaren Strukturen, Marketing und/oder Übergang zu „self Service" bei den Verwaltungsleistungen einen entscheidenden Schritt voran kommen.[412]

Auch Wertschöpfungsketten wurden bisher nur im Rahmen der Binnenmodernisierung betrachtet. Eine ausführlichere Betrachtung unter Einbezug von anderen Faktoren wie Politik und Gesellschaft fehlte bislang.

Instrumente des strategischen Managements, wie z. B. die SWOT-Analyse, Portfoliotechnik, Benchmarking, Nutzwertanalyse etc. sind ebenfalls ein Teil der zukunftsorientierten Lösungsmöglichkeiten.[413]

Ebenso wäre das in der öffentlichen Verwaltung noch wenig verbreitete Balanced Scorecard (BSC) eine zukünftige Lösungsmöglichkeit.[414] Der Einsatz hätte vor allem den Vorteil eines übersichtlichen Führungsinstruments mit Ursache-Wirkungs-Beziehungen. Gleichzeitig könnte es als strategisches Kommunikationsinstruments dienen.[415]

---

[409] Vgl. Grimmer, Klaus / Stabik, Lucia. Staat und Verwaltung 2021. 1997. S. 95.

[410] Vgl. Grimmer, Klaus. Öffentliche Verwaltung in Deutschland. 2004. S. 95.

[411] Wobei einige Autoren nach dem Motto „Konkurrieren statt privatisieren" den Wettbewerb bevorziehen. Vgl. hierzu Andersen, Christoph / Kösling, Robert. Kommunales Forschungsprojekt „Konkurrieren statt privatisieren". In: Innovative Verwaltung. 2002. Heft 12. S. 13f. Hill, Hermann. Aufgabenkritik, Privatisierung und neue Verwaltungssteuerung. 2004. S. 9ff.

[412] Vgl. Bösenberg, Dirk / Hauser, Renate. Der schlanke Staat. 1994. S. 230ff.

[413] Vgl. Wohlfahrt, Norbert. Vom Neuen Steuerungsmodell zum strategischen Management. In: Boeßenecker, Karl-Heinz / Trube, Achim / Wohlfahrt, Norbert (Hrsg.) Verwaltungsreform von unten? 2001. S. 68f.

[414] Eine ausführliche Definition von Balanced Scorecard ist bei Munding, Max. Balanced Scorecard als Steuerungsinstrument für die öffentliche Verwaltung? In: Hill, Hermann (Hrsg.) Aufgabenkritik, Privatisierung und Neue Verwaltungssteuerung. 2004. S. 19ff. zu finden.

[415] Vgl. Streitferdt, Lothar / Schölzig, Krista / Hoffers, Maren. Die Balanced Scorecard als strategisches Managementsystem. In: Verwaltung und Management. Heft 6. 2004. S. 291ff.

Mit BSC kann das Erfahrungswissen über Strategien zur Beurteilung der Lage in öffentlichen Verwaltungen eingesetzt werden, damit Strategie-Varianten formuliert und Strategien definiert werden können. Wenn die vorher definierte Strategie mit dem Finanzplan abgestimmt und im integrierten Aufgaben- und Finanzplan umgesetzt wurde, liegt das BSC vor, dem das Verwaltungscontrolling folgt. Folgende Abbildung zeigt den Ablauf der Schritte auf. [416]

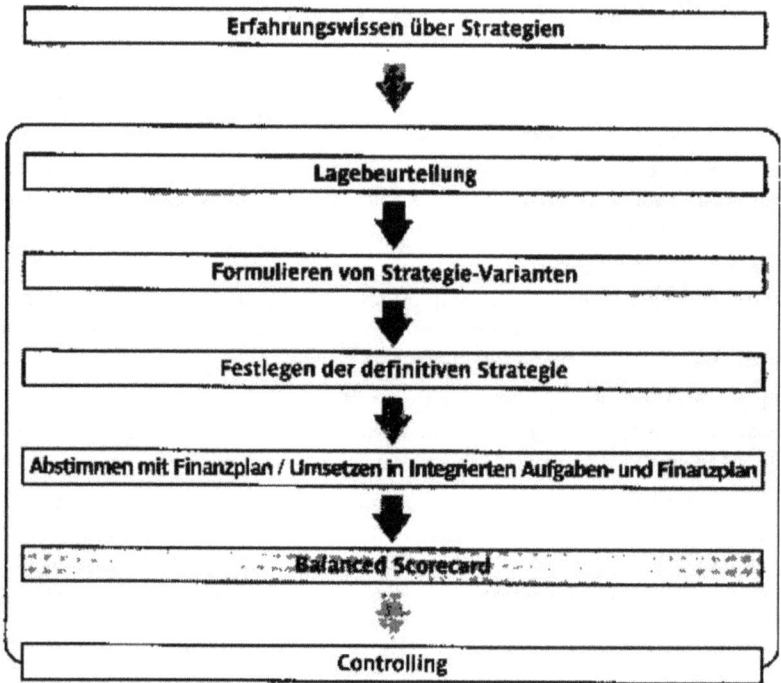

Abb. 26: Konzept der BSC

Quelle: Hollenstein, 2001, S. 128

Eine andere Möglichkeit, Verwaltungen in ihrer Funktion zu unterstützen, besteht im Einsatz von public-private-partnerships. Die Kooperation zwischen öffentlicher Verwaltung und privatem Sektor gewinnt immer mehr an Bedeutung, weil dadurch mehr Effizienz und Effektivität erzielt werden kann. [417] Der Einsatz ist jedoch sehr

---

[416] Vgl. Hollenstein, Hans. Strategische Führung in der Verwaltung. 2001. S. 128ff.

[417] Vgl. Häußermann, Hartmut. Die Privatisierung der Stadt. In: Schröter, Eckhard (Hrsg.) Empirische Policy- und Verwaltungsforschung. 2001. S. 41ff.

unterschiedlich. Gelegentlich wird es als Übergangslösung zur vollständigen Privatisierung einzelner Bereiche eingesetzt, manchmal steht nur die Kooperation auf Dauer im Vordergrund.[418]

Zu einer zukunftsfähigen Verwaltung gehört auch, die Leistungstiefenpolitik zu überdenken.[419] Wichtig ist dabei, die optimale Leistungstiefe festzulegen. Schließlich geht es darum, welche Leistungen ausgelagert werden können und welche selbst erbracht werden sollen. Die Leistungstiefenpolitik ist zu vergleichen mit der „make or buy-strategie" aus der Privatwirtschaft.[420]

Eine andere Möglichkeit ist das Risiko-Management, das sich auf die Gemeinwohlverantwortung der Verwaltung bezieht und durch effektive sowie effiziente Leistungserbringung das Wohlergehen der Bürger und damit die Gemeinwohlorientierung unterstützt.[421]

Letztlich gehört auch die Mediation zu einer zukunftsfähigen Verwaltung. Nicht selten kommt es im Rahmen der Zusammenlegung von Fach- und Ressourcenverantwortung teilweise zu einem verstärkten „Ressortegoismus", was gelegentlich auch zu Konflikten führt. Die Lösung dieser Konflikte mit Hilfe von Mediation ist eine neue Vorgehensweise, die nun auch in der Verwaltung angewandt wird.[422]

Im Bereich des Personalmanagement kann dem Vorgesetzten-Feedback, mit dem positive Wirkungen erzielt werden können, zunehmende Bedeutung beigemessen werden.[423]

Für die zukunftsfähige Verwaltung ist die Nachhaltigkeit der Verwaltungsmodernisierung bedeutend.[424]

---

[418] Vgl. Gestlberger, Wolfgang. Public-private-partnerships und Stadtentwicklung: öffentlich-private Projektgesellschaften zwischen Erweiterung und Aushöhlung kommunaler Handlungsfähigkeit. 1999. Gerstlberger, Wolfgang. Public Private Partnership als neuartiges Regelungsmuster zwischen öffentlicher Hand und Unternehmen. 2004. Heinz, Werner. Public Private Partnership. In: Wollmann, Helmut / Roth, Roland (Hrsg.) Kommunalpolitik. 1999. S. 552ff.

[419] Bosch, Gerhard / Hennicke, Peter u.a. Die Zukunft der Dienstleistungen und ihre Auswirkungen auf Arbeit, Umwelt und Lebensqualität. In: Bosch, Gerhard / Hennicke, Peter / Hilbert, Josef / Kristof, Kora / Scherhorn, Gerhard (Hrsg.): Die Zukunft von Dienstleistungen: ihre Auswirkungen auf Arbeit, Umwelt und Lebensqualität. 2002. S. 11-37.

[420] Vgl. Reichard, Christoph. Governance öffentlicher Dienstleistungen. In: Budäus, Dietrich / Schauer, Reinbert / Reichard, Christoph (Hrsg.) Public und Nonprofit Management: Neuere Entwicklungen und aktuelle Problemfelder. 2002. S. 33f.

[421] Vgl. Hill, Hermann. Risiko-Management in der englischen Verwaltung. 2003. S. 3f.

[422] Vgl. Kutter, Uwe. Mediation als Chance für das Unternehmen Stadt. In: Innovative Verwaltung. 2002. Heft 12. S. 16ff.

[423] Vgl. Frese, Georg. Positive Wirkung durch das Vorgesetzten-Feedback. In: Innovative Verwaltung. 2002. Heft 12. S. 21ff.

[424] Vgl. Hill, Hermann. Verwaltungsreform und Nachhaltigkeit. In: Die innovative Verwaltung. 1997. Heft 4. S. 34f.

Mit der nachhaltigen Verwaltungsmodernisierung soll nicht nur der Sinn für die Zielerreichungsfähigkeit der Verwaltung, sondern ebenso die Dauerhaftigkeit und Weiterentwicklungskraft der Modernisierung erwiesen werden.[425]

Der Modernisierungsstand in den Kommunen wird von Kritikern keinesfalls als nachhaltig bewertet.[426] Hinsichtlich der Nachhaltigkeit bzw. der nicht vorhandenen Nachhaltigkeit existieren viele negative Beispiele. An dieser Stelle sollen nur einige von ihnen beispielhaft vorgetragen werden. Dazu zählen die unzähligen Produktkataloge, die zwar in den Kommunen „produziert" worden sind, jedoch deren Anwendung weitestgehend nicht vollzogen wurde. Oder das Ziel, Kosten- und Leistungsrechnung wie in der Privatwirtschaft zu führen, so daß für jede Leistung exakt der Preis ermittelt werden kann, ist zu einem gewissen Teil aufgrund des großen Leistungsspektrums verfehlt.[427] Oft steht die Logik dahinter, daß der Nutzen eines exakten Kosten- und Leistungsrechnens nicht mit deren Vorteilen übereinstimmen und eher deutlich unterliegen und auf diese Weise die Verwaltungseffizienz sogar schädigen und schwächen, weil der Aufwand höher ist, als der mögliche Nutzen.

Dagegen kann ein Neues Kommunales Rechnungswesen (NKR) empfohlen werden, das im Grunde die Voraussetzung für die Bewältigung der „neuen Steuerung" ist.[428] Gezielt wird dabei auf die Rückgewinnung eines finanziellen Spielraums, die Verbesserung der Verwaltungsstrukturierung sowie im Endeffekt eine noch stärkere Bürgerorientierung.[429]

Langfristig brauchen öffentliche Verwaltungen eine nachhaltige Steuerung der Verwaltungsleistungen sowie die Motivation der Beschäftigten.[430] Genutzt sollen dabei Instrumente wie Zielbestimmung, Kontraktmanagement sowie Leistungsanreize für Beschäftigten.[431] Wichtig ist, daß Leistungsanreize nicht unabhängig von den grundlegenden Verwaltungszielen wie Gemeinwohl- und Bürgerorientierung eingeführt werden und ihre Hauptziele die Steigerung der Leistungsfähigkeit und Zufriedenheit der Mitarbeiter sowie Steigerung der Wirtschaftlichkeit sein sollte.[432]

---

[425] Vgl. Zimmermann, Klaus F. Deutschland 2010: Nach der Reform ist vor der Reform. Nur komplexe Reformansätze können Veränderungen bewirken. In: Innovative Verwaltung. 2004. Heft 1-2. S. 11ff.

[426] Vgl. Löffler, Elke. Governance, die neue Generation von Staats- und Verwaltungsmodernisierung. In: Verwaltung und Management. 2002. Heft 4, S. 212 ff.

[427] Vgl. Osner, Andreas. Kommunale Organisations-, Haushalts- und Politikreform. 2000. S. 116ff.

[428] Vgl. Lüder, Klaus. Konturen eines neuen kommunalen Haushalts- und Rechnungsmodells. 1995. S. 5ff.

[429] Vgl. Schäffer, Michael. Kommunale Kostenmanagementsysteme. 1999. S. 1f.

[430] Vgl. Thom, Norbert / Ritz, Adrian. Public Management – Innovative Konzepte zur Führung im öffentlichen Sektor. 2000

[431] Eine ausführliche Darstellung der Motivationsinstrumente sind zu finden in: Reichhard, Christoph. Managementkonzeption des öffentlichen Verwaltungsbetriebes. 1978. S. 132ff.

[432] Vgl. Busse, Beate. Verwaltungssteuerung und Motivation der Beschäftigten durch Leistungsanreize. In: Verwaltung und Management. 2003. Heft 4. S. 217.

Eine wichtige Rolle spielt auch die Kunden- bzw. Bürgerbindung. Kunden- bzw. Bürgerbindung kann beispielsweise durch qualitative Leistungen gestärkt werden. Eine Variante der Kundenbindung ist das Customer Relationship Management, mit dem eine kundenorientierte Unternehmenspolitik mit Hilfe von Informations- und Kommunikationstechnologie zu führen ist.[433] Voraussetzung hierfür ist allerdings die breite Akzeptanz von modernen Informations- und Kommunikationstechnologien sowohl bei den Verwaltungsmitarbeitern, als auch bei den Bürgern und Kunden.[434]

Zur nachhaltigen Verwaltungsmodernisierung gehört auch die Privatisierung.[435] Dabei geht es um die Frage, wieviel Privatisierung nötig ist und von Vorteil wäre. Simonis spricht diesbezüglich von: „ So viel Privatisierung wie möglich, so viel Staat wie nötig".[436]

Die folgende Abbildung gibt die Elemente der nachhaltigen Verwaltungsmodernisierung in zusammengefaßter Form wider:

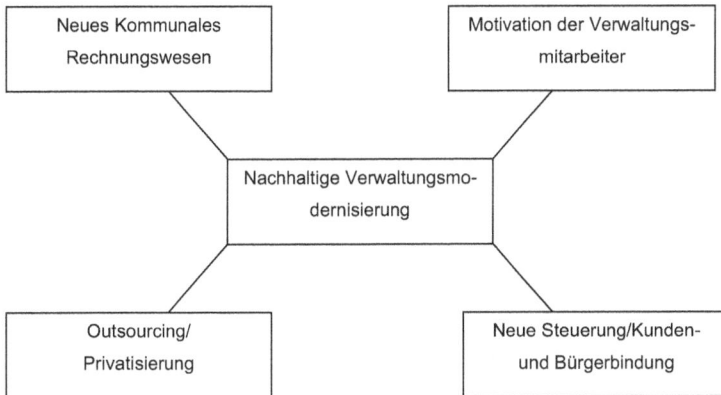

Abb. 27: Nachhaltige Verwaltungsmodernisierung

Quelle: Eigene Darstellung

---

[433] Vgl. Bauer, Hans H. / Grether, Mark. Öffentliche Verwaltungen im Zeitalter des Customer Relationship Management. In: Verwaltung und Management. 2004. Heft 2. S. 60.

[434] Vgl. Brinckmann, Hans / Wind, Martin. Teleadministration. Online-Dienste im öffentlichen Sektor der Zukunft.1999. S. 76f.

[435] Auch wenn meistens stattdessen dennoch der Wettbewerb bevorzugt wird. Hierzu vgl. Wegener, Alexander. Wettbewerb statt Privatisieren. In: Die Mitbestimmung. Heft 11. 1998. S. 10ff.

[436] Vgl. Simonis, Heide. Wieviel Privatisierung ist sinnvoll? In: Töpfer, Armin (Hrsg.) Die erfolgreiche Steuerung öffentlicher Verwaltungen. 2000. S. 98ff.

4.3. Zusammenfassung: „Verwaltungsmodernisierung und Perspektiven"

Kapitel 4 umfaßt die neuen Konzepte und Lösungsmöglichkeiten für die untersuchten Portale (Kap. 4.1) sowie die Perspektiven für eine zukunftshähige Verwaltung (Kap. 4.2).

Allein die Einrichtung von Bürgerämtern, Bürgerbüros oder Bürgerläden reicht nicht aus, um von einem „guten Service" sprechen zu können.

Für das persönliche Portal wurde empfohlen, die organisatorischen Abläufe zu untersuchen, damit auch das Back-Office verbessert wird. So nützt die freundliche Bedienung der Bürger und Kunden im Front-Office wenig, wenn der Dienstleistungsgedanke im Back-Office nicht ausreichend vertreten ist.

Für das telefonische Portal wurde ein Call Center mit einer integrierten Datenbank empfohlen. Eine permanent durch die Verwaltungsmitarbeiter mit Informationen angereicherte Datenbank kann für die ganzheitliche Bearbeitung von Bürgeranliegen im Call Center hilfreich sein.

Zusätzlich zur modernen Call Center-IuK-Technik ist die Qualifikation der Call Center Agenten von Bedeutung. Diese haben Qualifikationsanforderungen wie Kommunikationsfähigkeit, Teamfähigkeit, Querschnittswissen und insbesondere Streßresistenz und Konfliktfähigkeit zu erfüllen.

Beim elektronischen Portal konnte festgestellt werden, daß es der effizienteste Weg ist, die Bürger und Kunden mit grundlegenden Informationen zu versorgen.

Zwar wächst der Anteil der Internet-Nutzer permanent an, dennoch gibt es immer noch Haushalte, die über einen Online-Zugang nicht verfügen.

Daher kann der elektronische Zugang als zusätzliches und ergänzendes jedoch nicht als ersetzendes Portal anstelle für das persönliche Portal empfohlen werden.

Die Perspektiven für eine zukunftsfähige Verwaltung (Kap.4.2) umfassen die Anwendung der betriebswirtschaftlichen Instrumente, die technisch moderne und bürgernahe Verwaltung sowie die partizipative Verwaltung.

Die betriebswirtschaftlichen Instrumente sind für die Verwaltungen eine Erleichterung bei der Zielerreichung der kommunalen Verwaltungsreform. Die Outputorientuerung aus der Wirtschaft führt jedoch zu Fehlallokationen in der öffentlichen Verwaltung. Allein die Reformbemühungen können nicht zur Problemlösung der öffentlichen Haushalte führen, weil die Defizite der öffentlichen Hand größer sind, als die Einsparpotentiale der Binnenrationalisierung.

Eine andere Perspektive ist die technisch moderne und bürgernahe Verwaltung. Während in Vergangenheit die moderne Technik in der Verwaltung gegen den „Datenhunger" eingesetzt wurde, verhindert gegenwärtig die moderne Technik die „Datenflut", um bürgernah und effizient zu arbeiten.

Ebenfalls ist die Akzeptanz der Betroffenen für das Gelingen von Reformmaßnahmen maßgeblich. Die Partizipation und Integration von Bürgern, Verwaltungspersonal und Politik kann dazu wesentlich beitragen.

Letztendlich sind für eine zukunftsfähige Verwaltung auch Ausgliederungs- und Dezentralisierungsentwicklungen von Bedeutung. Die Konsequenz ist das Modell der „Molekularverwaltung", in der öffentliche Aufgaben durch eine Vielzahl von unterschiedlichen Organisationen erbracht werden.

5. Zusammenfassung – Resümee

Einleitend in die Arbeit wurde die Problemstellung und Zielsetzung des Forschungsvorhabens beschrieben (Kap. 1.2) und anschließend durch den Stand der Forschung die Forschungsrelevanz begründet. (1.3)

In einer kurzen Darstellung wurde auf die Entstehungsgeschichte des Modernisierungsbedarfes eingegangen (1.4) und anschließend das Leistungsangebot von Kommunalverwaltungen sowie die Formen der Inanspruchnahme von Verwaltungsleistungen vorgestellt. (1.5)

Mit der Entstehungs- und Entwicklungsgeschichte der verschiedenen Portale (1.6) wurde zur Portalanalyse übergeleitet.

Zur Analyse der Portale in der öffentlichen Verwaltung und ihrer Auswirkungen auf Organisation, Bürgernähe, Mitarbeiterorientierung und Wirtschaftlichkeit wurden insgesamt sieben ausgewählte Städte und eine Kreisverwaltung herangezogen. (Kap. 2)

Mit dem persönlichen Zugang zu öffentlichen Verwaltungen konnte am Beispiel des einwohnermeldeamtähnlichen Bürgeramtes der Kreisverwaltung Anhalt-Zerbst, des Dienstleistungszentrums (DLZ) der Stadtverwaltung Dortmund und der Bürgerämter und des Kundenbüros der Stadtverwaltung Hagen gezeigt werden, wie Leistungen „aus einer Hand" und „unter einem Dach" geleistet werden. (Kap. 2.1) Die Wirkungsanalyse hat gezeigt, daß unterschiedliche Ergebnisse existieren. (Kap. 3)

Bei der Analyse der Wirkungen des persönlichen Zugangs auf die Aufbauorganisation konnten nur in Dortmund positive Wirkungen festgestellt werden.

Anfängliche positive Wirkungen auf die Ablauforganisation konnten in Anhalt-Zerbst und Dortmund, jedoch nicht in Hagen beobachtet werden.

Dagegen waren positive Auswirkungen auf die Bürgerfreundlichkeit in allen drei Kommunen zu verzeichnen.

Während die Beschäftigtenorientierung in der Kreisverwaltung Anhalt-Zerbst sich noch nicht in vollem Ausmaß durchsetzen konnte, wurden positive Wirkungen in Dortmund und Hagen erzielt.

Der Betrieb von Bürgerämtern, Bürgerbüros oder Bürgerläden hatte unterschiedliche Auswirkungen auf die Wirtschaftlichkeit. In Anhalt-Zerbst konnten keine Auswirkungen festgestellt werden, in Dortmund nur gemäßigte und in Hagen sogar negative Auswirkungen.

Die Auswirkungen auf Effizienz und Effektivität waren in allen drei Kommunen positiv. (Kap. 3.1)

Für die Wirkungsanalyse des telefonischen Zugangs wurden zwei deutschlandweit bekannte Beispiele – das Call Center Duisburg und Karlsruhe ausgewählt.

Bei den Auswirkungen des telefonischen Zugangs wurde festgestellt, daß die Einrichtung von Call Centern keinen Einfluß auf die Aufbauorganisation hatte. Dafür waren die Auswirkungen auf die Ablauforganisation umso größer, die zu Entlastungen in den Fachämter führten. Die Auswirkugen auf die Bürgerfreundlichkeit waren in Duisburg größer als in Karlsruhe, weil im Call Center Duisburg mit Hilfe einer integrierten Datenbank Bürgeranliegen ganzheitlich bearbeitet werden konnten.

Auch die Auswirkungen auf die Beschäftigtenorientierung waren in Duisburg ausgeprägter. Während die Call Center Mitarbeiter in Duisburg ihre Tätigkeit als abwechslungsreich und motivationsfördernd empfanden, bewerteten die Call Center Mitarbeiter in Karlsruhe das stundenlange Telefonieren als Streßfaktor.

Über die Wirtschaftlichkeit, Effizienz und Effektivität konnten in Karlsruhe noch keine bemerkenswerten Angaben gemacht werden. Das Call Center Duisburg hingegen meldete positive Wirkungen. (Kap. 3.2)

Der virtuelle Zugang wurde durch den Bremer Online-Service und durch die Online-Angebote der Stadtverwaltungen Stuttgart und Erfurt repräsentiert.

Wie beim telefonischen Zugang gab es auch beim virtuellen Zugang keine Auswirkungen auf die Aufbauorganisation, jedoch erhebliche Verbesserungen in der Ablauforganisation zu verzeichnen.

Während bei der Bürgerfreundlichkeit ausgeprägte positive Wirkungen festgestellt wurden, waren die Auswirkungen des elektronischen Portals auf die Verwaltungsmitarbeiter mäßig positiv.

Auf die Wirtschaftlichkeit hatte das virtuelle Portal in Erfurt keine, in Bremen mäßige und in Stuttgart ausgeprägte positive Wirkungen. (Kap. 3.3)

Neue Konzepte und Lösungsmöglichkeiten für die verschiedenen Portale (Kap. 4.1) orientieren sich danach, in welchem Maße und mit welchem Erfolg in Zukunft virtuelle Dienste in virtuellen Bürgerämtern zur Regeleinrichtung werden.[437] Bürgerbüros mit einem integrierten Call Center, wie in der Stadtverwaltung Dortmund, stellen derzeit eine gute Lösung dar. Aber auch die Einrichtung eines modernen Call Centers, wie in der Stadtverwaltung Duisburg, erscheint derzeit als ein gelungenes Beispiel. Vielfach wird das virtuelle Bürgerbüro als Zukunftsmodell betrachtet, dennoch ergab die Analyse, daß für viele Bürger ein besonderer Beratungsbedarf besteht, der am ehesten durch die persönliche Zugangsform abgedeckt wird.

Die detaillierten Untersuchungen verfestigen die Erkenntnis, daß ein Multi-Kanal-Zugang an Bedeutung gewinnt und am ehesten als „zukunftsträchtige" Lösung angesehen werden kann. Der Multi-Kanal-Zugang erfordert jedoch in technischer, or-

---

[437] Für nähere Informationen vergleiche Kraemer, Dieter / Kaufung, Harald. Binnenmodernisierung der Kommunalverwaltung. In: Günther, Albert (Hrsg.) Verwaltungsmodernisierung. 2000. S. 96.

ganisatorischer sowie personeller Hinsicht nachhaltige Veränderungen und Verbesserungen. Dies erfordert Entwicklungen in Software für den Datentransfer ohne Medienbruch, flache Hierarchien, straffe Arbeitsprozesse sowie Personal, das über Sozial- und Fachkompetenz verfügt und flexibel eingesetzt werden kann.

Die Perspektiven für eine nachhaltige Verwaltungsmodernisierung (Kap. 4.2) liegen in der Anwendung betriebswirtschaftlicher Instrumente, dem Einsatz moderner Informations- und Kommunikationstechnik sowie in der partizipativen und anpassungsfähigen Verwaltung.

Die betriebswirtschaftlichen Instrumente sollten als Orientierungsrahmen für Modernisierungsmaßnahmen dienen. Eine intensive Outputorientierung, wie in der privaten Wirtschaft, würde jedoch zu Fehlallokationen in der öffentlichen Verwaltung führen, denn die Defizite der öffentlichen Haushalte sind größer als die Einsparpotenziale der Binnenrationalisierung.

Der Einsatz moderner Informations- und Kommunikationstechniken kann die Reformbemühungen erleichtern und die Partizipation und Integration von Bürgern, Verwaltungspersonal sowie Politik fördern.

Die Flexibilität der öffentlichen Verwaltungen in der Anpassungsfähigkeit an gesellschaftliche, technische und wirtschaftliche Entwicklungen ist für die zukunftsfähige und nachhaltige Verwaltung von großer Relevanz.

Durch die Portalanalyse konnten die Wechselwirkungen zwischen den Bürgern, Verwaltungsmitarbeitern, der Organisation und Wirtschaftlichkeit festgestellt werden. (s. Abb. 28)

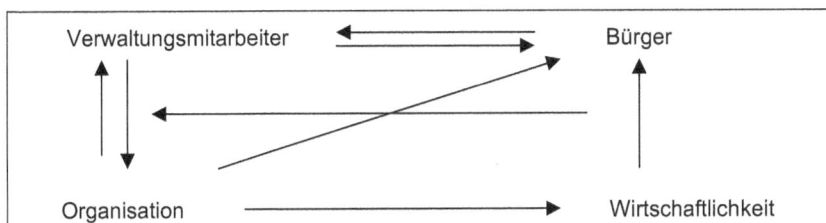

Abb. 28: Wechselwirkungen zwischen Mitarbeiter, Bürger, Organisation und Wirtschaftlichkeit

Quelle: eigene Darstellung.

Aus den Wechselwirkungen können die Chancen für die drei „Akteure" der Reformmaßnahmen abgeleitet werden.

a.) Der „Akteur" Bürger

Für den Bürger bieten Reformmaßnahmen die Chance, für sein direkt oder indirekt zu entrichtendes „Entgelt" als Steuerzahler einen quantitativ und/oder qualitativ höheren „Gegenwert" in Form von bürgerorientierten Dienstleistungen zu erhalten. Darüber hinaus können seine Partizipationschancen verbessert werden.

b.) Der „Akteur" Politik

Durch die Reformmaßnahmen entsteht für den „Akteur" Politik die Möglichkeit, seine Aufgaben neu zu definieren, den Bürger stärker in die kommunalen Prozesse einzubeziehen und durch größere Transparenz zielgenau zu steuern.

c.) Der „Akteur" Verwaltung

Die Verwaltung hat durch verbesserte Interaktion mit den Bürgern die Chance, Verwaltungshandeln transparenter zu machen, die ineffizienten Prozesse zu selektieren und Aufgaben effektiver zu erledigen. Nicht zuletzt, die wichtigsten Akteure im Reformprozeß – die Mitarbeiter der Verwaltung – können durch Reformmaßnahmen motiviert und ihre Zufriedenheit gesteigert werden. Allerdings gilt besonders für die Mitarbeiterzufriedenheit und -motivation die Voraussetzung, daß zwischen der Verwaltung und den Mitarbeitern keine Kommunikationsprobleme bestehen und die Mitarbeiter die Chancen und Vorteile einer Reform richtig erkannt haben.

Trotz eines beachtlichen Standes der Reformanstrengungen werden in der Umsetzung von Reformmaßnahmen, die zahlreiche Erfolge aufweist, noch Hindernisse für eine wirksame Modernisierung bestehen. Vor allem die gesamtheitliche Betrachtung der Wechselwirkungen von Modernisierungsmaßnahmen auf die wichtigsten Faktoren der Verwaltung, nämlich auf die Bürger, Verwaltungsmitarbeiter, Organisation, Wirtschaftlichkeit sowie Effizienz und Effektivität in den Kommunalverwaltungen, ist unzureichend.

Quellenverzeichnis

Abele, Petra (1999): Bürgerämter gestalten. Dienstleistungen – Räume – Partizipation. Schriftenreihe Profession Nr. 12. Hamp. München u. a.

Abele, Petra/Akcay, Cahit/Grimmer, Klaus (1993): Wege zum Bürgeramt. Arbeitspapiere der Forschungsgruppe Verwaltungsautomation, Nr. 53. Gesamthochsch.-Bibliothek. Kassel.

Abele, Petra/Brinckmann, Hans/Grimmer, Klaus (1995): Einwohnerservice in den Stadtbezirken. Nomos. Baden-Baden.

Abele, Petra/Gerstlberger, Wolfgang (1995): Das Ende der Schalterhallen: Bürgerämter als neues Gesicht der Verwaltung. Arbeitspapiere der Forschungsgruppe Verwaltungsautomation, Nr. 58. Gesamthochsch.-Bibliothek. Kassel.

Adamaschek, Bernd (1997): Leistungssteigerung durch Wettbewerb in deutschen Kommunen. Der interkommunale Leistungsvergleich. In: Naschold, Frieder u.a.(Hrsg.): Innovative Kommunen. Internationale Trends und deutsche Erfahrungen. Kohlhammer. Stuttgart u.a. S. 107-124.

Albayrak, Dilek/Grimmer, Klaus/Kneissler, Thomas (2003): Kommunalverwaltungen in den neuen Ländern. Befunde, Folgerungen, Wege. Modernisierung des öffentlichen Sektors. Band 21. Sigma. Berlin.

Andersen, Christoph (2004): Vermarktlichung der kommunalen IT-Dienstleistungsproduktion. In: Verwaltung und Management, Heft 1, S. 47-51.

Andersen, Christoph/Kösling, Robert (2002): Kommunales Forschungsprojekt „Konkurrieren statt privatisieren". In: Innovative Verwaltung, Heft 12, S. 13-14.

Asghari, Reza (2005): E-Government in der Praxis. Leitfaden für Politik und Verwaltung. Software & Support-Verlag. Frankfurt/Main.

Ast, Susanne (2000): Chancen und Grenzen des Neuen Steuerungsmodells im öffentlichen Bereich. In: Verwaltung und Management. Heft 5, S. 289-294.

Bandemer, Stephan von (1998): Benchmarking. In: Bandemer, Stephan von u.a. (Hrsg.) Handbuch zur Verwaltungsreform. Leske + Budrich. Opladen. S. 362-369.

Bandemer, Stephan von (2002): Der öffentliche Sektor im Wandel: Modernisierungsstrategien und deren Auswirkungen auf die Beschäftigten. In: Badura, Bernhard/Litsch, Martin/Vetter, Christian (Hrsg.): Fehlzeiten-Report. Springer. Berlin u.a. S. 5-18.

Bandemer, Stephan von/Born, Andreas/Hilbert, Josef (2002): Arbeit im Dienstleistungssektor – Arbeitsorganisation, Mitarbeiterzufriedenheit und Kundenorientierung. In: Brödner, Peter/Knuth, Matthias (Hrsg.): Nachhaltige Arbeitsgestaltung: Trendreports zur Entwicklung und Nutzung von Humanressourcen. Hamp. München. S. 379-429.

Banner, Gerhard (1991): Von der Behörde zum Dienstleistungsunternehmen: Die Kommunen brauchen ein neues Steuerungsmodell. In: Verwaltung Organisation Personal, Heft 1, S. 6-11.

Banner, Gerhard/Reichard, Christoph (1993): Kommunale Managementkonzepte in Europa. Anregungen für die deutsche Reformdiskussion. Dt. Gemeindeverlag. Köln u.a.

Banner, Gerhard (1994): Steuerung kommunalen Handels. In: Roth, Roland/ Wollmann, Helmut (Hrsg.): Kommunalpolitik: politisches Handeln in den Gemeinden. Leske und Budrich. Opladen. S. 350-361.

Banner, Gerhard (1995): Modernisierung der Kommunalverwaltung: Der Rückstand wird aufgeholt. In: Naschold, Frieder/Pröhl, Marga (Hrsg.) Produktivität öffentlicher Dienstleistungen. Bertelsmann-Stiftung. Gütersloh. S. 283-298.

Banner, Gerhard (1997): Die kommunale Modernisierungsbewegung. In: Wissenschaftsförderung der Sparkassenorganisation e.V.(Hrsg.) Kommunales Management im Wandel. Dt. Sparkassen-Verlag. Stuttgart. S. 11-37.

Banner, Gerhard (2001): Kommunale Verwaltungsmodernisierung: Wie erfolgreich waren die letzten zehn Jahre? In: Schröter, Eckhard (Hrsg.) Empirische Policy- und Verwaltungsforschung: lokale, nationale und internationale Perspektiven. Festschrift für Hellmut Wollmann zum 65. Geburtstag. Leske und Budrich. Opladen. S. 279-304.

Bartel-Lingg, Gabriele (1996): Die Mitarbeiterorientierung im Total Quality Management. Hampp. München u.a.

Barthel, Christian/Grahm, Wolfgang (2004): Der Prozess der Organisationsveränderung. Klinkhardt. Bad Heilbrunn/Obb. u.a.

Barthel, Christian/Harney, Klaus (2004): Die Praxis des Qualitätsmanagements in der öffentlichen Verwaltung. Hirzel. Stuttgart.

Bartlomiej, Jürgen/Beckmann, Hartmuth u. a. (2002): Wege zur vitalen Stadt: Strategische Handlungsfelder und Ziele. Arbeitsgmeinschaft für wirtschaftliche Verwaltung. Eschborn.

Bauer, Hans/Grether, Mark (2004): Öffentliche Verwaltungen im Zeitalter des Customer Relationship Management. In: Verwaltung und Management, Heft 2, S. 60-67.

Bauer, Helfried (2003): Öffentliches Management in Österreich. Realisierungen und Perspektiven. Arbeitshilfen für Gemeinden, Band 41. KDZ Managementberatungs- und Weiterbildungs GmbH. Wien.

Baumeister, Hella (2002): Call Center in Bremen. Strukturen, Qualifikationsanforderungen und Entwicklungstendenzen. Verl. der Arbeitnehmerkammer. Bremen.

Beck, Joachim u.a.(1995): Arbeitender Staat. Studien zur Regierung und Verwaltung. Klaus König zum sechzigsten Geburtstag. Verwaltungsorganisation, Staatsaufgaben und öffentlicher Dienst, Band 33. Nomos. Baden-Baden.

Beck, Ulrich (1998): Freiwillig aber nicht umsonst. Bürgerarbeit als neues Modell von Engagement auf kommunaler Ebene. In: Politische Ökologie, Heft 54. S. 61-64.

Becker, Kai/Hansen, Peter (1997): Die Reform in der öffentlichen Verwaltung. Anforderungen an das Personal- und Organisationsmanagement in theoretischer und praktischer Darstellung. TRIGA-Verlag. Gelnhausen.

Behjat, Shahab (2004): Wertschöpfungsprozesse der öffentlichen Verwaltungen als Grundlage von E-Government. Online-Veröffentlichung. Hamburg.

Behrens, Fritz (2000): Reform von Regierung und Verwaltung in Nordrhein-Westfalen – Stand und Perspektive. Speyerer Vorträge Nr. 54. Dt. Hochschule für Verwaltungswissenschaften. Speyer.

Behrens, Fritz (2003): Die Herausforderung zur zivilgesellschaftlichen Staatsmodernisierung. In: Verwaltung und Management, Heft 5, S. 228-236.

Benninghoven, Alfred/Tielsch, Rainer (2004): Gesünder arbeiten in Call Centern. Verlag für neue Wissenschaften. Bremerhaven.

Berg, Frank (2002): Verwaltungsreform und Personal im Land Brandenburg. Arbeitsheft Nr. 5. Kommunalwissenschaftliches Institut Universität Potsdam. Potsdam.

Berry, Leonard/Parasuraman, Anantharanthan (1999): Dienstleistungsmarketing fängt beim Mitarbeiter an. In: Bruhn, Manfred (Hrsg.): Internes Marketing. Integration der Kunden- und Mitarbeiterorientierung. Gabler. Wiesbaden. S. 69-95.

Bertelsmann-Stiftung (1997): Kommunales Management in der Praxis. Gütersloh.

Beyer, Lothar/Brinckmann, Hans (1990): Kommunalverwaltung im Umbruch. Verwaltungsreform im Interesse von Bürgern und Beschäftigten. Zukunft durch öffentliche Dienste, Band 2. Bund-Verlag. Köln

Beyer, Lothar (1999): Vom Informationsmanagement zum Wissensmanagement: Von der Binnenorientierung zur Vernetzung. In: Killian, Werner/Kneissler, Thomas (Hrsg.): Demokratische und partizipative Verwaltung. Festschrift für Hans Brinckmann und Klaus Grimmer. Nomos. Baden-Baden. S. 35-49.

Beyer, Lothar/Brecht, Ulrike (2000): Potentiale und Blockaden der kommunalen Leistungserstellung. Eine Kritik des Neuen Steuerungsmodells. Profession Nr. 13. Hampp. München u.a.

Beyer, Lothar/Brandel, Rolf (2001): Amtsstunden rund um die Uhr? Öffentliche Verwaltungen öffnen neue „Portale". In: Institut Arbeit und Technik (Hrsg.): Jahrbuch. Gelsenkirchen. S. 59-78.

Blume, Lorenz (2003): Kommunen im Standortwettbewerb. Nomos. Baden-Baden.

Blumenthal, Jörg (2002): Digitales Rathaus – Zwischenbilanz. In: Kubicek, Herbert; Klumpp, Dieter; Bullesbach, Alfred u.a. (Hrsg.): Innovation@Infrastruktur: Informations- und Dienstleistungsstrukturen der Zukunft. Jahrbuch Telekommunikation und Gesellschaft. Hüthig. Heidelberg. S. 206-213.

Bock, Christian (2000): E-Government und Recht. In: Gisler, Michael/Spahni, Dieter (Hrsg.) E-Government. Eine Standortbestimmung. Haupt. Bern. S. 157-181.

Boeck, Chris (2003): Die Bürger – vom Störenfried zum Lückenbüßer? Über die Reformperspektive Bürgergesellschaft. In: KWI-Info, Heft 3, S. 5-13.

Boehme-Nessler, Volker (2001): Electronic Government. Internet und Verwaltung. Visionen, Rechtsprobleme, Perspektiven. In: Neue Zeitschrift für Verwaltungsrecht. Heft 4. S. 374-380.

Böhret, Carl u.a.(1994): Staat und Verwaltung im Dialog mit der Zukunft. Schriften der Deutschen Sektion des internationalen Instituts für Verwaltungswissenschaften, Band 21. Nomos. Baden-Baden.

Böhret, Carl (2001): Voran in Rheinland-Pfalz. Reform im Staat durch effiziente und bürgergerechte Verwaltung. Staatskanzlei Rheinland-Pfalz. Mainz.

Bösenberg, Dirk/Hauser, Renate (1994): Der schlanke Staat. Lean-Management statt Staatsbürokratie. ECON. Düsseldorf u.a.

Bösl, Andreas (2001): Wirtschaftlichere öffentliche Verwaltungen über neue Steuerungsmodelle. Umsetzungsprobleme und Lösungsansätze. Juristische Studien, Band 7. Akad. Verlag. München.

Boeßenecker, Karl-Heinz/Trube, Achim/Wohlfahrt, Norbert (2001): Verwaltungsreform von unten? Lokaler Sozialstaat im Umbruch aus verschiedenen Perspektiven. Landeszentrale für politische Bildung Nordrhein-Westfalen. Votum. Münster.

Bogumil, Jörg/Kißler, Leo (1993): Kundenorientierung durch den Hagener Bürgerladen. In: Kißler, Leo/Bogumil, Jörg/Wiechmann, Elke (Hrsg.): Anders verwalten. Praxis und Perspektiven kommunaler Gestaltungsprojekte. Schüren. Marburg. S. 87-102.

Bogumil, Jörg/Kißler, Leo (1995): Vom Untertan zum Kunden? Möglichkeiten und Grenzen von Kundenorientierung in der Kommunalverwaltung. Modernisierung des öffentlichen Sektors, Band 8. Sigma. Berlin.

Bogumil, Jörg/Kißler, Leo (1996): Der Bürger als Kunde? In: Reichard, Christoph/Wollmann, Hellmut (Hrsg.): Kommunalverwaltung im Modernisierungsschub? Stadtforschung aktuell, Band 58. Birkhäuser. Basel u.a. S. 183-194.

Bogumil, Jörg/Kißler, Leo (1997): Verwaltungsmodernisierung und lokale Demokratie. Risiken und Chancen eines Neuen Steuerungsmodells für die lokale Demokratie. Nomos. Baden-Baden.

Bogumil, Jörg/Kißler, Leo (1998): Stillstand auf der Baustelle? Barrieren der kommunalen Verwaltungsmodernisierung und Schritte zu ihrer Überwindung. Nomos. Baden-Baden.

Bogumil, Jörg u.a.(2001): Modernisieurung lokaler Politik. Kommunale Entscheidungsprozesse im Spannungsfeld zwischen Parteienwettbewerb, Verhandlungszwängen und Ökonomisierung. Staatslehre und politische Verwaltung, Band 5. Nomos. Baden-Baden.

Bogumil, Jörg/Holtkamp, Lars (2001): Die Neugestaltung des kommunalen Kräftedreiecks. In: Verwaltung Organisation Personal, Heft 4, S. 10-12.

Bogumil, Jörg/Schmid, Josef (2001): Politik in Organisationen. Organisationstheoretische Ansätze und praxisbezogene Anwendungsbeispiele. Grundwissen Politik, Band 31. Leske und Budrich. Opladen.

Bogumil, Jörg (2002): Kommunale Entscheidungsprozesse im Wandel. Theoretische und empirische Analysen. Stadtforschung aktuell, Band 87. Leske und Budrich. Opladen.

Bogumil, Jörg (2002): Umgestaltung des Verhältnisses zwischen Rat und Verwaltung. Das Grundproblem der Verwaltungsmodernisierung. In: Verwaltungsarchiv, Heft 1. S. 129-131.

Bogumil, Jörg (2003): Die politische Führung öffentlicher Dienste – Möglichkeiten und Grenzen der Reorganisation. In: Koch, Rainer/Conrad, Peter (Hrsg.): New Public Service. Öffentlicher Dienst als Motor der Staats- und Verwaltungsmodernisierung. Gabler. Wiesbaden. S. 61-78.

Bogumil, Jörg/Kuhlmann, Sabine (2004): Zehn Jahre kommunale Verwaltungsmodernisierung. In: Jann, Werner u.a. (Hrsg.) Status-Report Verwaltungsreform. Eine Zwischenbilanz nach zehn Jahren. Modernisierung des öffentlichen Sektors, Band 24. Sigma. Berlin. S. 51-63.

Bokranz, Rainer/Kasten, Lars (2000): Organisationsmanagement in Dienstleistung und Verwaltung. Gestaltungsfelder, Instrumente und Konzepte. 2. Auflage, Gabler. Wiesbaden.

Bosch, Gerhard/Hennicke, Peter u.a.(2002): Die Zukunft der Dienstleistungen und ihre Auswirkungen auf Arbeit, Umwelt und Lebensqualität. In: Bosch, Gerhard/Hennicke, Peter/Hilbert, Josef/Kristof, Kora/Scherhorn, Gerhard (Hrsg.): Die Zukunft von Dienstleistungen: ihre Auswirkungen auf Arbeit, Umwelt und Lebensqualität. Campus. Frankfurt/Main u.a. S. 11-37.

Bräunig, Dietmar/Daum, Ralf (2000): Perspektiven der Modernisierung öffentlicher Verwaltungen unter Berücksichtigung von elektronischer Informationsverarbeitung. In: Zeitschrift für Betriebswirtschaft. Heft 7/8, S. 843-863.

Bräunlein, Tobias (2004): Integration der Gesetzesfolgenabschätzung ins politisch-administrative System der BRD. Beiträge zur Politikwissenschaft, Band 86. Dt. Hochschule für Verwaltungswissenschaften. Speyer.

Brandel, Rolf/Stöbe, Sybille/Wohlfahrt, Norbert (1999): Verwalten oder gestalten? Ratsmitglieder im neuen Steuerungsmodell. Modernisierung des öffentlichen Sektors, Band 13. Sigma. Berlin

Brandel, Rolf (2001): Leitfaden für Call Center in öffentlichen Verwaltungen. In: Städte und Gemeinderat, Heft 5, S. 8-10.

Brandenburg, Ausschuß für Verwaltungsoptimierung (2002): Aufgabenkritik in der Landesverwaltung Brandenburg.

Bredow, Bianca (2003): Sichere Online-Transaktionen im Bereich von Electronic Government. Univ. Zürich. Zürich.

Bremen: www.bremer-online-service.de

Brinckmann, Hans (1973): Datenschutz und Recht auf Information. In: Kilian, Wolfgang/Lenk, Klaus/Steinmüller, Wilhelm (Hrsg.): Datenschutz. Juristische Grundsatzfragen beim Einsatz elektronischer Datenverarbeitungsanlagen in Wirtschaft und Verwaltung. Beiträge zur juristischen Informatik. Frankfurt/Main. S. 77-89.

Brinckmann, Hans/Grimmer, Klaus/Lenk, Klaus/Rave, Dieter (1974): Verwaltungsautomation. Thesen über Auswirkungen automatisierter Datenverarbeitung auf Binnenstruktur und Außenbeziehungen der öffentlichen Verwaltung.Beiträge zur juristischen Informatik Nr. 2. Toeche-Mittler. Darmstadt.

Brinckmann, Hans (1977): Probleme der EDV-Einführung in der öffentlichen Verwaltung. In: Heyse, Eberhard (Hrsg.): Modernisierung der Verwaltung, insbersondere durch technologische Verfahren. Arbeitspapiere der Forschungsgruppe Verwaltungsautomation, Nr. 6. Gesamthochsch. Bibl.-Kassel. S. 31-47.

Brinckmann, Hans/Kuhlmann, Stefan (1990): Computerbürokratie. Ergebnisse von 30 Jahren öffentlicher Verwaltung mit Informationstechnik. Westdt. Verlag. Opladen.

Brinckmann, Hans/Wind, Martin (1999): Teleadministration. Online-Dienste im öffentlichen Sektor der Zukunft. Modernisierung des öffentlichen Sektors, Band 14. Sigma. Berlin.

Bronke, Karl (2002): Bremen auf dem Weg zur Bürgerstadt. In: Pröhl, Marga/Sinning, Heidi/Nährlich, Stefan (Hrsg.): Bürgerorientierte Kommunen in Deutschland. Anforderungen und Qualitätsbausteine. Band 3: Ergebnisse und Perspektiven des Netzwerks CIVITAS. Verl. Bertelsmann-Stiftung. Gütersloh. S. 108-124.

Brose, Hanns-Georg (Hrsg.; 2000): Die Reorganisation der Arbeitsgesellschaft. Campus. Frankfurt/Main u.a.

Brücker, Herbert (1989): Technische Modernisierung und soziale Emanzipation. In: Kißler, Leo/Kreuder, Thomas (Hrsg.): Der halbierte Fortschritt. Schriftenreihe der Hochschulinitiative Demokratischer Sozialismus, Band 22. SP-Verlag. Marburg. S. 33-52.

Brüggemeier, Martin/Röber, Manfred (2003): Stand und Entwicklungsperspektive der Arbeitsorganisation im öffentlichen Dienst. Auf dem Weg zu einem Produktionsregime? In: Koch, Rainer/Conrad, Peter (Hrsg.) New Public Service. Öffentlicher Dienst als Motor der Staats- und Verwaltungsmodernisierung. Gabler. Wiesbaden. S. 123-153.

Brüggemeier, Martin/Röber, Manfred (2003): Verwaltungsmarketing. Manuskript, S. 5 ff. unter: www.pnetz.tzo.com/aktuell/2003-3 vom 18.12.03

Büchner, Christiane/Franzke, Jochen (1999): Kommunale Selbstverwaltung. Potsdamer Textbücher, Band 5. Wiss.-Verlag. Berlin.

Bühler, Bernd M.(2002): Von Outputs zu Outcomes. Internationale Erfahrungen mit outcome-orientierter Steuerung. In: Verwaltung und Management. Heft 5. S. 273-278.

Budäus, Dietrich (1987): Öffentliche Betriebswirtschaftslehre – Stand und Entwicklungsperspektiven. In: Thieme, Werner (Hrsg.): 25 Jahre Verwaltungswissenschaft in Hamburg. Mauke. Hamburg. S. 93-106.

Budäus, Dietrich (1993): Kommunale Verwaltungen in der Bundesrepublik Deutschland zwischen Leistungsdefizit und Modernisierungsdruck. In: Banner, Gerhard/Reichard, Christoph (Hrsg.): Kommunale Managementkonzepte in Europa. Anregungen für die deutsche Reformdiskussion. Dt. Gemeindeverlag. Köln. S. 163-176.

Budäus, Dietrich u.a.(1996): Produktbildung als zentrales Element von Verwaltungsreformen. Funktionen, Probleme und Kritiken. Public management, Band 27. Hochschule für Wirtschaft und Politik. Hamburg.

Budäus, Dietrich/Engelhardt, Gunther (1996): Großstädtische Aufgabenerfüllung im Wandel. Schriften zur öffentlichen Verwaltung und öffentlichen Wirtschaft, Band 148. Nomos. Baden-Baden.

Budäus, Dietrich (1998): Organisationswandel öffentlicher Aufgabenwahrnehmung. Schriftenreihe der Gesellschaft für öffentliche Wirtschaft, Band 44. Nomos. Baden-Baden.

Budäus, Dietrich u.a.(1998): New Public Management. Managementforschung, Band 8. de Gruyter. Berlin u.a.

Budäus, Dietrich/Schauer, Reinbert/Reichard, Christoph (2002): Public und Non-profit Management: Neuere Entwicklungen und aktuelle Problemfelder. Public management, Nr. 43. Hamburger Universität für Wirtschaft und Politik. Hamburg.

Budäus, Dietrich (2002): Ausgewählte Probleme und Forschungsbedarfe im Rahmen des aktuellen Reformprozesses öffentlicher Verwaltungen. In: Budäus, Dietrich/Schauer, Reinbert/Reichard, Christoph (Hrsg.): Public und Nonprofit Management: Neuere Entwicklungen und aktuelle Problemfelder. Public management, Nr. 43. Hamburger Universität für Wirtschaft und Politik. Hamburg. S. 7-23.

Budäus, Dietrich u.a. (2004): Reformen des öffentlichen Haushalts- und Rechnungswesens in Deutschland. Stand, Konzepte, Entwicklungstendenzen. In: Verwaltung und Management. Heft 5. S. 228-233.

Bullinger, Hans-Jörg (1998): Effiziente Arbeitsorganisation durch Telearbeit und Call Center. Fraunhofer-Institut Arbeitswirtschaft und Organisation. Stuttgart.

Bumiller, Meinrad (2001): Der Beschäftigte in der Wissensgesellschaft. Sechs Regeln für die Personalentwicklung im öffentlichen Dienst. In: Verwaltung, Organisation, Personal. Heft 9. S. 26-29.

Bundesregierung: www.bund.de

Busch, Christine (2004): Streßmanagement für Teams: Entwicklung und Evaluation eines Trainings im Call Center. Kovac. Hamburg.

Büschelberger, Annette (2004): Planungsqualität bei Prozeßinnovationen. Theoretischer Ansatz und empirische Analyse am Beispiel von Call Centern. Dt. Universitätsverlag. Wiesbaden.

Büscher, Helmut/Hewel, Brigitte/Volz, Jürgen (2000): Öffentliche Verwaltung – modern und zukunftsfähig. Leitbildentwicklung – Qualitätsmanagement – Kundenorientierung – Virtuelles Rathaus – Wettbewerbsfähigkeit. Fachhochschulverlag. Reihe Kommune und Umwelt, Band 9. Frankfurt/Main.

Busse, Beate (2003): Verwaltungssteuerung und Motivation der Beschäftigten durch Leistungsanreize. In: Verwaltung und Management, Heft 4, S. 217-219.

Busse, Volker (1996): Verfahrenswege zu einem „schlankeren Staat". In: Die öffentliche Verwaltung. S. 389-396.

Butzer, Hermann (2004): Wirtschaftlichkeit durch Organisations- und Verfahrensrecht. Schriften zum öffentlichen Recht, Nr. 964. Duncker & Humblot. Berlin.

Carbow, Dirk (2001): Mitarbeiterorientierte Zielvereinbarungen in der Kommunalverwaltung. In: Kißler, Leo/Wiechmann, Elke (Hrsg.): Partizipation im Rathaus auf dem Prüfstand von Forschung und Praxis. Nomos. Baden-Baden. S. 53-60.

Dahm, Sabine (2002): Das Neue Steuerungsmodell auf Bundes- und Länderebene sowie die Neuordnung der öffentlichen Finanzkontrolle in der Bundesrepublik Deutschland. Schriften zum öffentlichen Recht, Nr. 958. Duncker & Humblot. Berlin.

Daum, Ralf (2002): Integration von Informations- und Kommunikationstechnologie für bürgerorientierte Kommunalverwaltungen. Schriften zur öffentlichen Verwaltung und öffentlichen Wirtschaft, Band 176. Nomos. Baden-Baden.

Daum, Ralf (2002): Electronic Government in Kommunalverwaltungen. Fakultät für Betriebswirtschaftslehre der Universität Mannheim (Hrsg.) Forschungsbericht Nr. 2. Mannheim.

Deckert, Klaus/Wind, Ferdinand (1996): Das Neue Steuerungsmodell. Von der Vision zur Aktion. Dt. Gemeindeverlag. Köln.

Derlien, Hans-Ulrich (2001): 10 Jahre Verwaltungsaufbau Ost – eine Evaluation. Schriften der Deutschen Sektion des Internationalen Instituts für Verwaltungswissenschaften, Nr. 27. Nomos. Baden-Baden.

Deutscher Städtetag (1996): Städte auf dem Reformweg. Materialien zur Verwaltungsreform. Reihe A, Kommunalpolitik Nr. 22. Köln/Berlin.

Deutscher Städtetag (2002): Die telefonische Erreichbarkeit der Stadt. Möglichkeiten zur Verbesserung unter besonderer Berücksichtigung kommunaler Call Center. Materialien zur Verwaltungsreform. Reihe A, Kommunalpolitik Nr. 29. Köln/Berlin.

Deutscher Städtetag (2002): E-Government in den Städten. Positionspapier und Leitfaden des Deutschen Städtetags. Unter:

www.staedtetag.de/imperia/md/content/beschlsse/1.pdf vom20.04.05.

Didzilatis, Jens (1999): Einrichtung eines Bürgeramtes. Zur kundenorientierten Geschäftsprozeßoptimierung. Shaker. Aachen.

Dieckmann, Johann (2000): Ökonomisierung der öffentlichen Verwaltung. Anforderungen an die Planung und Funktion der Planung bei sich verändernden wirtschaftlichen und gesellschaftlichen Rahmenbedingungen. Institut für Landes- und Stadtentwicklungsforschung des Landes Nordrhein-Westfalen. Dortmund.

Domsch, Michel E./Ladwig, Desiree H. (1999): Mitarbeiterbefragungen als Instrument einer professionellen Personalarbeit. In: Bruhn, Manfred (Hrsg.): Internes Marketing. Integration der Kunden- und Mitarbeiterorientierung. Gabler. Wiesbaden. S. 601-620.

Drescher, Anne (2003): Verwaltungen brauchen Profis für die Personalentwicklung. Aufgaben und Kompetenzen im Umgang mit den Beschäftigten. In: Innovative Verwaltung. Heft 4. S. 23-26.

Dunker, Klaus/Noltemeier, Albert (1985) Organisationsmodelle für ein Bürgeramt und deren Realisierung in der Stadt Unna. GMD. Sankt Augustin u.a.

Dunker, Klaus (1996): Das Bürgeramt der Stadt Unna als zukunftsweisendes Verwaltungskonzept. In: Reichmann, Thomas (Hrsg.) Dortmund, Industrie- und Dienstleistungszentrum Westfalens. Dortmund. S. 191-205.

Dunker, Klaus (2000): Instrumente des Neuen Steuerungsmodells. In: Dieckmann, Johann (Hrsg.): Ökonomisierung der öffentlichen Verwaltung. Anforderungen an die Planung und Funktion der Planung bei sich verändernden wirtschaftlichen und gesellschaftlichen Rahmenbedingungen. Institut für Landes- und Stadtentwicklungsforschung des Landes NRW, Band 165. Dortmund. S. 44-45.

Eckert, Lucia (1997): Beschleunigung von Planungs- und Genehmigungsverfahren. Speyerer Forschungsberichte Nr. 164. Forschungsinstitut für öffentliche Verwaltung. Speyer.

Edeling, Thomas/Jann, Werner (2004): Wissensmanagement in Politik und Verwaltung. Schriftenreihe Interdisziplinäre Organisations- und Verwaltungsforschung, Band 9. Verlag für Sozialwissenschaften. Wiesbaden.

Ehlers, Ulrich (1998): Von der Zuständigkeitsorientierung zum Prozeßdenken. Paradigmenwechsel in der Verwaltung. In: Verwaltung und Management. Heft 2. S. 109-115.

Eichhorn, Peter/Wiechers, Matthias (2001): Strategisches Management für Kommunalverwaltungen. Schriften zur öffentlichen Verwaltung und öffentlichen Wirtschaft, Nr. 174. Nomos. Baden-Baden.

Ellwein, Thomas (1994): Das Dilemma der Verwaltung. Verwaltungsstruktur und Verwaltungsreform in Deutschland. Meyers Forum, Band 22. BI-Taschenbuchverlag. Mannheim u.a.

Ellwein, Thomas/Hesse, Joachim Jens (1996): Thesen zur Reform der öffentlichen Verwaltung in Deutschland. In: Staatswissenschaften und Staatspraxis. Heft 4. S. 469-478.

Ellwein, Thomas (1997): Der Staat als Zufall und als Notwendigkeit. Westdt. Verlag. Opladen.

Eversheim, Walter (1995): Prozeßorientierte Unternehmensorganisation: Konzepte und Methoden zur Gestaltung „schlanker" Organisationen. Springer. Berlin u.a.

Fähnrich, Klaus-Peter (2004): Kooperationsmodelle bei IT-Dienstleistungen im öffentlichen Bereich. In: Verwaltung und Management. Heft 1. S. 18-21.

Falkenstein, Frank/Schwabe, Gerhard/Krcmar, Helmut (1996): Bürgerinformation im Internet: Anspruch, Realität und Potential. Arbeitspapiere vom Lehrstuhl für Wirtschaftsinformatik Nr. 104, Universität Hohenheim. Stuttgart.

Fallberg, Andra (2000): Bürgerzufriedenheit messen und optimieren. In: Verwaltung, Organisation, Personal. Heft 9. S. 22-24.

Fallberg, Andra (2001): Bürgerservice saarländischer Kommunen verglichen. Interkommunale Vergleiche als Schritt zur Verwaltungsmodernisierung. In: Verwaltung, Organisation, Personal. Heft 6. S. 13-16.

Fedrow, Thomas (2004): Personalentwicklung im Veränderungsprozeß. In: Das Rathaus. Heft 6. S. 155-158.

Fedrow, Thomas (2004): Personalentwicklung ist Basis für Veränderungsprozesse. Reform-Fokus auf finanzielle, demographische und kommunale Trends. In: Innovative Verwaltung. Heft 4. S. 28-30.

Feil, Hans-Joachim (2002): Die telefonische Erreichbarkeit der Stadt. DST-Beiträge zur Kommunalpolitik, Heft 29. Dt. Städtetag. Berlin, Köln.

Fiebig, Helmut (2004): Kommunale Kostenrechnung und Wirtschaftlichkeitssteuerung. Ziele – Methoden – Ergebnisse. Finanzwesen der Gemeinden, Band 6. Verlag Schmidt. Berlin.

Fiedler, Jobst (2001): Zur Praxisumsetzung umfassender Verwaltungsreformen in Großstädten: Die Hauptaufgabe liegt noch vor uns. In: Schröter, Eckhard. (Hrsg.): Empirische Policy- und Verwaltungsforschung: lokale, nationale und internationale Perspektiven. Festschrift für Hellmut Wollmann zum 65. Geburtstag. Leske und Budrich. Opladen. S. 305-320.

Fiedler, Jobst/Vernau, Katrin (2001): Strategisches Management als fehlendes Teilchen im Puzzle des Neuen Steuerungsmodells. In: Eichhorn, Peter/Wiechers, Matthias (Hrsg.): Strategisches Management für Kommunalverwaltungen. Schriften zur öffentlichen Verwaltung und öffentlichen Wirtschaft, Nr. 174. Nomos. Baden-Baden. S. 28-51.

Fisch, Rudolf (1997): Neue Herausforderungen für Führung und Mitarbeiter. In: Reinermann, Heinrich/Unland, Holger (Hrsg.): Die Beurteilung – vom Ritual zum Personalmanagement. Verwaltungsorganisation, Staatsaufgaben und öffentlicher Dienst, Band 38. Nomos. Baden-Baden. S. 107-110.

Fisch, Rudolf/Beck, Dieter (2005): Entscheidungsunterstützende Verfahren für politisch-administrative Aufgaben. Speyerer Forschungsberichte, Nr. 235. Forschungsinstitut für öffentliche Verwaltung. Speyer.

Fisch, Stefan (2002): Verwaltungsaufbau nach 1945 in Deutschland. In: König, Klaus (Hrsg.): Deutsche Verwaltung an der Wende zum 21. Jahrhundert. Nomos. Baden-Baden. S. 11-32.

Fischer, Ute (2002): Verwaltungs-Informationssysteme und Verwaltungsmodernisierung. In: Verwaltung und Management. Heft 1. S. 41-48.

Flendt, Maria (2003): Rotation fördert die Entwicklung der Beschäftigten. Systema-
tischer und geplanter Stellenwechsel als Personalmanagement. In: Innovative Verwaltung. Heft 11. S. 21-23.

Fobe, Karin/Rieger-Genenning, Kathrin (1999): Bürgerämter und Nachbarschaftsläden. Neue Wege in der kommunalen und privaten Dienstleistung. Campus. Frankfurt/Main u.a.

Fojut, Simone (2004): Call Center Excellence. Erfolgreiche Call Center im Portrait.
Gabler. Wiesbaden.

Franz, Arne (2003): Gibt es für kommunale Bürgerämter/Bürgerbüros einen dauerhaften Stellenwert im Konzept des elektronischen Rathauses? In: Verwaltung und Management. Heft 1. S. 18-21.

Franz, Martin (1994): Kommunale Modernisierung: Im Kleinen wie im Großen? Arbeitspapiere der Forschungsgruppe Verwaltungsautomation Nr. 56. Gesamthochsch.-Bibliothek. Kassel.

Frese, Georg (2002): Positive Wirkung durch das Vorgesetzten-Feedback. In: Innovative Verwaltung. Heft 12. S. 21-24.

Freudenberger, Dietrich (1993): Der Bürgerladen Hagen – Ein Projektverlauf auf
dem Weg der Stadtverwaltung zu einem kundenorientierten Dienstleistungsunternehmen. In: Kißler, Leo/Bogumil, Jörg/Wiechmann, Elke
(Hrsg.): Anders verwalten. Praxis und Perspektiven kommunaler Gestaltungsprojekte. Schüren. Marburg. S. 65-72.

Fromme, Klaus (1995): Das Pilotprojekt „Bürgerladen" in Hagen – Ein Erfahrungsbericht aus der Praxis. In: Naschold, Frieder/Pröhl, Marga (Hrsg.): Produktivität öffentlicher Dienstleistungen. Bertelsmann Stiftung. Gütersloh. S. 79-
85.

Frotschnig, Alois/Gantner, Felix/Posch, Reinhard u.a. (2001): Technische Aspekte
des E-Government. In: Österreichische Computer Gesellschaft. Heft 5.
S. 16-19.

Gabriel, Oscar W./Mößner, Alexandra (2002): E-Partizipation. In: Kubicek, Her-
bert/Klumpp, Dieter/Bullesbach, Alfred/Fuchs, Gerhard/Roßnagel, Alexander (Hrsg.): Innovation@Infrastruktur. Informations- und Dienstleistungsstrukturen der Zukunft. Jahrbuch Telekommunikation und Gesellschaft.
Hüthig. Heidelberg. S. 214-221.

Galle, Ulrich (2004): „Freundlichkeit muss selbstverständlich sein". In:Frankfurter
Rundschau vom 29.01.2004. S. 36.

Gapski, Jörg/Hollmann, Reiner (2001): Beteiligung verpflichtet – die Modernisierung der Verwaltung aus der Sicht der Beschäftigten. In: Boeßenecker,

Karl-Heinz/Trube, Achim/Wohlfahrt, Norbert (Hrsg.): Verwaltungsreform von unten? Lokaler Sozialstaat im Umbruch aus verschiedenen Perspektiven. Votum. Münster. S. 139-153.

Gaugler, Eduard (1980): Neue Technologien für die Büros – werden sie akzeptiert? In: Wagener, Frido (Hrsg.): Zukunftsaspekte der Verwaltung. Schriftenreihe der Hochschule Speyer, Band 81. Duncker & Humblot. Berlin. S. 143-159.

Gehle, Michael/Mülder, Wilhelm (2001): Wissensmanagement in der Praxis. Datakontext-Fachverlag. Frechen.

Gensicke, Thomas (2000): Deutschland im Übergang. Lebensgefühl, Wertorientierungen, Bürgerengagement. Speyerer Forschungsberichte Nr. 204. Forschungsinstitut für öffentliche Verwaltung. Speyer.

Gerstlberger, Wolfgang/Killian, Werner (1996): Controlling mit dem Rechenschieber? Ergebnisse einer Umfrage in bundesdeutschen Kommunen zur IuK-Technik in der Verwaltungsmodernisierung. Arbeitspapiere der Forschungsgruppe Verwaltungsautomation Nr. 62. Gesamthochsch. Bibliothek. Kassel.

Gerstlberger, Wolfgang/Grimmer, Klaus/Kneissler, Thomas (1997): Institutionelle Leistungsfähigkeit von Verwaltungsorganisationen. Eine theoretisch-empirische Studie. Nomos. Baden-Baden.

Gerstlberger, Wolfgang (1999): Public-private-partnerships und Stadtentwicklung: Öffentlich-private Projektgesellschaften zwischen Erweiterung und Aushöhlung kommunaler Handlungsfähigkeit. Hampp. München u.a.

Glück, Alois/Magel, Holger (2000): Neue Wege in der Kommunalpolitik. Durch eine neue Bürger- und Sozialkultur zur aktiven Bürgergesellschaft. Jehle Rehm. München.

Göbel, Markus (2000): Wandel im mittleren Verwaltungsmanagement. In: Zeitschrift für Personalforschung. Heft 3. S. 242-269.

Gora, Walter/Bauer, Harald (2001): Virtuelle Organisationen im Zeitalter von E-Business und E-Government. Springer. Berlin u.a.

Grabow, Busso (2000): Information, Kommunikation und Multimedia in den Städten. Materialien Deutsches Institut für Urbanistik. Berlin.

Grabow, Busso (2002): Erfolgsfaktoren des E-Government. In: Difu-Berichte, Heft 3. S. 7, unter: www.difu.de

Grabow, Busso/Floeting, Holger (1999): Wege zur telematischen Stadt. Beitrag zum Jahrbuch Telekommunikation und Gesellschaft. v. Decker. Heidelberg.

Greifenstein, Ralph/Jansen, Peter/Kißler, Leo (1990): Neue Technologien und Mitbestimmung am Arbeitsplatz. Implementationsprobleme direkter Partizipation bei technischen Innovationen. Westdt. Verlag. Opladen.

Greifenstein, Ralph/Jansen, Peter/Kißler, Leo (1990): Partizipationskompetenz und technisch-organisatorische Innovation. In: Kißler, Leo (Hrsg.): Partizipation und Kompetenz. Beiträge aus der empirischen Forschung. Sozialverträgliche Technikgestaltung: Materialien und Berichte, Band 12. Westdt. Verlag. Opladen. S. 15-54.

Grewenig, Ingo (2002): Multimedia und Call Center. Müller. Heidelberg.

Grieble, Oliver/Scheer, August-W. (2000): Grundlagen des Benchmarkings öffentlicher Dienstleistungen. Nr. 166. Institut für Wirtschaftsinformatik. Saarbrükken.

Grimm, Rüdiger (1997): Rechts- und Zahlungssicherheit im Internet. In: Kubicek, Herbert/Klumpp, Dieter u.a. (Hrsg.): Jahrbuch Telekommunikation und Gesellschaft. Die Ware Information – Auf dem Weg zu einer Informationsökonomie. v. Decker. Heidelberg. S. 211-220.

Grimmer, Klaus (1976): Die Anwendung automatischer Datenverarbeitung in der öffentlichen Verwaltung. Entwicklung und Auswirkungen. In: Bürgerdaten oder Datenbürger. Veröffentlichungen der Fachhochschule für Verwaltung und Rechtspflege, Band 5. Berlin. S. 19-59.

Grimmer, Klaus (1980): Auswirkungen der Verwaltungsautomation auf Verwaltungsleistungen. In: Garstka, Hansjürgen/Schneider, Jochen/Weigand, Karl-Heinz (Hrsg.): Verwaltungsinformatik. Darmstadt. S. 335-346.

Grimmer, Klaus (1986): Informationstechnik in öffentlichen Verwaltungen. Handlungsstrategien ohne Politik. Policy-Forschung, Band 3. Birkhäuser. Basel u.a.

Grimmer, Klaus (1989): Folgen des Einsatzes neuer Techniken in der Praxis der öffentlichen Verwaltung. In: Braun, Hans (Hrsg.): Technikbewertung im öffentlichen Dienst. Schriften der Akademie des Deutschen Beamtenbundes. Reihe A, Gesellschaftspolitische Grundlagen, Band 3. Bonn. S. 132-144.

Grimmer, Klaus (1990): Verwaltungsreform durch Nutzung der Informations- und Kommunikationstechnik. Theoretisch-praktische Grundlagen. Arbeitspapiere der Forschungsgruppe Verwaltungsautomation Nr. 51, Gesamthochsch.-Bibliothek. Kassel.

Grimmer, Klaus (1991): Strukturen von Führungsinformation. In: Reinermann, Heinrich (Hrsg.): Führung und Information. Chancen der Informationstechnik für die Führung in Politik und Verwaltung. Schriftenreihe Verwaltungsinformatik. Band 8. Decker & Müller. Heidelberg. S. 94-105.

Grimmer, Klaus (1992): Introvertierte Verwaltungspolitik als Technologiepolitik? In: Grimmer, Klaus/Häuser, Jürgen/Kuhlmann, Stefan/Simonis, Georg (Hrsg.): Politische Techniksteuerung. Schriftenreihe des Institut Arbeit und Technik. Band 5. Leske und Budrich. Opladen. S. 137-152.

Grimmer, Klaus (1994): Neue Instrumente für Innovationsprozesse zur Gestaltung von Arbeit und Technik in öffentlichen Büro- und Verwaltungsbereichen. Problemlage und Forschungsaufgaben. Arbeitspapiere der Forschungsgruppe Verwaltungsautomation Nr. 55. Gesamthochsch.-Bibliothek. Kassel

Grimmer, Klaus (1994): Innovationen in Kommunalverwaltungen. In: Franz, Martin (Hrsg.): Kommunale Modernisierung: Im Kleinen wie im Großen? Arbeitspapiere der Forschungsgruppe Verwaltungsautomation Nr. 56. Gesamthochsch.-Bibliothek. Kassel. S. 3-8.

Grimmer, Klaus/Franz, Martin u.a.(1994): Verwaltungsstabilität in den neuen Bundesländern durch Einsatz von Informations- und Kommunikationstechnik. In: Verwaltungsrundschau. S. 231-236.

Grimmer, Klaus (1995): Verwaltungsreform und Informationstechnologie: Ein Blick über die Grenzen. In: Reinermann, Heinrich (Hrsg.): Neubau der Verwaltung. Schriftenreihe Verwaltungsinformatik, Band 11. v. Decker. Heidelberg. S. 161-178.

Grimmer, Klaus/Kneissler, Thomas (1996): Mehr Verwaltung – weniger Kompetenz? Verwaltungspolitische und organisationstheoretisch-empirische Analysen zu neuen Organisationsformen in der Kommunalverwaltung. In: Reichard, Christoph/Wollmann, Hellmut (Hrsg.): Kommunalverwaltung im Modernisierungsschub? Stadtforschung aktuell, Nr. 58. Birkhäuser. Basel u. a. S. 78-97.

Grimmer, Klaus/Stabik, Lucia (1997): Staat und Verwaltung 2021. Symposion und Podiumsdiskussion anläßlich des 25jährigen Bestehens der Universität Gesamthochschule Kassel. Arbeitspapiere der Forschungsgruppe Verwaltungsautomation Nr. 63. Gesamthochsch.-Bibliothek. Kassel.

Grimmer, Klaus/Werner, Rita (1997): Innovationen in öffentlichen Verwaltungen: Workshop zu den Ergebnissen im Projekt „Neue Instrumente für Innovationsprozesse zur Gestaltung von Arbeit und Technik in öffentlichen Büro- und Verwaltungsbereichen. Arbeitspapiere der Forschungsgruppe Verwaltungsautomation Nr. 64. Gesamthochsch.-Bibliothek. Kassel.

Grimmer, Klaus (1997): Struktur und Innovation. Theoretisch-praktische Grundlagen der Gestaltung öffentlicher Verwaltungen. Nomos. Baden-Baden.

Grimmer, Klaus (1999): Informatisierte Verwaltung und Politik. In: Lenk, Klaus/ Traunmüller, Roland (Hrsg.): Öffentliche Verwaltung und Informationstechnik. Perspektiven einer radikalen Neugestaltung der öffentlichen Verwaltung mit Informationstechnik. Schriftenreihe Verwaltungsinformatik, Band 20. v. Decker. Heidelberg. S.231-251.

Grimmer, Klaus/Wind, Martin (2001): Wandel des Verhältnisses von Bürger und Staat durch die Informatisierung der Verwaltung. In: Simonis, Georg. u.a.

(Hrsg.) Politik und Technik. Politische Vierteljahresschrift Sonderheft 31. Westdt. Verlag. Wiesbaden. S. 232-247.

Grimmer, Klaus (2003): Strukturwandel der Verwaltung durch E-Government? Entwicklungslinien und Perspektiven der Verwaltungsinformatisierung. In: Bubeck, Bernhard / Fuchs, Gerhard (Hrsg.): E-Government und der Strukturwandel der Verwaltung. Akademie der Technikfolgenabschätzung in Baden-Württemberg, Nr. 228. Stuttgart. S. 28-39.

Grimmer, Klaus (2004): Öffentliche Verwaltung in Deutschland. Grundlagen, Funktionen, Reformen. Eine problemorientierte Einführung. 1. Aufl. Verlag für Sozialwissenschaften. Wiesbaden.

Grimmer, Klaus (2004): Verwaltungsmodernisierung und kommunale Organisationsmodelle. In: Verwaltung und Management. Heft 2. S. 68-72.

Grömig, Erko (2002): Telearbeit in der Kommunalverwaltung. In: Das Rathaus. Heft 11. S. 310-312.

Grömig, Erko (2003): Bündelung verschiedener Aufgaben an einem Arbeitsplatz. In: Der Städtetag. Heft 1. S. 16-18.

Grubwinkler, Wolfgang (1996): Modernes Verwaltungsmanagement. Boorberg. Stuttgart u.a.

Grunow, Dieter (1996): Qualitätsanforderungen für die Verwaltungsmodernisierung. In: Reichard, Christoph/Wollmann, Hellmut (Hrsg.): Kommunalverwaltung im Modernisierungsschub? Stadtforschung aktuell, Band 58. Birkhäuser. Basel u.a. S. 50-77.

Grunow, Dieter (1999): Leistungsverwaltung: Bürgernähe und Effizienz. In: Wollmann, Helmut/Roth, Roland (Hrsg.): Kommunalpolitik. Politisches Handeln in den Gemeinden. Leske und Budrich. Opladen. S. 396-410.

Grunow, Dieter (2003): Verwaltung in Nordrhein-Westfalen: zwischen Ärmelschoner und E-Government. Landeszentrale für politische Bildung Nordrhein-Westfalen. Schriften zur politischen Landeskunde Nordrhein-Westfalens, Band 15. Aschendorff. Münster.

Grüning, Gernod (2000): Grundlagen des New-public-Management: Entwicklung, theoretischer Hintergrund und wissenschaftliche Bedeutung des New-Public-Management aus Sicht der politisch-administrativen Wissenschaften der USA. Management-Wissen aktuell, Band 2. Lit-Verlag. Münster u.a.

Grüning, Rudolf/Kühn, Richard (2005): Methodik der strategischen Planung: ein prozessorientierter Ansatz für Strategieplanungsprojekte. Haupt. Bern.

Grüttner, Stefan (2004): Hessens Landesverwaltung konsequent auf Reformkurs. Strukturen und Prozesse werden zukunftsorientiert umgestaltet. In: Innovative Verwaltung. Heft 4. S. 12-14.

Günther, Albert (2000): Verwaltungsmodernisierung. Anforderungen – Erfahrungen – Perspektiven. Festschrift zum 10-jährigen Bestehen des Institut für Kommunal- und Verwaltungswissenschaften Nordrhein-Westfalen. Nomos.Baden-Baden.

Gundthof, Lars/Holtgrewe, Ursula (2000): Call Center-Rationalisierung im Dilemma. In: Brose, Hanns-Georg (Hrsg.): Die Reorganisation der Arbeitsgesellschaft. Campus. Frankfurt/Main, New York. S. 173-203.

Hackbarth, Bärbel/Igerl, Tobias/Schmidt, Hilmar (2001): Prozeßbenchmarking in der öffentlichen Verwaltung. Grundlagen – Instrumente – Ablauf. In: Neues Verwaltungsmanagement. Heft 8. S. 1-28.

Häußermann, Hartmut (2001): Die Privatisierung der Stadt. In: Schröter, Eckhard: Empirische Policy- und Verwaltungsforschung: Lokale, nationale und internationale Perspektiven. Festschrift für Hellmut Wollmann zum 65. Geburtstag. Leske und Budrich. Opladen. S. 41-62.

Hagemann, Gisela (2002): Kreativität der Beschäftigten mit modernen Methoden wecken. In: Innovative Verwaltung. Heft 9. S. 12-14.

Hagen (2000): Viel Service aus einer Hand. Umfrage im zentralen Bürgeramt. Stadt Hagen, Amt für Statistik und Stadtforschung. Hagen.

Halves, Jan-Peter (2001): Call Center in Deutschland: Räumliche Analyse einer standortunabhängigen Dienstleistung. Bonner geographische Abhandlungen, Nr. 104. Asgard. Sankt Augustin.

Hammer, Michael/Champy, James (2003): Business Reengineering: Die Radikalkur für das Unternehmen. 7. Aufl. Campus. Frankfurt/Main u.a.

Hannover (1999): Bürgergutachten: Bürgeramt Hannover-Südost. Landeshauptstadt Hannover.

Hansen, Marit/Rost, Martin (2002): Datenschutz durch computergestütztes Identitätsmanagement. In: Kubicek, Herbert/Klumpp, Dieter/Bullesbach, Dieter/Fuchs, Gerhard/Roßnagel, Alexander (Hrsg.): Innovation@Infrastruktur. Informations- und Dienstleistungsstrukturen der Zukunft. Jahrbuch Telekommunikation und Gesellschaft. Hüthig. Heidelberg. S. 255-268.

Hegemann, Gudrun (2001): Reform der Verwaltung nur über Wettbewerb, Ablaufmodell zum Einstieg in den Leistungsvergleich. In: Verwaltung, Organisation, Personal. Heft 10. S. 23-25.

Hegewald, Bjoern (2003): Virtuelle Unternehmen: Eine funktionsübergreifende Analyse – dargestellt am Beispiel Call Center. Tectum. Marburg.

Heinz, Werner (1999): Public Private Partnership. In: Wollmann, Helmut/Roth, Roland. (Hrsg.): Kommunalpolitik. Politisches Handeln in den Gemeinden. Leske und Budrich. Opladen. S. 552-570.

Heinze, Rolf G./Olk, Thomas (2000): Bürgerengagement in Deutschland. Bestandsaufnahme und Perspektiven. Leske und Budrich. Opladen.

Helber, Stefan/Stolletz, Raik (2004):Call Center Management in der Praxis. Strukturen und Prozesse betriebswirtschaftlich optimieren. Springer. Berlin u.a.

Hellstern, Gerd-Michael/Buchenau, Gerrit (2003): Geschäftsprozessmanagement – praxisorientiert umgesetzt! Management-Wissen aktuell, Band 10. Lit.-Verlag. Münster.

Henkel, Gerhard (2002): Bürgerbüro – Bürgerladen – Komm-In: multifunktionale Dienstleistungszentren im ländlichen Raum. Essener geographische Arbeiten Nr. 34. Institut für Geographie. Essen.

Henn, Harald/Kruse, Jan P./Vier, Olav (1996): Handbuch Call Center Management. Telepublic-Verlag. Hannover.

Heß, Klaus u.a.(1999): Call Center. Handlungshilfe zur Gestaltung von Call Centern und Regelung automatischer Anrufverteilsysteme. Schriftenreihe Arbeit, Gesundheit, Umwelt, Technik. Band 40. TBS. Oberhausen.

Hessisches Ministerium der Finanzen (2001): Konzept ergebnisorientierte Budgetierung für das Land Hessen. Wiesbaden.

Hewel, Brigitte (1995): Verwaltung reformieren. Öffentlich-private Partnerschaften. Schriftenreihe Kommune und Umwelt, Band 2. Fachhochschulverl. Frankfurt/Main.

Hibbeler, Hermann (1998): „Markttest" öffentlicher Dienstleistungen. Einführung von Wettbewerb durch flächendeckende Angebotsbeiziehung. Wissenschaftszentrum Berlin. Auch unter: http://skylla.wz.-berlin.de/pdf/1998/ii98-208.pdf

Hieber, Fritz (1996): Öffentliche Betriebswirtschaftslehre: Grundlagen für das strategische und operative Verwaltungsmanagement. Verlag Wissenschaft und Praxis. Berlin u.a.

Hilbertz, Hans-Joachim (2001): Der richtige Weg, aber noch nicht am Ziel. Zehn Jahre neues Steuerungsmodell – Zwischenbilanz und Ausblick. In: Verwaltung, Organisation, Personal. Heft 10. S. 9-12.

Hilbertz, Hans-Joachim (2002): Kommunales Management. In: Kongressdokumentation Moderner Staat. 26.-27. November in Berlin. S. 39-42.

Hild, Paul (2002): Call Center. Unternehmensstrategien und Arbeitssysteme aus markt- und ressourcenbasierter Sicht. Institut zur Erforschung sozialer Chancen. Köln.

Hill, Hermann (1993): Verwaltungsqualifikation. In: Die neue Verwaltung. Heft 4. S. 32-33.

Hill, Hermann (1994): Kommunikation als Herausforderung für Staat und Verwaltung. In: Steger, Ulrich (Hrsg.): Lean Administration. Die Krise der öffentlichen Verwaltung als Chance. Schriftenreihe Haniel-Stiftung, Band 7. Campus. Frankfurt/Main u.a. S. 49-66.

Hill, Hermann (1994): Personal als Schlüsselfaktor für Effizienzsteigerung in der Verwaltung. In: Der Landkreis. Heft 7. S. 310-313.

Hill, Hermann (1994): Lean Management in der Kommunalverwaltung. In: Der Bayerische Bürgermeister. Heft 1. S. 13-14.

Hill, Hermann (1995): Erfolg im Osten IV. Partnerschaft beim Aufbau der Verwaltung. Nomos. Baden-Baden.

Hill, Hermann (1995): Pro und Contra: Modernisierung der öffentlichen Verwaltung. In: Die innovative Verwaltung. Heft 1. S. 12-15.

Hill, Hermann/Klages, Helmut (1995): Lernen von Spitzenverwaltungen. Raabe. Berlin u.a.

Hill, Hermann/Rembohr, Ralph-Peter (1995): Einstieg in das Kontraktmanagement in der Kommunalverwaltung. In: Die innovative Verwaltung. Heft 5. S. 42-46.

Hill, Hermann (1996): Erfolg im Osten V. Nomos. Baden-Baden.

Hill, Hermann (1996): Qualität in der öffentlichen Verwaltung. In: Stadt und Gemeinde. S. 180-183.

Hill, Hermann (1996): Multimedia – Chancen und Herausforderungen für Verwaltungen und Bürger. In: Verwaltung und Management. Heft 4. S. 196-201.

Hill, Hermann/Klages, Helmut (1996): Wege in die neue Steuerung. Raabe. Stuttgart u.a.

Hill, Hermann/Klages, Helmut (1996): Controlling im Neuen Steuerungsmodell. Raabe. Berlin u.a.

Hill, Hermann (1997): Die kommunikative Organisation. In: Hill, Hermann (Hrsg.) Die kommunikative Organisation: Change management und Vernetzung in öffentlichen Verwaltungen. Staatskommunikation, Band 4. Köln u.a. S. 11-16.

Hill, Hermann (1997): Qualität in der öffentlichen Verwaltung. In: Hill, Hermann (Hrsg.) Verwaltung im Umbruch. Speyerer Arbeitshefte Nr. 109. Dt. Hochschule für Verwaltungswissenschaften. Speyer. S. 135-142.

Hill, Hermann (1997): Wissensmanagement in Organisationen. In: Hill, Hermann (Hrsg.) Wissensmanagement. Staatskommunikation, Band 5. Köln u.a. S. 9-27.

Hill, Hermann (1997): Vergeßt die Bürger nicht! Entwicklung einer bürgerorientierten Kommunalverwaltung. In: Hill, Hermann (Hrsg.) Verwaltung im Umbruch. Speyerer Arbeitshefte Nr. 109. Dt. Hochschule für Verwaltungswissenschaften. Speyer. S. 101-118.

Hill, Hermann (1997): Verwaltungsreform und Nachhaltigkeit. In: Die innovative Verwaltung. Heft 4. S. 34-36.

Hill, Hermann/Frey Michaela (1997): Motivation für eine Innovation der öffentlichen Verwaltung. In: Verwaltung und Management. Heft 1. S. 7-13.

Hill, Hermann (1998): Potentiale und Perspektiven der Verwaltungsmodernisierung. In: Lüder, Klaus (Hrsg.) Öffentliche Verwaltung der Zukunft. Schriftenreihe der Hochschule Speyer, Band 124. Duncker & Humblot. Berlin. S. 129-135.

Hill, Hermann (1998): Die öffentliche Verwaltung als Teil der Informationsgesellschaft. In: Der Landkreis. Heft 4. S. 224-228.

Hill, Hermann/Klages, Helmut (1999): Die moderne Verwaltung – Gestaltung durch Information. Raabe. Stuttgart u.a.

Hill, Hermann (1999): Bürgermitwirkung unter neuen Perspektiven im multimedialen Zeitalter. In: Kubicek, Herbert u.a. (Hrsg.) Multimedia@Verwaltung. Marktnähe und Bürgerorientierung mit ekektronischen Dienstleistungen. Jahrbuch Telekommunikation und Gesellschaft. Hüthig. Heidelberg. S. 234-247.

Hill, Hermann (2000): Die Bürgerkommune im 21. Jahrhundert. In: Glück, Alois/Magel, Holger (Hrsg.) Neue Wege in der Kommunalpolitik: durch eine neue Bürger- und Sozialkultur zur aktiven Bürgergesellschaft. Rehm. München. S. 11-22.

Hill, Hermann/Klages, Helmut (2000): Good Governance und Qualitätsmanagement: Europäische und internationale Entwicklungen. Speyerer Arbeitsheft Nr. 132. Dt. Hochschule für Verwaltungswissenschaften. Speyer.

Hill, Hermann (2001): Modernisierung – Prozess- oder Entwicklungsstrategie? Campus. Frankfurt/Main u.a.

Hill, Hermann (2001): Neue Anforderungen an die Mitarbeiter/innen. In: Drescher, Anne (Hrsg.) Handbuch zur Personalauswahl in der modernen Kommunalverwaltung. Verlag Boorberg. Stuttgart u.a. S. 23-28.

Hill, Hermann/Fisch, Rudolf (2001): Personalmanagement der Zukunft. Person – Team – Organisation. Speyerer Arbeitsheft Nr. 134. Dt. Hochschule für Verwaltungswissenschaften. Speyer.

Hill, Hermann (2002): Die Good Practice-Verwaltung: Muster und Empfehlungen zur guten Verwaltungsführung. Speyerer Arbeitsheft Nr. 147. Dt. Hochschule für Verwaltunswissenschaften. Speyer.

Hill, Hermann (2002): Risiko-Management – ein Instrument zur Vorsorge. In: Innovative Verwaltung. Heft 12. S. 9-12.

Hill, Hermann (2003): Risiko-Management in der englischen Verwaltung. Speyerer Arbeitsheft Nr. 150. Dt. Hochschule für Verwaltungswissenschaften. Speyer.

Hill, Hermann (2004): Aufgabenkritik, Privatisierung und neue Verwaltungssteuerung. Verwaltungsressourcen und Verwaltungsstrukturen, Band 1. Nomos. Baden-Baden.

Hill, Hermann (2004): (Neue) Bilder der Verwaltung. Speyerer Arbeitsheft Nr. 170. Dt. Hochschule für Verwaltungswissenschaften. Speyer.

Hill, Hermann (2004): Bürokratieabbau und Verwaltungsmodernisierung. In: Die öffentliche Verwaltung. S. 721-729.

Hochschule für Verwaltungswissenschaften Speyer:

www.dhv-speyer.de/qualitätswett.

Hofmeister, Albert (2003): Warum stockt die Verwaltungsreform? In: Verwaltung und Management. Heft 3. S. 60-61.

Hohn, Stefanie (1997): Der Reformprozeß in der öffentlichen Verwaltung vor dem Hintergrund der Informationsgesellschaft. Schriften der Johannes-Kepler-Universität Linz, Band 24. Univ.-Verlag Trauner. Linz.

Holla, Ludger (2000): Telearbeit – eine Alternative für die öffentliche Verwaltung? Chancen und Risiken einer innovativen Arbeitsform. In: Günther, Albert (Hrsg.): Verwaltungsmodernisierung: Anforderungen – Erfahrungen – Perspektiven. Festschrift zum 10-jährigen Bestehen des Instituts für Kommunal- und Verwaltungswissenschaften NW. Nomos. Baden-Baden.

Hollenstein, Hans (2001): Strategische Führung in der Verwaltung. Haupt. Bern u.a.

Hopp, Helmut/Göbel, Astrid (1999): Management in der öffentlichen Verwaltung: Organisations- und Personalarbeit in modernen Kommunalverwaltungen. Schäffer-Poeschel. Stuttgart.

Hopp, Helmut (2004): Management in der öffentlichen Verwaltung. Organisations- und Personalarbeit in modernen Kommunalverwaltungen. Schäffer-Poeschel. Stuttgart.

Hugo, Hubert (2002): Call Center Management. Leitfaden für Aufbau, Organisation und Führung von Teleservicecentern. Gabler. Wiesbaden.

Huland, Dieter/Rüttgers, Sascha (2002): Die Telefonzentrale- Aushängeschild der Verwaltung. In: Innovative Verwaltung, Heft 1-2. S. 36-39.

Hunziker, Alexander/Rahmann, Florian (1998): Benchmarking fördert eine neue Verwaltungskultur. In: Verwaltung, Organisation, Personal. Heft 6. S. 20-24.

Huxhold, Erika (2004): Die Bundesverwaltung setzt ihre Modernisierung intensiv fort: Verwaltungsmanagement, Bürokratieabbau, E-Government: Drei Säulen – ein Ziel. In: Innovative Verwaltung. Heft 7/8. S. 15-18.

Jacobs, Gisela (1995): Rostocker Wege zur bürgerorientierten Kommunalverwaltung. In: Hill, Hermann (Hrsg.): Erfolg im Osten IV. Partnerschaft beim Aufbau der Verwaltung. Nomos. Baden-Baden. S.89-100.

Jäger, Wieland u.a.(1996): Verwaltungsreform durch neue Kommunikationstechnik? Studien zur Sozialwissenschaft, Band 167. Westdt. Verlag. Opladen.

Jann, Werner (1997): Berlin-Brandenburg. Chance der Erneuerung von Landesverwaltungen. Schriftenreihe des KWI. Band 2. Duncker & Humblot. Berlin.

Jann, Werner u.a. (2004) Status-Report Verwaltungsreform. Eine Zwischenbilanz nach zehn Jahren. Modernisierung des öffentlichen Sektors. Band 24. Sigma. Berlin.

Jann, Werner (2004): Instrumente, Resultate und Wirkungen – die deutsche Verwaltung im Modernisierungsschub? In: Jann, Werner u.a. (Hrsg.) Status-Report Verwaltungsreform. Eine Zwischenbilanz nach zehn Jahren. Modernisierung des öffentlichen Sektors. Band 24. Sigma. Berlin. S. 9-21.

Jansen, Stephan A./Priddat, Birger P. (2001): Electronic Government. Klett-Cotta. Stuttgart.

Kail, Günter/Riedel, Henrik (2001): Mitarbeiterzufriedenheit beeinflußt die Leistung. In: Verwaltung, Organisation, Personal. Heft 1/2. S. 26-29.

Kamenz, Uwe (2002): Großes Internetangebot – doch wo bleibt die Kundenorientierung? Prüfergebnisse einer Studie bei kommunalen Online-Angeboten. In: Innovative Verwaltung. Heft 1-2. S.33-35.

Kammer, Matthias (2003): Norddeutsche Verwaltungen im Jahre 2013. In: Verwaltung und Management. Heft 4. S. 182-185.

Karlöft, Bengt (1994): Das Benchmarking-Konzept. Wegweiser zur Spitzenleistung in Qualität und Produktivität. Verlag Östblom. Stockholm.

Keiler, Thorsten (2002): Gemeinsame Qualitätskriterien für alle Verwaltungen Europas. Europäisches Bewertungssystem als verbindlicher Maßstab. In: Innovative Verwaltung. Heft 9. S. 15-16.

KGSt (1993): Das Neue Steuerungsmodell – Begründung, Konturen, Umsetzung. Bericht Nr. 5. Köln

KGSt (1994): Organisation der Leistungen für ältere Menschen. Bericht Nr. 10. Köln.

KGSt (1995): Das Neue Steuerungsmodell: Erste Zwischenbilanz. Bericht Nr. 10. Köln.

KGSt (1996): KGSt-Politikerhandbuch zur Verwaltungsreform. Köln.

KGSt (1997): KGSt-Produktbuch für Gemeinden, Städte und Kreise. Bericht Nr. 5. Köln.

KGSt (1999): Personalführung: Teil 2: Potentialermittlung. Erkennen von Eignung und Befähigung. Bericht Nr. 4. Köln.

KGSt (1999): Bürgerämter: Eine Materialsammlung. KGSt-Materialien. Bericht Nr. 8. Köln.

Killian, Werner/Schneider, Karsten (1999): Arbeitnehmervertretung im „Konzern Stadt". Ergebnisse einer Umfrage zum Wandel betriebswirtschaftlicher Interessenvertretung. Arbeitspapiere der Forschungsgruppe Verwaltungsautomation, Nr. 65. Gesamthochsch.-Bibliothek. Kassel.

Kirchhof, Ferdinand (1998): Die Einrichtung von Bürgerämtern in Gemeinden und Kreisen. Tübinger Schriften zum Staats- und Verwaltungsrecht, Band 44. Duncker & Humblot. Berlin.

Kißler, Leo/Kreuder, Thomas (1989): Der halbierte Fortschritt. Schriftenreihe der Hochschulinitiative Demokratischer Sozialismus, Band 22. SP-Verlag. Marburg.

Kißler, Leo (1990): Partizipation und Kompetenz. Beiträge aus der empirischen Forschung. Sozialverträgliche Technikgestaltung: Materialien und Berichte, Band 12. Westdeutscher Verlag. Opladen.

Kißler, Leo (1993): Anders verwalten – aber wie? Technik, Qualifikation und Beteiligung als Gestaltungsfelder. In: Kißler, Leo/Bogumil, Jörg/Wiechmann, Elke (Hrsg.): Anders verwalten. Praxis und Perspektiven kommunaler Gestaltungsprojekte. Schüren. Marburg. S. 13-26.

Kißler, Leo/Bogumil, Jörg/Wiechmann, Elke (1993): Anders verwalten. Praxis und Perspektiven kommunaler Gestaltungsprojekte. Schüren. Marburg.

Kißler, Leo/Bogumil, Jörg/Wiechmann, Elke (1994): Das kleine Rathaus. Kundenorientierung und Produktivitätssteigerung durch den Bürgerladen Hagen. Nomos. Baden-Baden.

Kißler, Leo/Bogumil, Jörg (1995): Der Bürgerladen Hagen – Kundenorientierung und Produktivitätssteigerung durch mehr Arbeitsqualität. In: Naschold, Frieder/Pröhl, Marga (Hrsg.): Produktivität öffentlicher Dienstleistungen. Bertelsmann Stiftung. Gütersloh. S. 65-77.

Kißler, Leo (1997): „Kundenorientierung" der Kommunalverwaltung – eine dritte Säule der lokalen Demokratie? In: Bogumil, Jörg/Kißler, Leo (Hrsg.): Verwaltungsmodernisierung und lokale Demokratie. Risiken und Chancen eines Neuen Steuerungsmodells für die lokale Demokratie. Nomos. Baden-Baden. S. 95-112.

Kißler, Leo (1997): Vom Erfolgs- zum Auslaufmodell? Die deutsche Mitbestimmung unter Modernisierungsdruck. In: Kißler, Leo/Greifenstein, Ralph/West,

Klaus W. (Hrsg.): Erneuerung der Mitbestimmung durch demokratische Partizipation. Schüren. Marburg. S. 58-73.

Kißler, Leo/Bogumil, Jörg/Greifenstein, Ralph/Wiechmann, Elke (1997): Moderne Zeiten im Rathaus? Reform der Kommunalverwaltungen auf dem Prüfstand der Praxis. Modernisierung des öffentlichen Sektors, Sonderband 8. Sigma. Berlin.

Kißler, Leo/Greifenstein, Ralph/West, Klaus W. (1997): Erneuerung der Mitbestimmung durch demokratische Partizipation. Schüren. Marburg.

Kißler, Leo (1998): Stillstand auf der „Baustelle"? Plädoyer für einen Erkenntnis- und Erfahrungsaustausch zur kommunalen Verwaltungsmodernisierung. In: Bogumil, Jörg/Kißler, Leo (Hrsg.): Stillstand auf der „Baustelle"? Barrieren der kommunalen Verwaltungsmodernisierung und Schritte zu ihrer Überwindung. Nomos. Baden-Baden. S. 11-20.

Kißler, Leo (2000) Die Mitbestimmung in Deutschland: Modell und Wirklichkeit. Fernuniversität Hagen.

Kißler, Leo/Graf, Melanie/Wiechmann, Elke (2000) Nachhaltige Partizipation: Beschäftigtenbeteiligung als Beitrag für mehr Chancengleichheit. Modernisierung des öffentlichen Sektors, Sonderband 14. Sigma. Berlin.

Kißler, Leo (2001): Die Beteiligung der Beschäftigten an der Verwaltungsreform – notwendiges Übel oder Erfolgsgarantie? In: Kißler, Leo/Wiechmann, Elke. (Hrsg.): Partizipation im Rathaus auf dem Prüfstand von Forschung und Praxis. Nomos. Baden-Baden. S. 9-22.

Kißler, Leo/Bogumil, Jörg/Greifenstein, Ralph (2001): Beschäftigtenbeteiligung, Arbeitszufriedenheit und Motivation: Licht- und Schattenseiten der Teamarbeit. In: Kißler, Leo/Wiechmann, Elke (Hrsg.): Partizipation im Rathaus auf dem Prüfstand von Forschung und Praxis. Nomos. Baden-Baden. S. 81-100.

Kißler, Leo/Wiechmann, Elke. (2001): Partizipation im Rathaus auf dem Prüfstand von Forschung und Praxis. Nomos. Baden-Baden.

Kißler, Leo (2003): Kommunale Arbeitsmarkt- und Beschäftigungspolitik. In: Kißler, Leo/Wiechmann, Elke (Hrsg.): Die Zukunft der Arbeit in den Städten. Kommunale Bündnisse für Arbeit aus Akteurs- und Forschungssicht. Nomos. Baden-Baden. S. 9-20.

Kißler, Leo/Greifenstein, Ralph/Wiechmann, Elke (2003): Kommunale Bündnisse für Arbeit. Neue Perspektiven für die Zukunft der Arbeit in den Städten.Modernisierung des öffentlichhen Sektors, Sonderband 20. Sigma. Berlin.

Kißler, Leo/Wiechmann, Elke (2003): Die Zukunft der Arbeit in den Städten. Kommunale Bündnisse für Arbeit aus Akteurs- und Forschungssicht. Nomos. Baden-Baden.

Klages, Helmut (1990): Öffentliche Verwaltung im Umbruch – neue Anforderungen an Führung und Arbeitsmotivation. Bertelsmann Stiftung. Gütersloh.

Klages, Helmut (1993): Traditionsbruch als Herausforderung. Perspektiven der Wertewandelsgesellschaft. Campus. Frankfurt/Main u.a.

Klages, Helmut (1997): Die Situation des öffentlichen Dienstes. In: König, Klaus (Hrsg.): Öffentliche Verwaltungen in Deutschland. Nomos. Baden- Baden. S. 517-538.

Klages, Helmut (1997): Neue Herausforderungen und Möglichkeiten der Leistungsmessung und -beurteilung. In: Reinermann, Heinrich/Unland, Holger (Hrsg.): Die Beurteilung – vom Ritual zum Personalmanagement. Verwaltungsorganisation, Staatsaufgaben und öffentlicher Dienst, Band 38. Nomos. Baden-Baden. S. 21-34.

Klages, Helmut (2001): Do it yourself Demokratie. Hat bürgerschaftliches Engagement als Demokratie der Zukunft noch eine Chance? In: Zukünfte. Heft 34. S. 27-30

Klages, Helmut (2002): Der blockierte Mensch: Zukunftsaufgaben gesellschaftlicher und organisatorischer Gestaltung. Campus. Frankfurt/Main u.a.

Klages, Helmut (2002): „Einsatz des Internet in der öffentlichen Verwaltung" unter: www.hfv-speyer.de/klages/LEHRE/INTER.HTM vom 02.07.2002.

Klages, Helmut/Masser, Kai (2002): Mitarbeiterbefragung in der saarländischen Landesverwaltung. Speyerer Forschungsberichte, Nr. 224. Forschungsinstitut für öffentliche Verwaltung. Speyer.

Klages, Helmut (2003): Nachhaltige Verwaltungsmodernisierung. In: Verwaltung und Management. Heft 1. S. 4-12.

Klee-Kruse, Gudrun/Lenk, Klaus (1993): Auf dem Weg zum BürgerBüro – Konzeptentwicklung und Stand der Arbeiten. In: Kißler, Leo/Bogumil, Jörg/ Wiechmann, Elke (Hrsg.): Anders verwalten. Praxis und Perspektiven kommunaler Gestaltungsprojekte. Schüren. Marburg. S. 203-210.

Klee-Kruse, Gudrun/Lenk, Klaus (1995): BürgerBüros als innovative kommunale Serviceagenturen. Qualitätssteigerung öffentlicher und kommerzieller Dienste durch multimediale Telekooperation. Schriftenreihe Verwaltungsinformatik, Band 12. v. Decker. Heidelberg.

Klee-Kruse, Gudrun (2000): Mehr Service für BürgerInnen durch Nutzung neuer Medien? In: Alternative Kommunalpolitik. Heft 4. S. 36-39.

Kleindiek, Ralf (2002): BundOnline 2005 – Electronic Government Strategie des Bundes. In: Reinermann, Heinrich / Lucke, Jörn von (Hrsg.): Electronic

Government in Deutschland. Ziele, Barrieren, Beispiele, Umsetzung. Speyerer Forschungsberichte Nr. 226. Forschungsinstitut für öffentliche Verwaltung. Speyer.

Klümper, Bernd (1994): „Konzern Stadt" – Dezentralisierung der Ressourcenverwaltung. Reihe Verwaltungsinnovation, Band 3. Dt. Kommunalverlag. Vieselbach u.a.

Kneissler, Thomas (1999): Von Taylors one best way zur Verwaltungsmodernisierung. Ein Schritt vor und zwei zurück. In: Killian, Werner/Kneissler, Thomas (Hrsg.): Demokratische und partizipative Verwaltung. Festschrift für Hans Brinckmann und Klaus Grimmer. Nomos. Baden-Baden. S. 283-298.

Kneissler, Thomas (2000): Tastende Schritte zu einer neuen Verwaltung: Auswirkungen der Dezentralisierung auf die Organisation öffentlicher Verwaltungen. Arbeitspapiere der Forschungsgruppe Verwaltungsautomation Nr. 67. Gesamthochsch.-Bibliothek. Kassel.

Koch, Rainer (2003): Öffentliche Dienste in der Staats- und Verwaltungsmodernisierung. Zur Optimierung inkrementaler Strategien der Modernisierung öffentlicher Dienste. In: Koch,Rainer/Conrad, Peter (Hrsg.): New Public Service. Öffentlicher Dienst als Motor der Staats- und Verwaltungsmodernisierung. Gabler. Wiesbaden. S. 7-35.

König, Klaus (1989): Kritik öffentlicher Aufgaben. Verwaltungsorganisation, Dienstrecht und Personalwirtschaft, Band 24. Nomos. Baden-Baden.

König, Klaus (1993): Die Transformation der öffentlichen Verwaltung. Ein neues Kapitel der Verwaltungswissenschaft. In: Pitschas, Rainer (Hrsg.) Verwaltungsintegration in den neuen Bundesländern. Schriftenreihe der Hochschule Speyer, Band 110. Duncker & Humblot. Berlin. S. 29-46.

König, Klaus (1994): Vermögenszuordnung. Aufgabentransformation in den neuen Bundesländern. Verwaltungsorganisation, Staatsaufgaben und öffentlicher Dienst, Band 29. Nomos. Baden-Baden.

König, Klaus (1995): Zur Kritik eines neuen öffentlichen Managements. Speyerer Forschungsberichte Nr. 155. Forschungsinstitut für öffentliche Verwaltung. Speyer.

König, Klaus/Heimann, Jan (1996): Aufgaben- und Vermögenstransformation in den neuen Bundesländern. Verwaltungsorganisation, Staatsaufgaben und öffentlicher Dienst, Band 34. Nomos. Baden-Baden.

König, Klaus/Siedentopf, Heinrich (1996): Öffentliche Verwaltung in Deutschland. Nomos. Baden-Baden.

König, Klaus (1997): Modernisierung von Staat und Verwaltung: zum neuen öffentlichen Management. Verwaltungsorganisation, Staatsaufgaben und öffentlicher Dienst, Band 37. Nomos. Baden-Baden.

König, Klaus/Füchtner, Natascha (1998): „Schlanker Staat" – Verwaltungsmodernisierung im Bund. Speyerer Forschungsberichte Nr. 183. Forschungsinstitut für öffentliche Verwaltung. Speyer.

König, Klaus (2000): Zur Managerialisierung und Ökonomisierung der öffentlichen Verwaltung. Speyerer Forschungsberichte Nr. 209. Forschungsinstitut für öffentliche Verwaltung. Speyer.

König, Klaus (2000): Verwaltung und Verwaltungsforschung. Deutsche Verwaltung an der Wende zum 21. Jahrhundert. Speyerer Forschungsberichte Nr. 211. Forschungsinstitut für öffentliche Verwaltung. Speyer.

König, Klaus (2001): Öffentliche Verwaltung und Globalisierung. In: Verwaltungsarchiv. S. 475-478.

König, Klaus/Adam, Markus (2001): Governance als entwicklungspolitischer Ansatz. Speyerer Forschungsberichte Nr. 219. Forschungsinstitut für öffentliche Verwaltung. Speyer.

König, Klaus (2002): Deutsche Verwaltung an der Wende zum 21. Jahrhundert. Nomos. Baden-Baden.

König, Klaus (2004): Zur Rationalität öffentlicher Verwaltung. In: Brink, Stefan (Hrsg.): Gemeinwohl und Verantwortung: Festschrift für Hans Herbert von Arnim zum 65. Geburtstag. Duncker & Humblot. Berlin. S. 87-101.

König, Rainer/Berger, Susanne/Feldner, Juliane (2001): Die Kommunalverwaltung als lernende Organisation. Kohlhammer. Stuttgart u.a.

König, Susanne (2003): Personalpolitische Instrumente zwischen Betriebsvereinbarung und Unternehmenskultur. Bis-Verlag. Oldenburg.

Kolb, Martina/Bäcker, Rainer (2003): Die Managementdiagnostik auf dem Weg in die öffentliche Verwaltung. In: Verwaltung und Management. Heft 3. S. 138-141.

Konzendorf, Götz (1998): Verwaltungsmodernisierung in den Ländern. Speyerer Forschungsberichte Nr. 187. Forschungsinstitut für öffentliche Verwaltung. Speyer.

Konzendorf, Götz (2000): Neuorganisation der Mittelinstanzen. Speyerer Forschungsberichte Nr. 210. Forschungsinstitut für öffentliche Verwaltung. Speyer.

Konzendorf, Götz (2004): Verwaltungsmodernisierung und Bürokratieabbau in Rheinland-Pfalz. In: Die öffentliche Verwaltung. Heft 17. S. 729-733.

Körner, Beatrix (1997): Das Bürgeramt von Mellrichstadt. In: Bayerische Staatszeitung. Vom 05.12.1997. S. 11.

Körs, Anna u.a.(2002): Call-Center-Markt Deutschland. Das Fallbeispiel Hamburg. Schriftenreihe Wirtschaft – Arbeit – Technik. Band 1. LIT-Verlag. Münster u.a.

Kraemer, Dieter/Kaufung, Harald (2000): Bürgerämter sind nur der Anfang. In: Günther, Albert (Hrsg.): Verwaltungsmodernisierung. Anforderungen – Erfahrungen – Perspektiven. Festschrift zum 10-jährigen Bestehen des Instituts für Kommunal- und Verwaltungswissenschaften NW. Nomos. Baden-Baden. S. 93-109.

Kregel, Bernd (1999): Bürger-Büro Bismark. Modell für den ländlichen Raum. Schriftenreihe des Städte- und Gemeindebundes Sachsen-Anhalt, Band 5. Magdeburg.

Kröger, Christian W.(2002): Kommunale Sonderfinanzierungsformen. Dt. Univ.-Verlag. Wiesbaden.

Kuban, Monika (1996): Duisburg 2000. Eine Stadt auf Reformkurs. In: Reichard, Christoph/Wollmann, Hellmut (Hrsg.): Kommunalverwaltung im Modernisierungsschub? Stadtforschung aktuell, Band 58. Birkhäuser. Basel u.a. S. 135-140.

Kubicek, Herbert/Redder, Volker u.a. (1993): Informierte Stadt durch elektronische Bürgerinformationssysteme? Anstöße aus dem Bremer Perspektiven-Labor. Senator für Bildung und Wissenschaft u.a. Bremen.

Kubicek, Herbert u.a. (1997): www.stadtinfo.de: Ein Leitfaden für die Entwicklung von Stadtinformationen im Internet. Hüthig. Heidelberg.

Kubicek, Herbert/Klumpp, Dieter u.a. (1997): Die Ware Information – Auf dem Weg zu einer Informationsökonomie. Jahrbuch Telekommunikation und Gesellschaft 1997. v. Decker. Heidelberg.

Kubicek, Herbert/Schmid, Ulrich/Wagner, Heiderose (1997): Bürgerinformation durch „neue" Medien? Analysen und Fallstudien zur Etablierung elektronischer Informationssysteme im Alltag. Westdt. Verlag. Opladen.

Kubicek, Herbert/Hagen, Martin (1999): Internet und Multimedia in der öffentlichen Verwaltung. Friedrich-Ebert-Stiftung. Bonn.

Kubicek, Herbert/Klumpp, Dieter u.a. (2002): Innovation@Infrastruktur. Informations- und Dienstleistungsstrukturen der Zukunft. Jahrbuch Telekommunikations und Gesellschaft. Hüthig. Heidelberg.

Kubicek, Herbert/Wind, Martin (2002): E-Government ist mehr als Formulare herunterladen. In: Der Städtetag. S. 11-15.

Kubicek, Herbert (2003): Was versteht man unter allgemeinem Zugang und worauf kommt es an? Unter:

www.jtg-online.de/jahrbuch/aspekte/Kubicek/kubicek.htm vom 08.07.03

Kühl, Stefan (2000): Das Regenmacher – Phänomen. Widersprüche und Aberglaube im Konzept der lernenden Organisation. Campus. Frankfurt/Main u. a.

Kühnlein, Gertrud/Wohlfahrt, Norbert (1995): Leitbild lernende Verwaltung? Situation und Perspektiven der Fortbildung in westdeutschen Kommunalverwaltungen. Modernisierung des öffentlichen Sektors, Sonderband 2. Sigma. Berlin.

Kühnlein, Gertrud/Wohlfahrt, Norbert (1995): Zwischen Mobilität und Modernisierung. Personalentwicklungs- und Qualifizierungsstrategien in der Kommunalverwaltung. Modernisierung des öffentlichen Sektors, Band 5. Sigma. Berlin.

Kühnlein, Gertrud (1996): Fortbildung als Modernisierungsinstrument? In: Reichard, Christoph/Wollmann, Hellmut (Hrsg.): Kommunalverwaltung im Modernisierungsschub? Stadtforschung aktuell, Band 58. Birkhäuser. Basel u.a. S. 203-219.

Kühnlein, Gertrud (1997): Verwaltungspersonal in den neuen Ländern. Modernisierung des öffentlichen Sektors, Sonderband 6. Sigma. Berlin.

Kühnlein, Gertrud (1998): Beschäftigung in Bürgerämtern. ÖTV, Bereich Gemeinden. Stuttgart.

Kühnlein, Gertrud (2001): Verwaltungsmodernisierung und Nutzerorientierung: Bürgerbüros und gebündelte Verwaltungsleistungen. In: Boeßenecker, Karl-Heinz/Trube, Achim/Wohlfahrt, Norbert (Hrsg.): Verwaltungsreform von unten? Lokaler Sozialstaat im Umbruch aus verschiedenen Perpektiven. Votum. Münster. S. 128-138.

Künzer, Arnold (2002): Welchen Beitrag liefert die KLR zur Wirtschaftlichkeit? KLR in der Landesverwaltung nicht flächendeckend zweckmäßig. In: Innovative Verwaltung. Heft 7/8. S. 41-44.

Kutter, Uwe (2002): Mediation als Chance für das Unternehmen Stadt. In: Innovative Verwaltung. Heft 12. S. 16-19.

Lademacher, Horst/Schleberger, Erwin (2000): Die deutsche und niederländische Verwaltung zwischen Tradition und Reform. Schriftenreihe der Deutschen Sektion des Internationalen Instituts für Verwaltungswissenschaften, Band 25. Nomos. Baden-Baden.

Landsberg, Gerd (2001): Mit dem virtuellen Rathaus fit für die Zukunft. Kommunen müssen die Chancen der Informationsgesellschaft nutzen. In: Verwaltung, Organisation, Personal. Heft 6. S. 10-12.

Landsberg, Willi (2002): Electronic Government aus der Sicht der Verwaltung – Gründe, Ziele und Rahmenbedingungen. In: Reinermann, Heinrich/ Lucke, Jörn von. Electronic Government in Deutschland. Ziele, Barrieren, Beispiele, Umsetzung. Speyerer Forschungsberichte Nr. 226. Forschungsinstitut für öffentliche Verwaltung. Speyer.

Langemeyer, Gerhard (2004): Attraktive Bürgerdienste machen eine Stadt lebenswert. Die Dortmunder Stadtverwaltung mit vorbildlichem Leistungsangebot. In: Innovative Verwaltung. Heft 3. S. 12-14.

Laux, Eberhard (1999): Erfahrungen und Perspektiven der kommunalen Gebiets- und Funktionalreformen. In: Wollmann, Helmut/Roth, Roland (Hrsg.) Kommunalpolitik. Politisches Handeln in den Gemeinden. Leske und Budrich. Opladen. S. 168-187.

Leicher, Rolf (2004): Telefonzentrale und Besucherempfang. Kunden kompetent begrüßen, gewinnend telefonieren, mit schwierigen Anrufern umgehen, professionell auftreten. Redline Wirtschaft. Frankfurt/Main.

Lenk, Klaus (1990): Neue Informationsdienste im Verhältnis von Bürger und Verwaltung. Schriftenreihe Verwaltungsinformatik. Band 6. Decker & Müller. Heidelberg.

Lenk, Klaus (1991): Führungsinformation: Was heute mit technischer Unterstützung möglich ist. In: Reinermann, Heinrich (Hrsg.): Führung und Information. Chancen der Informationstechnik für die Führung in Politik und Verwaltung. Schriftenreihe Verwaltungsinformatik. Band 8. Decker & Müller. Heidelberg. S.16-29.

Lenk, Klaus/Klee-Kruse, Gudrun (1994): Das BürgerBüro: Konzeptentwicklung für kommunale Dienstleistungsagenturen im ländlichen Raum. In: Verwaltungsorganisation. Heft 4. S. 6-10.

Lenk, Klaus/Klee-Kruse, Gudrun (1995): BürgerBüros als innovative kommunale Serviceagenturen. v. Decker. Heidelberg.

Lenk, Klaus (1995): Perspektiven der Verwaltungskooperation: Elektronischer Föderalismus und neue Funktionalreform. In: Reinermann, Heinrich (Hrsg.): Neubau der Verwaltung. Informationstechnische Realitäten und Visionen. Schriftenreihe Verwaltungsinformatik. Band 11. v. Decker. Heidelberg. S. 331-341.

Lenk, Klaus (1995): „Business Process Reengineering". Sind die Ansätze der Privatwirtschaft auf die öffentliche Verwaltung übertragbar? In: Traunmüller, Roland (Hrsg.) Geschäftsprozesse in öffentlichen Verwaltungen. Neugestaltung mit Informationstechnik. Verlag v. Decker. Heidelberg. S. 27-43.

Lenk, Klaus (1995): Informatische und verwaltungswissenschaftliche Perspektiven für eine öffentliche Verwaltung im Wandel. In: Huber-Wäschle, Friedbert u.a. (Hrsg.): Herausforderungen eines globalen Informationsverbundes für Informatik. GISI. Berlin u.a. S. 62-69.

Lenk, Klaus (1997): Multifunktionale Serviceläden und Televerwaltung als Vorboten einer kooperativen und „virtuellen" Verwaltung. In: Verwaltung und Management. Heft 6. S. 330-336.

Lenk, Klaus (1997): Partizipationsunterstützung durch Informationssysteme. In: Streich, Bernd/Schmidt, Thomas (Hrsg.) Computergestützte Assistenzsysteme für die Stadtplanung. Stadtmanagement auf neuen Wegen. Selbstverl. Fachgebiet Computergestützte Planungs- und Entwurfsmethoden in Raumplanung und Architektur. Kaiserslautern. S. 99-109.

Lenk, Klaus (1997): Verwaltungsmodelle und Informatikleitbilder. Zur theoretischen Grundlagen der Verwaltungsinformatik. In: Lenk, Klaus u.a. (Hrsg.) Informatik in Recht und Verwaltung. Entwicklung, Stand, Perspektiven. Decker. Heidelberg. S. 39-56.

Lenk, Klaus (1997): Kommunale Politik erschöpft sich nicht im Management der kommunalen Eigenproduktion. In: Bogumil, Jörg/Kißler, Leo (Hrsg.) Verwaltungsmodernisierung und lokale Demokratie. Risiken und Chancen eines Neuen Steuerungsmodells für die lokale Demokratie. Nomos. Baden-Baden. S. 145-156.

Lenk, Klaus (1998): New Public Management in der Eingriffsverwaltung. In: Lenk, Klaus/Prätorius, Rainer (Hrsg.) Eingriffsstaat und öffentliche Sicherheit. Beiträge zur Rückbesinnung auf die hoheitliche Verwaltung. Staatslehre und politische Verwaltung, Band 2. Nomos. Baden-Baden. S. 159-184.

Lenk, Klaus (1998): „New Public Management" und kommunale Innovationen. Perspektiven der Innovationsforschung. In: Grunow, Dieter/Wollman, Helmut (Hrsg.) Verwaltungsreform in Aktion. Fortschritte und Fallstricke. Birkhäuser. Basel. S. 44-59.

Lenk, Klaus (1998): Erschwert die Verwaltungsautomation den Gesetzesvollzug? In: Brand, Jürgen/Strempel, Dieter (Hrsg.) Soziologie des Rechts. Festschrift für Erhard Blankenburg zum 60. Geburtstag. Nomos. Baden-Baden. S. 277-284.

Lenk, Klaus (1998): Innovative Technik auf Intranet-Grundlage erhöht die Servicequalität der Verwaltung. In: Die Neue Verwaltung. Heft 6. S. 18-20.

Lenk, Klaus/Traunmüller, Roland (1999): Öffentliche Verwaltung und Informationstechnik: Perspektiven einer radikalen Neugestaltung der öffentlichen Verwaltung mit Informationstechnik. Schriftenreihe Verwaltungsinformatik, Band 20. v. Decker. Heidelberg.

Lenk, Klaus (1999): Bürger, Demokratie und Verwaltung: Neue Möglichkeiten und Entwicklungen. In: Lenk, Klaus/Traunmüller, Roland (Hrsg.): Öffentliche Verwaltung und Informationstechnik. Perspektiven einer radikalen Neugestaltung der öffentlichen Verwaltung mit Informationstechnik. Schriftenreihe Verwaltungsinformatik, Band 20. v. Decker. Heidelberg. S. 263-286.

Lenk, Klaus (1999): „Bürgerbüros" in der Verwaltungsgemeinschaft Bismark. Integration elektronischer Dienstleistungen? Vom kommunalen Bürgeramt zum multifunktionalen Serviceladen. In: Drossou, Olga u.a. (Hrsg.) Machtfragen der Informationsgesellschaft. BdWi-Verlag. Marburg. S. 151-157.

Lenk, Klaus (1999): Electronic Government als Schlüssel zur Innovation der öffentlichen Verwaltung. In: Lenk, Klaus/Traunmüller, Roland (Hrsg.) Öffentliche Verwaltung und Informationstechnik – Perspektiven einer radikalen Neugestaltung der öffentlichen Verwaltung mit Informationstechnik. Decker. Heidelberg. S. 127-146.

Lenk, Klaus (2000): Ganzheitliche Gestaltung der Verwaltungsarbeit als Schlüssel zu Electronic Government. In: Scheer, August W. (Hrsg.) E-Business – Wer geht? Wer bleibt? Wer kommt? Physica-Verlag. Heidelberg. S. 293-306.

Lenk, Klaus/Klee-Kruse, Gudrun (2000): Multifunktionale Serviceläden. Ein Modellkonzept für öffentliche Verwaltungen im Internet-Zeitalter. Modernisierung des öffentlichen Sektors, Sonderband 15. Sigma. Berlin

Lenk, Klaus/Traunmüller, Roland (2000): Electronic Government als ganzheitlicher Ansatz. In: Schweighofer, Erich/Menzel, Thomas (Hrsg.) E-Commerce und E-Government. Aktuelle Fragestellungen der Rechtsinformatik. Verlag Österreich. Wien. S. 69-78.

Lenk, Klaus (2001): Das eine Fenster zu allen Verwaltungs- und Dienstleistungen. Alte und neue Wege und Formen der Interaktion zwischen Bürger und Verwaltung. In: Gora, Walter/Bauer, Harald (Hrsg.): Virtuelle Organisationen im Zeitalter von E-Business und E-Government. Springer. Berlin u.a. S. 349-361.

Lenk, Klaus/Traunmüller, Roland (2001): Electronic Government – Ein Wegweiser. In: Computer kommunikativ. Heft 4. S. 15-18.

Lenk, Klaus (2002): Vortrag auf der 2. Konferenz „eGovernment ante portas" in Bremen am 28. und 29. 05.2002 unter: www. Uni-oldenburg.de/ kooperationsstelle/download/lenk_bezug_ staatsmodernisieurng.doc

Lenk, Klaus (2002): Elektronische Bürgerdienste im Flächenland als staatlich-kommunale Gemeinschaftsaufgabe. In: Verwaltung und Management. Heft 8. S. 4-10.

Lenk, Klaus (2002): Notwendige Revisionen des Geschäftsprozessdenkens. In: Wimmer, Maria A. (Hrsg.) Impulse für e-Government. Internationale Entwicklungen, Organisation, Recht, Technik, Best Practices. Österreichische Computer Gesellschaft, Band 158. S. 61-71.

Lenk, Klaus (2002): Prozeßmodelle für E-Government. In: Kubicek, Herbert u.a.(Hrsg.): Innovation@Infrastruktur. Informations- und Dienstleistungsstrukturen der Zukunft. Jahrbuch Telekommunikation und Gesellschaft. Hüthig. Heidelberg. S. 199-205.

Lenk, Klaus/Wengelowski, Peter (2004): Wissensmanagement für das Verwaltungshandeln. In: Edeling, Thomas u.a. (Hrsg.) Wissensmanagement in Politik und Verwaltung. Interdisziplinäre Organisations- und Verwaltungsforschung, Band 9. Leske und Budrich. Opladen. S. 147-165.

Lenk, Klaus (2004): Verwaltungsinformatik als Modernisierungschance. Strategien – Modelle – Erfahrungen. Sigma. Berlin.

Lenk, Klaus (2004): Der Staat am Draht. Electronic Government und die Zukunft der öffentlichen Verwaltung. Sigma. Berlin.

Liere, Heinke (2001): Telearbeit – eine innovative Arbeitsform mit vielen Vorteilen. Niedersächsisches Innenministerium. Hannover.

Löffler, Elke (2002): Governance – die neue Generation von Staats- und Verwaltungsmodernisierung. In: Verwaltung und Management. Heft 4. S. 212-215.

Löw, Edgar (1994): Die externe Rechnungslegung der öffentlichen Verwaltung. Nomos. Baden-Baden.

Lorenz, Sabine/Wegrich, Kai/Wollmann, Helmut (2000): Kommunale Rechtsanwendung im Umbruch und Wandel. Stadtforschung aktuell, Band 80. Leske und Budrich. Opladen.

Lorse, Jürgen u.a.(2001): Personalmanagement im öffentlichen Dienst. Verlag Luchterhand. Neuwied.

Lübking, Uwe/Bülow, Jörg (2000): Kommunale Verwaltungsreform. Von der Binnenmodernisierung zur Bürgerkommune. In: Stadt und Gemeinde. Heft 5. S.163-167.

Lucke, Jörn von (2003): Regieren und Verwalten im Informationszeitalter. Schriftenreihe der Hochschule Speyer, Band 156. Duncker und Humblot. Berlin

Lüder, Klaus (2000): Entwicklung und Stand der Reform des Haushalts- und Rechnungswesens in Australien. Speyerer Forschungsberichte Nr. 212. Forschungsinstitut für öffentliche Verwaltung. Speyer.

Lüder, Klaus (1995): Konturen eines neuen kommunalen Haushalts- und Rechnungsmodells aus wissenschaftlicher und internationaler Sicht. Speyerer Arbeitshefte Nr. 103. Dt. Hochschule für Verwaltungswissenschaften. Speyer.

Lüder, Klaus/Kampmann, Brigitte (1995): Harmonisierung des öffentlichen Rechnungswesens in der europäischen Gemeinschaft. Speyerer Forschungsberichte Nr. 125. Forschungsinstitut für öffentliche Verwaltung. Speyer.

Lukaschewski, Karsten (2003): Neue Wege zur integrierten Verwaltung. In: Städte- und Gemeinderat. Heft 5. S. 9-10.

Maerker, Reinert (2004): Modernisierung der Verwaltung – Sackgasse oder neue Ufer? Die Wirkung der Neuen Steuerung liegt in der Koordination der Instrumente. In: Innovative Verwaltung. Heft 6. S. 23-26.

Margies, Burkhard (2002): Kundenorientierung in Bürgerbüros kleinerer Gemeinden. Speyerer Arbeitshefte Nr. 146. Dt. Hochschule für Verwaltungswissenschaften. Speyer.

Mecklenburg-Vorpommern (2003): Verwaltungsreform Mecklenburg-Vorpommern. In Zukunft einfach besser. Eckpunkte zur Reform der öffentlichen Verwaltung im Land Mecklenburg-Vorpommern. Innenministerium Mecklenburg-Vorpommern. Schwerin.

Mehlich, Harald (2002): Electronic Government. Die elektronische Verwaltungsreform. Grundlagen, Entwicklungsstand, Zukunftsperspektiven. Gabler. Wiesbaden.

Meir, Joel (2002): Geschäftsprozesse im E-Government. Institut für Wirtschaft und Verwaltung der Berner Fachhochschule (Hrsg.) Arbeitsbericht 5 des CC E-Government.

Menzel, Thomas/Posch, Reinhard. u.a. (2001): „E-Government". Zeitschrift der österreichischen Computer Gesellschaft. Heft 5. S. 16.

Mertins, Kai/Siebert, Gunnar (1997): Prozeßorientiertes Benchmarking. Vorgehensweise für die Durchführung effektiver Benchmarking-Projekte. In: Töpfer, Armin (Hrsg.) Benchmarking. Der Weg zu Best Practice. Springer. Heidelberg. S. 77-90.

Metz, Emanuel (1998): Bundesstaaten im Vergleich. In: König, Klaus (Hrsg.) „Schlanker Staat"- Verwaltungsmodernisierung im Bund. Speyerer Forschungsberichte Nr. 183. Forschungsinstitut für öffentliche Verwaltung. Speyer. S. 155-181.

Meyer, Anton (2005): Call Center Benchmarking. Was die Besten anders machen und wie Sie davon profitieren können. Gabler. Wiesbaden.

Meyersiek, Dietmar (1990): Motivation und Führung. In: Klages, Helmut (Hrsg.): Öffentliche Verwaltung im Umbruch – neue Anforderungen an Führung und Arbeitsmotivation. Bertelsmann Stiftung. Gütersloh. S. 116-133.

Michels, Markus (1996): Kryptologische Aspekte digitaler Signaturen und elektronischer Wahlen. Shaker. Aachen.

Mosiek, Thomas/Gerhardt, Birgit (2003): Outcome-orientiertes Verwaltungsmanagement. In: Verwaltung und Management. Heft 6. S. 288-294.

Müller, Ewald/Wetterich, Susanne (2005): Rathaus im Klartext. Moderne Bürgerinformation. Die Kommunalverwaltung, Band 11. Jehle. Heidelberg u.a.

Müller, Stefan (1999): Integration von Kunden- und Mitarbeiterorientierung. In: Bruhn, Manfred (Hrsg.): Internes Marketing. Gabler. Wiesbaden. S. 331-364.

Munding, Max (2004): Balanced Scorecard als Steuerungsinstrument für die öffentliche Verwaltung? In: Hill, Hermann (Hrsg.): Aufgabenkritik, Privatisierung und Neue Verwaltungssteuerung.Verwaltungsressourcen und Verwaltungsstrukturen, Band 1. Nomos. Baden-Baden. S. 19-26.

Naschold, Frieder (1994): Ergebnissteuerung, Wettbewerb und Qualitätspolitik. Modernisierung des öffentlichen Sektors, Sonderband 1. Sigma. Berlin.

Naschold, Frieder (1995): Modernisierung des öffentlichen Sektors – Haushaltskonsolidierung, Leistungstiefe, „Prozeß-Re-engineering". In: Naschold, Frieder/Pröhl, Marga (Hrsg.): Produktivität öffentlicher Dienstleistungen. Bertelsmann Stiftung. Gütersloh. S. 21-38.

Naschold, Frieder/Pröhl, Marga (1995): Produktivität öffentlicher Dienstleistungen. Bertelsmann Stiftung. Gütersloh.

Naschold, Frieder/Budäus, Dietrich u.a. (1996): Leistungstiefe im öffentlichen Sektor. Erfahrungen, Konzepte, Methoden. Modernisierung des öffentlichen Sektors, Sonderband 4. Sigma. Berlin.

Naschold, Frieder (1997): Ökonomische Leistungsfähigkeit und institutionelle Innovation – Das deutsche Produktions- und Politikregime im globalen Wettbewerb. In: Naschold, Frieder/Soskice, David/Hancké, Bob/Jürgens, Ulrich (Hrsg.) Ökonomische Leistungsfähigkeit und institutionelle Innovation – Das deutsche Produktions- und Politikregime im globalen Wettbewerb. Sigma. Berlin. S. 19-64.

Naschold, Frieder/Oppen, Maria/Wegener, Alexander (1998): Kommunale Spitzeninnovationen. Konzepte, Umsetzung, Wirkungen in internationaler Perspektive. Modernisierung des öffentlichen Sektors. Band 12. Sigma. Berlin.

Naschold, Frieder/Jann, Werner/Reichard, Christoph (1999): Innovation, Effektivität, Nachhaltigkeit. Internationale Erfahrungen zentralstaatlicher Verwaltungsreform. Modernisierung des öffentlichen Sektors. Band 16. Sigma. Berlin.

Naschold, Frieder/Bogumil, Jörg (2000): Modernisierung des Staates. New Public Management und Verwaltungsreform in deutscher und internationaler Perspektive. Grundwissen Politik, Band 22. Leske und Budrich. Opladen.

Nedden, Burckhard (2000): Vom Bürgerbüro zum Internet. Der Landesbeauftragte für den Datenschutz Niedersachsen. Hannover.

Nedden, Martin zur (2000): Ökonomisierung der öffentlichen Verwaltung. Anforderungen an die Planung und Funktion der Planung bei sich verändernden wirtschaftlichen und gesellschaftlichen Rahmenbedingungen. ILS. Dortmund.

Nentzel, Brigitta (1999): Das Personal, die vernachlässigte Ressource in der Verwaltungsmodernisierung. In: Killian, Werner/Kneissler, Thomas (Hrsg.): Demokratische und partizipative Verwaltung. Festschrift für Hans Brinckmann und Klaus Grimmer. Nomos. Baden-Baden. S. 191-221.

Nickel, Stefan (2000): Chancen und Risiken der Einführung „Neuer Steuerungsmodelle" in der öffentlichen Verwaltung. Erdelmeier. Worms.

Niedersachsen: www.lfd.niedersachsen.de/dokumente

Niemeier, Norbert (2004): E-Government nachhaltig und flächenwirksam entwikkeln. In: innovative Verwaltung. Heft 10. S. 35-37.

Nierhaus, Michael (1996): Kommunale Selbstverwaltung. Europäische und Nationale Aspekte. Schriftenreihe des KWI. Band 1. Duncker & Humblot. Berlin.

Nierhaus, Michael (2002): Kommunalstrukturen in den Neuen Bundesländern. Nach zehn Jahren Deutscher Einheit. Schriftenreihe des KWI. Band 10. Duncker & Humblot. Berlin.

Oertzen, Hans-Joachim von (1974): Demokratisierung und Funktionsfähigkeit der Verwaltung. Kohlhammer. Stuttgart u.a.

Ottomann, Hans u.a.(1999): Erfolgsfaktor Einrichtung im Call Center. Praxisorientierte Marktstudie. Dt. Verl.-Anst. Stuttgart.

o. V. Welche Impulse werden gebraucht? In: demo-online, unter: www.demo-online.de vom 11.07.02.

o. V. Www.vop-online.de/bp/verwaltung/daten/egover69.htm vom 01.08.2002

o. V. www.vop-online.de/bp/verwaltung/daten/egover97.htm 01.08.2002

o. V. Electronic Government als Schlüssel zur Modernisierung von Staat und Verwaltung. Memorandum des Fachausschusses Verwaltungsinformatik der Gesellschaft für Informatik e.V. und des Fachbereichs 1 der Informationstechnischen Gesellschaft im VDE, im September 2000

Opaschowski, Horst W. (1997): Welche Rolle spielt der Verbraucher? In: Kubicek, Herbert/Klumpp, Dieter u.a. (Hrsg.): Die Ware Information – Auf dem Weg zu einer Informationsökonomie. Jahrbuch Telekommunikation und Gesellschaft. v. Decker. Heidelberg. S. 18-29.

Osborne, David/Gaebler, Ted (1997): Der innovative Staat. Mit Unternehmergeist zur Verwaltung der Zukunft. Gabler. Wiesbaden.

Osner, Andreas (2001): Kommunale Organisations-, Haushalts- und Politikreform. Ökonomische Effizienz und politische Steuerung. Erich-Schmidt-Verlag. Berlin.

Osner, Andreas (2001): Organisationswandel. Von der vertikalen zur horizontalen Verwaltungsführung. In: Verwaltung, Organisation, Personal. Sonderheft. S. 33-36.

Palupski, Rainer (1997): Marketing kommunaler Verwaltungen. Oldenbourg-Verlag. München u.a.

Passade, Kerstin/Labusch, Sonja (2005): Bewertung des E-Government-Ansatzes als Instrument zur Modernisierung der öffentlichen Verwaltungen. Arbeitsberichte des Lehrstuhls für Wirtschaftsinformatik, Ruhr-Universität Bochum, Nr. 55. Bochum.

Paul, Hansjürgen (2003): Auf dem Weg in die E-Gesellschaft. Arbeitsberichte des Instituts für Wirtschaftsinformatik, Nr. 99. Westfälische Wilhelms-Universität Münster.

Penning-Poggenbeck, Jörg u.a.(2003): Die eGovernment-Aktivitäten Brandenburger Kommunen. Ergebnisse einer empirischen Untersuchung. KWI-Projektbericht Nr. 6. Potsdam.

Pinkwart, Andreas (2000): Erfolgsfaktoren der Verwaltungsreform. In: Büscher, Helmut u.a. (Hrsg.): Öffentliche Verwaltung – modern und zukunftsfähig. Leitbildentwicklung, Qualitätsmanagement, Kundenorientierung, virtuelles Rathaus, Wettbewerbsfähigkeit. IKU-Reihe „Kommune und Umwelt", Band 9. Fachhochschulverlag. Frankfurt/Main. S. 8-20.

Plamper, Harald (2001): Vom Ausland lernen? Der richtige Weg des Public Management. In: Verwaltung und Management. Heft 1. S. 36-39.

Platzeck, Matthias (2003): Die Verwaltung der Verwaltung muß erheblich verringert werden. Brandenburgs Modernisierungsweg und die Verflechtung mit dem Land Berlin. In: Innovative Verwaltung. Heft 6. S. 11-14.

Popp, Thomas/Riedel, Henrik (2000): Eingriffsverwaltung contra Kundenorientierung? In: Verwaltung, Organisation, Personal. Heft 12. S. 13-15.

Pröhl, Marga (1997): Internationale Strategien und Techniken für die Kommunalverwaltung der Zukunft. Verlag Bertelsmann Stiftung. Gütersloh.

Pröhl, Marga (1998): Die lernende Organisation – Vertrauensbildung in der Kommunalverwaltung. Verlag Bertelsmann Stiftung. Gütersloh.

Pröhl, Marga/Plamper, Harald (2000): Von der Mißtrauens- zur Vertrauenskultur. In: Töpfer, Armin (Hrsg.): Die erfolgreiche Steuerung öffentlicher Verwaltungen. Von der Reform zur kontinuierlichen Verbesserung. Gabler. Wiesbaden. S. 113-124.

Pröhl, Marga (2002): Good Governance für Lebensqualität vor Ort. Internationale Praxisbeispiele für Kommunen. Bertelsmann Stiftung. Gütersloh.

Pröhl, Marga/Sinning, Heidi/Nährlich, Stefan (2002): Bürgerorientierte Kommunen in Deutschland. Anforderungen und Qualitätsbausteine. Bertelsmann Stiftung. Gütersloh.

Pröhl, Marga/Sinning, Heidi (2002): Good Governance und Bürgergesellschaft – Verwaltungsmodernisierung, Bürgerorientierung und Politikreform als zentrale Anforderungen an Kommunen. In: Pröhl, Marga/Sinning, Heidi/Nährlich, Stefan (Hrsg.): Bürgerorientierte Kommunen in Deutschland. Anforderungen und Qualitätsbausteine. Bertelsmann Stiftung. Gütersloh. S. 17-27.

Püttner, Günter (1974): Mitbestimmung und Mitwirkung des Personals in der Verwaltung. In: Hans-Joachim von Oertzen (Hrsg.): Demokratisierung und Funktionsfähigkeit der Verwaltung. Kohlhammer. Stuttgart u.a. S. 73-94.

Püttner, Günter (1982): Handbuch der Kommunalen Wissenschaft und Praxis. Springer. Berlin u.a.

Püttner, Günter (1999): Zur Lage der Gemeinden in Deutschland. In: Archiv für Kommunalwissenschaften. Heft 2. S.175-186.

Purper, Christian (2002): Hessische Kommunen nutzen doppische Systemlösung. Pilotprojekte erprobten neues Rechnungs- und Steuerungssystem. In: Innovative Verwaltung. Sonderheft 1. S. 33-35.

Raithel, Jürgen (2001): Bürger-Behörden-Kontakt weiter verbesserungsfähig. In: Verwaltung, Organisation, Personal. Heft 7/8. S. 14-16.

Reichard, Christoph (1978): Managementkonzeption des öffentlichen Verwaltungsbetriebes. Duncker & Humblot. Berlin.

Reichard, Christoph (1987): Betriebswirtschaftslehre der öffentlichen Verwaltung. de Gruyter & Co. Berlin, New York.

Reichard, Christoph/Wollmann, Hellmut (1996): Kommunalverwaltung im Modernisierungsschub? Stadtforschung aktuell, Band 58. Birkhäuser. Basel u.a.

Reichard, Christoph u.a. (1996): Leistungstiefe im öffentlichen Sektor. Erfahrungen, Konzepte, Methoden. Modernisierung des öffentlichen Sektors, Band 4. Sigma. Berlin.

Reichard, Christoph (1997): Deutsche Trends der kommunalen Verwaltungsmodernisierung. In: Naschold, Frieder (Hrsg.) Neue Städte braucht das Land! Kohlhammer. Stuttgart u.a. S. 49-74.

Reichard, Christoph (1997): Neues Steuerungsmodell – Was kommt danach? In: Bullinger, Hans-Jörg (Hrsg.) Dienstleistungen für das 21. Jahrhundert. Schäffer-Poeschel. Stuttgart. S. 429-431.

Reichard, Christoph (1997): Politikeinbindung als Kernproblem Neuer Steuerungsmodelle. In: Bogumil, Jörg/Kißler, Leo (Hrsg.) Verwaltungsmodernisierung und lokale Demokratie. Risiken und Chancen eines Neuen

Steuerungsmodells für die lokale Demokratie. Nomos. Baden-Baden. S. 139-144.

Reichard, Christoph (1997): Public Management Ausbildung für die deutsche Kommunalverwaltung. In: Deutscher Städtetag (Hrsg.) Verwaltungsmodernisierung. Dialog zwischen Praxis und Wissenschaft. Reihe A, Heft 26 der DST-Beiträge zur Kommunalpolitik. Köln. S. 129-144.

Reichard, Christoph (1998): Der Produktansatz im „Neuen Steuerungsmodell" – von der Euphorie zur Ernüchterung. In: Grunow, Dieter/Wollmann, Helmut (Hrsg.): Lokale Verwaltungsmodernisierung in Aktion. Fortschritte und Fallstricke. Birkhäuser. Basel u.a. S. 85-102.

Reichard, Christoph (1998): Die Modernisierung der deutschen Verwaltung. Zwischenbilanz der aktuellen Reformbestrebungen. In: Perspektive 21, Brandenburgische Hefte für Wissenschaft und Politik, Heft 4. S. 32-40.

Reichard, Christoph (1998): Zur Naivität aktueller Konzepttransfers im deutschen Public Management. In: Edeling, Thomas/Jann, Werner/Wagner, Dieter (Hrsg.): Öffentliches und privates Management. Schriftenreihe Interdisziplinäre Organisations- und Verwaltungsforschung, Band 1. Leske und Budrich. Opladen. S. 53-70.

Reichard, Christoph/Schedler, Kuno (1998): Die Ausbildung zum Public Manager. Haupt. Bern u.a.

Reichard, Christoph (1999): Aus- und Fortbildung in der Kommunalverwaltung. In: Wollmann, Helmut/Roth, Roland (Hrsg.): Kommunalpolitik. Politisches Handeln in den Gemeinden. Leske und Budrich. Opladen. S. 512-529.

Reichard, Christoph u.a.(1999): Berliner Verwaltung auf Modernisierungskurs. Bausteine – Umsetzungsstrategien – Hindernisse. Modernisierung des öffentlichen Sektors, Band 15. Sigma. Berlin.

Reichard, Christoph u.a. (1999) Innovation, Effektivität, Nachhaltigkeit. Internationale Erfahrungen zentralstaatlicher Verwaltungsreform. Modernisierung des öffentlichen Sektors, Band 16. Sigma. Berlin.

Reichard, Christoph (2000): Kommunale Wirtschaft im Wandel – Chancen und Risiken. Schriftenreihe der Gesellschaft für öffentliche Wirtschaft, Band 48. Nomos. Baden-Baden.

Reichard, Christoph (2000): Staats- und Verwaltungsmodernisierung in Deutschland und deren Konsequenzen für den öffentlichen Dienst. In: Grimm, Andrea (Hrsg.) Vom Staatsdiener zum Verwaltungsmanager? Die Modernisierung der öffentlichen Verwaltungen und neue Ansätze in der Ausbildung. Rehburg-Loccum: Evangelische Akademie. Loccumer Protokolle 59/98. S. 13-24.

Reichard, Christoph (2001): Kommunen am Markt. Aktuelle Fragen der wirtschaftlichen Betätigung von Kommunen. Schriftenreihe des Kommunalwissenschaftlichen Instituts der Universität Potsdam, Band 8. Duncker & Humblot. Berlin.

Reichard, Christoph (2001): Bilanz der ersten Modernisierungs-Dekade. Kein Rückfall ins „alte Steuerungsmodell". In: Der Städtetag. Heft 3. S. 20-22.

Reichard, Christoph (2001): Kein Rückfall ins „alte Steuerungsmodell". In: Städtetag. Heft 3. S. 20-22.

Reichard, Christoph (2001): Verwaltungsmodernisierung in Deutschland in internationaler Perspektive. In: Wallerath, Maximilian (Hrsg.) Verwaltungserneuerung. Eine Zwischenbilanz der Modernisierung öffentlicher Verwaltung. Nomos. Baden-Baden. S. 13-35.

Reichard, Christoph/Röber, Manfred (2001): Konzept und Kritik des New Public Management. In: Schröter, Eckhard (Hrsg.): Empirische Policy- und Verwaltungsforschung: lokale, nationale und internationale Perspektiven. Festschrift für Hellmut Wollmann zum 65. Geburtstag. Leske und Budrich. Opladen. S. 371-392.

Reichard, Christoph (2002): Governance öffentlicher Dienstleistungen. In: Budäus, Dietrich/Schauer, Reinbert/Reichard, Christoph (Hrsg.): Public und Nonprofit Management: Neuere Entwicklungen und aktuelle Problemfelder. Public Management, Band 43. Hamburger Universität für Wirtschaft und Politik. Hamburg. S. 25-42.

Reichard, Christoph/Schuppan, Tino (2002): EGovernment greifbar machen. In: Kommune 21, Heft 5, S. 26-27.

Reichard, Christoph/Schuppan, Tino (2002): Neue Verwaltungsmodelle braucht das (Flächen-) Land: Verwaltungsmodernisierung mit E-Government. In: ITAS – Zeitschrift Technikfolgenabschätzung, Heft 3/4, S. 39-48.

Reichard, Christoph (2003): „New Public Management" als Auslöser zunehmender Ökonomisierung der Verwaltung. In: Harms, Jens/Reichard, Christoph (Hrsg.) Die Ökonomisierung des öffentlichen Sektors. Instrumente und Trends. Schriftenreihe der Gesellschaft für öffentliche Wirtschaft, Band 50. Nomos. Baden-Baden. S. 119-143.

Reichard, Christoph (2003): Öffentliches Leistungsmanagement in der Schweiz und in Deutschland im Vergleich. In: Grünenfelder, Peter u.a.(Hrsg.) Reformen und Bildung. Erneuerung als Verantwortung. Festschschrift für Ernst Buschor. Verlag neue Zürcher Zeitung. Zürich. S. 393-416.

Reichard, Christoph (2003): Das „Neue Steuerungsmodell" und der Bürger. In: Deutsche Zeitschrift für Kommunalwissenschaften. Heft 2. S. 44-60.

Reichard, Christoph/Harms, Jens (2003): Ökonomisierung des öffentlichen Sektors. Eine Einführung. In: Harms, Jens/Reichard, Christoph (Hrsg.) Die Ökonomisierung des öffentlichen Sektors. Instrumente und Trends. Schriftenreihe der Gesellschaft für öffentliche Wirtschaft, Band 50. Nomos. Baden-Baden. S. 13-17.

Reinermann, Heinrich (1991): Führung und Information. Chancen der Informationstechnik für die Führung in Politik und Verwaltung. Schriftenreihe Verwaltungsinformatik. Band 8. Decker & Müller. Heidelberg.

Reinermann, Heinrich (1995): Neubau der Verwaltung. Informationstechnische Realitäten und Visionen. Schriftenreihe Verwaltungsinformatik, Band 11. v. Decker. Heidelberg.

Reinermann, Heinrich/Unland, Holger (1997): Die Beurteilung – Vom Ritual zum Personalmanagement. Verwaltungsorganisation, Staatsaufgaben und öffentlicher Dienst, Band 38. Nomos. Baden-Baden.

Reinermann, Heinrich (1999): Visionen für virtuelle öffentliche Dienstleistungen. In: Bräunig, Dietmar/Greiling, Dorothea (Hrsg.) Stand und Perspektiven der öffentlichen Betriebswirtschaftslehre. Festschrift für Peter Eichhorn zur Vollendung des 60. Lebensjahres. Verlag Spitz. Berlin. S. 426-433.

Reinermann, Heinrich/Lucke, Jörn von (1999): Regieren und Verwalten im Informationszeitalter. Schriftenreihe Verwaltungsinformatik, Band 22. V. Decker. Heidelberg.

Reinermann, Heinrich (2000): Der öffentliche Sektor im Internet. Veränderungen der Muster öffentlicher Verwaltungen. Speyerer Forschungsberichte Nr. 206. Forschungsinstitut für öffentliche Verwaltung. Speyer.

Reinermann, Heinrich (2000): Neues Politik- und Verwaltungsmanagement: Leitbild und theoretische Grundlagen. Speyerer Arbeitshefte Nr. 130. Dt. Hochschule für Verwaltungswissenschaften. Speyer.

Reinermann, Heinrich (2002): Kann „Electronic Government" die öffentliche Verwaltung verändern? In Verwaltungsrundschau, Heft 5, S. 164-169.

Reinermann, Heinrich (2002): Verwaltung in der Informationsgesellschaft. In: König, Klaus (Hrsg.): Deutsche Verwaltung an der Wende zum 21. Jahrhundert. Nomos. Baden-Baden. S. 163-205.

Reinermann, Heinrich/Lucke, Jörn von (2002): Electronic Government in Deutschland. Ziele – Stand – Barrieren – Beispiele – Umsetzung. Speyerer Forschungsberichte Nr. 226. Forschungsinstitut für öffentliche Verwaltung. Speyer.

Reinermann, Heinrich/Lucke, Jörn von (2002): Portale in der öffentlichen Verwaltung. Internet, Call-Center, Bürgerbüro. Speyerer Forschungsbericht Nr. 205. Forschungsinstitut für öffentliche Verwaltung. Speyer

Reinermann, Heinrich (2003): Verwaltungsmodernisierung mit New Public Management und Electronic Government. In: Knödler, Hermann/Stierle, Michael (Hrsg.) Globale und monetäre Ökonomie. Festschrift für Dieter Duwendag. Physica-Verlag. Heidelberg. S. 381-440.

Reiners, Markus (2004): Modernisierung der Landesverwaltung Baden-Württemberg. Machtkonstellationen und Akteursrationalitäten bei der Neuen Steuerung. In: Verwaltung und Management. Heft 2. S. 98-103.

Resch, Karsten (2003): Geeignete Modelle der flexiblen Arbeitszeit in der öffentlichen Verwaltung. dissertation.de Berlin.

Ritz, Adrian/Thom, Norbert (2003): Schweizer Reformprojekte zeigen vielschichtige Wirkung. Ergebnisse einer Untersuchung aus der schweizerischen Bundesverwaltung. In: Innovative Verwaltung. Heft 9. S. 14-17.

Röhl, Andre (2001): Aufbau der kommunalen Selbstverwaltung in den neuen Bundesländern am Beispiel der Hansestadt Rostock. Univ. der Bundeswehr. Hamburg.

Rolles, Roland (2004): Content Management in der öffentlichen Verwaltung. Planung, Organisation und Unternehmensgründung, Band 102. Verlag Eul. Lohmar u.a.

Roßnagel, Alexander (2002). Recht der digitalen Signaturen. In: Kubicek, Herbert/Klumpp, Dieter/Bullesbach, Alfred/Fuchs, Gerhard/Roßnagel, Alexander (Hrsg.): Innovation@Infrastruktur. Informations- und Dienstleistungsstrukturen der Zukunft. Jahrbuch Telekommunikation und Gesellschaft. Hüthig. Heidelberg. S. 374-380.

Roth, Roland (2001): Auf dem Weg zur Bürgerkommune? In: Schröter, Eckhard (Hrsg.): Empirische Policy- und Verwaltungsforschung: lokale, nationale und internationale Perspektiven. Festschrift für Hellmut Wollmann zum 65. Geburtstag. Leske und Budrich. Opladen. S. 133-154.

Saarland (2000): Modernisierung der saarländischen Landesverwaltung. Staatskanzlei. Saarbrücken.

Salzmann, Michael (2005): E-Government als Geschäftsmodell. Das Metaportal. Haupt. Bern.

Schäfer, Andreas (2004): E-Government heißt vor allem Beteiligung von Bürgern. In: innovative Verwaltung. Heft 6. S. 42-43.

Schäffer, Michael (1999): Kommunale Kostenmanagementsysteme. Ein Beitrag zum neuen öffentlichen Rechnungswesen. Kohlhammer. Stuttgart u.a.

Schedler, Kuno/Proeller, Isabella (2003): New Public Management. Haupt. Bern u.a.

Scheer, August-Wilhelm/Kruppke, Helmut/Heib, Ralf (2003): E-Government: Prozessoptimierung in der öffentlichen Verwaltung. Springer. Berlin u.a.

Scheer, August-Wilhelm (2004): Innovation durch Geschäftsprozessmanagement. Springer. Berlin u.a.

Schiedner, Felix (1997): Arbeiten in Teams. In: Grimmer, Klaus/Werner, Rita (Hrsg.): Innovationen in öffentlichen Verwaltungen. Arbeitspapiere der Forschungsgruppe Verwaltungsautomation, Nr. 64. Gesamthochsch.-Bibliothek Kassel. S. 78-88.

Schmidt, Jürgen (2002): Wirtschaftlichkeit in der öffentlichen Verwaltung. Grundsatz der Wirtschaftlichkeit, Zielsetzung, Planung, Vollzug, Kontrolle, Wirtschaftlichkeitsuntersuchungen, Kosten- und Leistungsrechnung. Verlag Schmidt. Berlin.

Schneider, Karsten/Böck, Kathrin/Killian, Werner/Kneissler, Thomas (2001): Interessenvertretung im „Konzern Stadt". Arbeitspapiere der Forschungsgruppe Verwaltungsautomation Nr. 68. Gesamthochsch.-Bibliothek Kassel.

Schneider, Karsten (2002): Arbeitspolitik im Konzern Stadt: zwischen der Erosion des Zusammenhalts im kommunalen Sektor und den effizienzfördernden Wirkungen organisatorischer Dezentralisierung. Staatslehre und politische Verwaltung, Band 7. Nomos. Baden-Baden.

Schneider, Roland (1997): Mit neuen Visionen und alten Konzepten auf dem Weg in die Informationsgesellschaft. In: Kubicek, Herbert/Klumpp, Dieter u.a. (Hrsg.): Die Ware Information – Auf dem Weg zu einer Informationsökonomie. Jahrbuch Telekommunikation und Gesellschaft 1997. v. Decker. Heidelberg. S. 246-251.

Schönbohm, Jörg: Verwaltungsmodernisierung im Lichte von E-Government. In: BIS Magazine, Heft 4, 2006, unter:
www.bis2006.de/magazine_2006/hef..._artikel/verwaltungsmodernisierung. htm

Scholz, Christian (1999): Grundlagen eines marktorientierten Personalmanagements. In: Bruhn, Manfred (Hrsg.): Internes Marketing. Integration der Kunden- und Mitarbeiterorientierung. Gabler. Wiesbaden. S. 95-114.

Schimanke, Dieter (2001): Dilemmata der Personalpolitik. In: Derlien, Hans-Ulrich (Hrsg.): 10 Jahre Verwaltungsaufbau Ost – eine Evaluation. Schriften der Deutschen Sektion des Internationalen Instituts für Verwaltungswissenschaften, Nr. 27. Nomos. Baden-Baden. S. 179-187.

Schrick, Kirsten (1999): Das innovative Call Center. Erfolgsstrategien für serviceorientiertes Call-Center-Management. Econ. München u.a.

Schröter, Eckhard (2001): Empirische Policy- und Verwaltungsforschung. Lokale, nationale und internationale Perspektiven. Festschrift für Hellmut Wollmann zum 65. Geburtstag. Leske und Budrich. Opladen.

Schümann, Florian (2003): Arbeitszufriedenheit und Wirtschaftlichkeit von Call Centern. Eine Untersuchung der Wirtschaftlichkeit von Inbound-Call-Centern unter besonderer Berücksichtigung der Auslastung. Schriftenreihe innovatives Dienstleistungsmanagement. Band 11. Kovac. Hamburg.

Schuppan, Tino (2001): E-Government verändert Staat und Verwaltung. In: „brandaktuell", Arbeitsmarktpolitischer Service der LASA-Brandenburg GmbH Potsdam. Heft 10. S. 4-5.

Schuppan, Tino (2002): eGovernment: Fenster öffnen. In: Kommune21, Heft 5, S. 26-27.

Schuppan, Tino (2002): eGovernment: Scharnier für den Wandel. In: Kommune21, Heft 3, S. 16-17.

Schuppan, Tino/Reichard, Christoph (2002): eGovernment: Von der Mode zur Modernisierung. In: Landes- und Kommunalverwaltung. Heft 3. S. 105-110.

Schuppan, Tino/Reichard, Christoph (2002): Neue Verwaltungsmodelle braucht das (Flächen-)Land. Verwaltungsmodernisierung mit E-Government. In: ITAS Zeitschrift Technikfolgenabschätzung. Heft 3-4. S. 39-48.

Schuppert, Gunnar Folke (2001): Der moderne Staat als Gewährleistungsstaat. In: Schröter, Eckhard. (Hrsg.): Empirische Policy- und Verwaltungsforschung: lokale, nationale und internationale Perspektiven. Festschrift für Hellmut Wollmann zum 65. Geburtstag. Leske und Budrich. Opladen. S. 399-414.

Schuster, Ferdinant (2001): Benchmarking als Ersatz für Wettbewerb. Können interkommunale Leistungsvergleiche ein Motor für Veränderungen sein. In: Edeling, Thomas/Jann, Werner/Wagner, Dieter (Hrsg.) Reorganisationsstrategien in Wirtschaft und Verwaltung. Leske und Budrich. Opladen. S. 201-228.

Schwarting, Gunnar (2005): Effizienz in der Kommunalverwaltung. Dezentrale Verantwortung, Produkte, Budgets und Controlling. Finanzwesen und Gemeinden, Band 7. Verlag Schmidt. Berlin.

Schwarz, Monika (2004): Privatisierung und Deregulierung öffentlicher Dienstleistungen ohne Alternative? In: Lorenz, Frank/Schneider, Günter (Hrsg.): Wenn öffentliche Dienste privatisiert werden. VSA-Verlag. Hamburg. S. 10-24.

Schwiering, Katrin (2005): Electronic Government. Ein Konzept zur innovativen Neugestaltung öffentlicher Aufgabenwahrnehmung. E-Government und die Erneuerung des öffentlichen Sektors, Band 5. LIT-Verlag. Münster.

Seidel, Rudolf: Der virtuelle Bürgerladen. In: BIS 2006 Magazin, Heft 4, unter:www.bis2006.de/magazine_2006/heft4 ganz artikel/buergerladen. htm vom 13.05.03

Sensburg, Patrick (1997): Publikumsumfrage Bürgeramt. Stadtverwaltung Trier. Trier.

Sensburg, Patrick (1998): Das Bürgeramt als Teil der kommunalen Verwaltungsreform am Beispiel Trier. Shaker. Aachen.

Simonis, Heide (2000): Wieviel Privatisierung ist sinnvoll? In: Töpfer, Armin (Hrsg.) Die erfolgreiche Steuerung öffentlicher Verwaltungen. S. 98-110.

Sinning, Heidi (2002): Qualitätsmanagement für bürgerorientierte Kommunen. In: Pröhl, Marga/Sinning, Heidi/Nährlich, Stefan (Hrsg.): Bürgerorientierte Kommunen in Deutschland. Anforderungen und Qualitätsbausteine. Bertelsmann Stiftung. Gütersloh. S. 139-149.

Skrobotz, Jan (2005): Das elektronische Verwaltungsverfahren. Die elektronische Signatur im E-Government. Beiträge zum Informationsrecht, Band 14. Duncker & Humblot. Berlin.

Speier, Frank/Fiederer, Hans-Jürgen u.a.(2000): Nachhaltige Entwicklung und kommunale Verwaltungsreform. Institut für angewandte Wirtschaftsforschung. Tübingen.

Städtetag (1997): Geschäftsprozeßoptimierung im Bürgeramt: Leitfaden des Städtetages Baden-Württemberg für die Einrichtung und Organisation von Bürgerämtern. Stuttgart.

Städtetag-NRW (2000): www.staedtetag-nrw.de/veroeff/eildienst/2000

Steffen, Karl-Heinz (2001): Das wirtschaftliche Handeln der Kommunen auf dem Prüfstand. Hampp. München u.a.

Steinort, Udo (1997): Mitarbeiterorientierung – Gute Zeiten für Beschäftigtenbeteiligung an der Verwaltungsmodernisierung? In: Reinermann, Heinrich/Unland, Holger (Hrsg.): Die Beurteilung – vom Ritual zum Personalmanagement. Verwaltungsorganisation, Staatsaufgaben und öffentlicher Dienst, Band 38. Nomos. Baden-Baden. S. 139-148.

Stelzer, Thorsten (1996): Kostensenkung und Kundenorientierung in der Verwaltung. ddv-Verlag. Heidelberg.

Strasmann, Jochen/Schüller Achim (1996): Kernkompetenzen – eine neue Erfolgsstrategie. Schäffer-Poeschl. Stuttgart.

Strehl, Franz (1994): Managementkonzepte für die öffentliche Verwaltung. Österreichische Staatsdruckerei. Wien.

Streitferdt, Lothar/Schölzig, Krista/Hoffers, Maren (2004): Die Balanced Scorecard als strategisches Managementsystem. In: Verwaltung und Management. Heft 6. S. 291-297.

Sust, Charlotte A.(2002): Call Center-Design. Arbeitswissenschaftliche Planung und Gestaltung von Call Centern. Schriftenreihe der Bundesanstalt für Arbeitsschutz und Arbeitsmedizin. Nr. 954. Wirtschaftsverlag. Bremerhaven.

Takada, Atsushi (2002): Die Verwaltungsreform in Japan. Abkehr vom System des informellen Verwaltungshandels. In: Die öffentliche Verwaltung. Heft 7. S. 265-275.

Thieme, Kurt H./Steffen, Wolfgang (1999): Call Center – der professionelle Dialog mit dem Kunden. Mi-Verlag. Landsberg/Lech.

Thieser, Dietmar (1998): Stand des Modernisierungsprozesses in Hagen. In: Bogumil, Jörg/Kißler, Leo (Hrsg.): Stillstand auf der „Baustelle"? Barrieren der kommunalen Verwaltungsmodernisierung und Schritte zu ihrer Überwindung. Nomos. Baden-Baden. S. 41-46.

Thom, Norbert/Ritz, Adrian 2000: Public Management – Innovative Konzepte zur Führung im öffentlichen Sektor. Gabler. Wiesbaden

Thoss, Rainer (1980): Bevölkerungsrückgang und Verwaltungsaufgaben – werden in Zukunft öffentliche Einrichtungen leerstehen? In: Wagener, Frido (Hrsg.): Zukunftsaspekte der Verwaltung. Schriftenreihe der Hochschule Speyer. Band 81. Duncker & Humblot. Berlin. S. 189-197.

Timm, Elke (2003): Arbeit im Call Center. Tätigkeitsstrukturen, Belastungen und Ressourcen. Online-Publikation. Wuppertal.

Töpfer, Armin (2000): Die erfolgreiche Steuerung öffentlicher Verwaltungen. Von der Reform zur kontinuierlichen Verbesserung. Gabler. Wiesbaden

Töpfer, Armin/Greff, Günter (1995): Servicequalität am Telefon. Corporate Identity im Kundendialog. Luchterhand. Neuwied u.a.

Tjoa, A Min (2002): OCG-Mitgliedskarte als Pilotprojekt für eine „Bürgerkarte". In: Zeitschrift der österreichischen Computer Gesellschaft. Heft 1. S.5.

Tondorf, Karin/Bahnmüller, Reinhard/Klages, Helmut (2002): Steuerung durch Zielvereinbarungen – Anwendungspraxis, Probleme, Gestaltungsüberlegungen. Schriftenreihe Modernisierung des öffentlichen Sektors. Sonderband 17. Sigma. Berlin.

Trauner, Gudrun (2002): E-Government. Informations- und Kommunikationstechnik in der öffentlichen Verwaltung. Institute für Fernunterricht an der rechtswissenschaftlichen Fakultät – IFR; Johannes-Kepler-Universität Linz –Österreich. IIAS – 2002

Traunmüller, Roland (1995): Geschäftsprozesse in öffentlichen Verwaltungen: Neugestaltung mit Informationstechnik. Schriftenreihe Verwaltungsinformatik, Band 13. v. Decker. Heidelberg.

Traunmüller, Roland (2004): Von der Verwaltungsinformatik zum E-Government. Festschrift für Arthur Winter zum 60. Geburtstag. ADV-Handelsgesellschaft. Wien.

Ude, Christian (1999): In: Wochenblatt, Heft 42, unter:

http://www.munich.de/ob/99/1019.htm vom 20.03.2003.

Vernau, Katrin (2002): Effektive politisch-administrative Steuerung in Stadtverwaltungen. Dt. Univ.-Verlag. Wiesbaden.

Vogel, Bernhard (2003): Weniger staatliche Bürokratie und mehr Eigenverantwortung. Thüringen wird durch Modernisierungsaktivitäten zu einem attraktiven Standort. In: Innovative Verwaltung. Heft 4. S. 10-12.

Wagener, Frido (1980): Vom Neubau zur Pflege – wohin entwickelt sich unser Verwaltungssystem? In: Wagener, Frido (Hrsg.): Zukunftsaspekte der Verwaltung. Schriftenreihe der Hochschule Speyer. Band 81. Duncker & Humblot. Berlin. S. 21-50.

Wagener, Frido (1980): Zukunftsaspekte der Verwaltung. Schriftenreihe der Hochschule Speyer. Band 81. Duncker & Humblot. Berlin.

Wagner, Dieter (1998): Personal und Personalmanagement in der modernen Verwaltung. Schriftenreihe des KWI. Band 3. Duncker & Humblot. Berlin.

Wagner, Dieter u.a.(2004): Wissensmanagement in Politik und Verwaltung. Leske und Budrich. Opladen.

Wagner, Theodor (2001): Mit Bürgercentern flexibel auf die Bedürfnisse eingehen. In: Städtetag. Heft 3. S. 34-35.

Wallerath, Maximilian (2001): Verwaltungserneuerung: eine Zwischenbilanz der Modernisierung öffentlicher Verwaltungen. Nomos. Baden-Baden.

Warburg, Wolfgang (1997): Modernes Personalmanagement als Chance für die Verwaltungsreform. In: Reinermann, Heinrich/Unland, Holger. (Hrsg.) Die Beurteilung – vom Ritual zum Personalmanagement. Verwaltungsorganisation, Staatsaufgaben und öffentlicher Dienst, Band 38. Nomos. Baden-Baden. S. 35-46.

Weber, Michael (1994): Das Wachstum von Verwaltungsorganisationen. Formen, Ursachen und Grenzen. Westdt. Verlag. Opladen.

Wegener, Alexander (1998): Wettbewerb statt Privatisieren. In: Die Mitbestimmung, Heft 11, S. 10-14.

Weinert, Ansfried B. (1990): Leistungsmotivation und Leistungszufriedenheit. In: Klages, Helmut (Hrsg.): Öffentliche Verwaltung im Umbruch – neue Anforderungen an Führung und Arbeitsmotivation. Bertelsmann Stiftung. Gütersloh. S. 32-51.

Weiß, Karin (2002): Das Neue Steuerungsmodell – Chance für die Kommunalpolitik? Leske und Budrich. Opladen.

Wichmann, Manfred (1997): Verwaltungsmodernisierung in kleineren und mittleren Kommunen. In: Kommunales Management im Wandel. Sparkassen Verlag. Stuttgart. S. 205-228.

Wiechmann, Elke/Kißler, Leo (1993): Technikeinsatz, Beteiligung und Qualifikation im Bürgerladen Hagen. Zur Innenausstattung der Kundenorientierung. In: Kißler, Leo/Bogumil, Jörg/Wiechmann, Elke (Hrsg.): Anders verwalten. Schüren. Marburg. S. 103-114.

Wiechmann, Elke/ Kißler, Leo (1997): Frauenförderung zwischen Integration und Isolation. Gleichstellungspolitik im kommunalen Modernisierungsprozeß. Modernisierung des öffentlichen Sektors, Band 11. Sigma. Berlin.

Wiechmann, Elke (2001): Verwaltungsmodernisierung und ihre Auswirkungen auf die Frauen in der öffentlichen Verwaltung. In: Boeßenecker, Karl-Heinz/ Trube, Achim/Wohlfahrt, Norbert (Hrsg.): Verwaltungsreform von unten? Lokaler Sozialstaat im Umbruch aus verschiedenen Perspektiven. Votum. Münster. S. 154-167.

Wiencke, Wolfgang/Koke, Dorothee (1997): Call-Center-Praxis. Den telefonischen Kundenservice erfolgreich organisieren. Schäffer-Poeschel. Stuttgart.

Wind, Martin (1999): Technisierte Behörden. Verwaltungsinformatisierung und -forschung im Zeitalter der Computernetze. Dt. Univ.-Verlag. Wiesbaden.

Wind, Martin (1999): Technik für das Volk! Plädoyer für eine bürgerorientierte Informationspolitik in der öffentlichen Verwaltung. In: Killian, Werner/ Kneissler, Thomas (Hrsg.): Demokratische und partizipative Verwaltung. Festschrift für Hans Brinckmann und Klaus Grimmer. Nomos. Baden-Baden. S. 79-90.

Winter, Christian (2003): Anforderungen und Voraussetzungen für die Effizienzrevolution in der öffentlichen Verwaltung. In: Verwaltung und Management. Heft 1. S. 21-30.

Wirth, Roland (1999): Electronic Government mit digitaler Signatur. Vernetzte Kommunikation zwischen Bürger und Verwaltung. In: Killian, Werner/ Kneissler, Thomas (Hrsg.): Demokratische und partizipative Verwaltung. Festschrift für Hans Brinckmann und Klaus Grimmer. Nomos. Baden-Baden. S. 111-122.

Wohlfahrt, Norbert (2001): Bezugspunkte und normative Voraussetzungen der Verwaltungsreform – eine theoretische Einführung. In: Boeßenecker, Karl-Heinz/Trube, Achim/Wohlfahrt, Norbert (Hrsg.): Verwaltungsreform von unten? Lokaler Sozialstaat im Umbruch aus verschiedenen Perspektiven. Votum. Münster. S. 20-31.

Wollmann, Hellmut (1996): Verwaltungsmodernisierung: Ausgangsbedingungen, Reformanläufe und aktuelle Modernisierungsdiskurse. In: Reichard, Christoph/Wollmann, Hellmut (Hrsg.): Kommunalverwaltung im Modernisierungsschub? Stadtforschung aktuell, Band 58. Birkhäuser. Basel u.a. S. 1-49.

Wollman, Helmut/Roth, Roland (1999): Kommunalpolitik. Politisches Handeln in den Gemeinden. Leske und Budrich. Opladen.

Wutscher, Werner/Hammerschmied, Gerhard (2002): In Österreich gehört die Reform zum Regierungsprogramm: Breiter Veränderungsprozeß wurde erfolgreich eingeleitet. In: Innovative Vewaltung. Heft 7/8. S. 10-13.

Yildirim, Nuriye (2004): Datenschutz im Electronic Government. Risiken, Anforderungen und Gestaltungsmöglichkeiten für ein datenschutzgerechtes und rechtsverbindliches E-Government. Dt. Univ.-Verlag. Wiesbaden.

Zapf, Michael (2003): Flexible Kundeninteraktionsprozesse im Communication Center. Informationstechnologie und Ökonomie. Band 22. Lang. Frankfurt/Main u.a.

Ziegler, Norbert/Winkler, Jörg (2003): Dezentrale Budgetverantwortung mit Kosten- und Leistungsrechnung. In: Verwaltung und Management. Heft 1. S. 37-39.

Ziekow, Jan (2003): Public-Private-Partnership. Speyerer Forschungsberichte, Nr. 229. Forschungsinstitut für öffentliche Verwaltung. Speyer

Zielinski, Heinz (2003): Management im öffentlichen Sektor. Leske und Budrich. Opladen.

Zierold, Horst (2000): Nachholbedarf der Planung in ökonomischen Fragen. In: Ökonomisierung der öffentlichen Verwaltung. Institut für Landes- und Stadtentwicklungsforschung des Landes Nordrhein-Westfalen. Dortmund. S. 25-27.

Zimmermann, Hans-Dieter (1997): Die Technik ist da – wo ist der Nutzen? In: Kubicek, Herbert/Klumpp, Dieter u.a. (Hrsg.) Die Ware Information – Auf dem Weg zu einer Informationsökonomie. Jahrbuch Telekommunikation und Gesellschaft. v. Decker. Heidelberg. S. 96-106.

Zimmermann, Klaus F. (2004): Deutschland 2010: Nach der Reform ist vor der Reform. Nur komplexe Reformansätze können Veränderungen bewirken. In: Innovative Verwaltung. Heft 1-2. S. 11-14.

Zoche, Peter: Was die Nutzer wirklich wollen. Unter: www.jtg-online.de/ jahrbuch/aspekte/Zoche/zoche.htm. vom 08.07.03.

Anhang

Fragebogen

Thema: Auswirkungen des telefonischen Portals (Call Center) auf die Bereiche Organisation, Bürgerfreundlichkeit, Beschäftigtenorientierung sowie Wirtschaftlichkeit

A. Aufbauorganisation

1. Welche Veränderungen entstanden mit der Einrichtung eines Call Centers für die Aufbauorganisation der Verwaltung?

2. Sind durch das Call Center zusätzliche Abteilungen entstanden?

3. Was war die Motivation der Verwaltung, ein Call Center einzurichten?

B. Ablauforganisation

1. Welche Veränderungen entstanden mit der Einrichtung eines Call Centers für die Arbeitsprozesse in Ihrer Verwaltung?

2. Wurde schon eine Workflow-Analyse in der Verwaltung oder speziell im Call Center durchgeführt?

C. Bürgerfreundlichkeit

1. Welche Vorteile hat das Call Center für die Bürger gebracht?

2. Welche Vorteile werden von den Bürgern eher in Anspruch genommen, welche Vorteile werden weniger in Anspruch genommen?

3. Wie zufrieden sind die Bürger?

4. Gibt es auch Nachteile von Call Center?

5. Inwiefern geht man auf die Wünsche der Bürger ein?

6. Wie groß ist Ihrer Meinung nach die Bürgerorientierung im Call Center und allgemein in der gesamten Verwaltung?

D. Beschäftigtenorientierung

1. Welche Veränderungen entstanden für die Mitarbeiter durch die Einrichtung des Call Centers?

2. Gab es Qualifikationsmaßnahmen für die Mitarbeiter? Wenn ja, in welcher Form?

3. Wie viele Mitarbeiter arbeiten im Call Center?

4. War die Arbeit im Call Center am Anfang ein wenig anstrengend für die Mitarbeiter aufgrund der vielfältigen Tätigkeiten?

5. Gab es negative Reaktionen, Widerstände seitens der Mitarbeiter?

6. Welche Vorteile entstanden durch die Einrichtung von Call Centern für die Mitarbeiter?

7. Wie stark waren die Mitarbeiter in das Call Center-Konzept eingebunden?

E. Wirtschaftlichkeit

1. Welche Auswirkungen hatte die Einrichtung eines Call Centers auf die Wirtschaftlichkeit?

2. Wie wurde das Call Center finanziert?

3. Hat die Verwaltung, um diese Kosten zu finanzieren, an einer anderen Stelle im Haushaltsplan gekürzt oder hat man mit der Einrichtung die städtischen Schulden weiter steigen lassen?

F. Effizienz und Effektivität

1. Gab es Qualitätssteigerungen bei gleichem Einsatz von Ressourcen?

2. Was ist nach der Einrichtung des Call Centers besser geworden?

3. Was ist in Zukunft noch zu verbessern?

4. Wie sieht es mit dem Wettbewerb innerhalb und außerhalb der Verwaltung aus?

Fragebogen:

Thema: Online-Leistungen, E-Government und ihre Auswirkungen auf die Bereiche Organisation, Beschäftigte, Bürger und Wirtschaftlichkeit

A. Organisation (Aufbau- und Ablauforganisation)

1. Hatte das Angebot von Online-Leistungen Auswirkungen auf die Organisation der Verwaltung?

2. Wenn ja, was wurde anders?

3. Waren in diesem Zusammenhang Stellenstreichungen im Gespräch?

4. Sind Stellenverschiebungen vorgekommen?

5. Haben sich die Arbeitsprozesse für die Verwaltung durch die Online-Leistungen verändert?

B. Beschäftigte

1. Welche Auswirkungen hatte die Einführung von Online-Leistungen und E-Government für die Beschäftigten der Verwaltung? Welche Veränderungen entstanden für die Beschäftigten Ihrer Verwaltung durch die Einführung von Online-Leistungen?

2. Was war die Motivation für die Verwaltung, Online-Leistunen anzubieten?

3. Wie gehen die Beschäftigten mit E-Government um?

4. Wie war die Akzeptanz?

5. War eine Weiterqualifizierung der Beschäftigten notwendig? Wenn ja, in welcher Hinsicht?

6. Wie viele Mitarbeiter arbeiten für die Gewährleistung von Online-Leistungen?

7. Gab es auch negative Reaktionen, gar Widerstände bei der Einführung von Online-Leistungen?

8. Welche Vorteile oder Nutzen entstanden durch das Angebot von Online-Leistungen für die Mitarbeiter?

9. Wie stark waren die Mitarbeiter in das E-Government-Konzept eingebunden?

C. Bürger

1. Welche Vorteile hat das Angebot von Online-Leistungen für die Bürger?

2. Welche Vorteile werden von den Bürgern in Anspruch genommen und welche immer noch nicht?

3. Wie gut kann sich der Bürger auf Ihrer Homepage orientieren?

4. Wie zufrieden sind die Bürger?

5. Gibt es auch Nachteile von Online-Leistungen?

6. Wie groß ist die Bürgerorientierung in Ihrer Verwaltung?

7. Wie werden die Wünsche der Bürger aufgenommen?

D. Wirtschaftlichkeit (Effizienz und Effektivität)

1. Welche Auswirkungen hatte die Einrichtung von Online-Leistungen auf die Wirtschaftlichkeit der Verwaltung?

2. Waren und sind für Online-Leistungen hohe Kosten notwendig?

3. Gab es durch den Einsatz von Online-Leistungen Qualitätssteigerungen bei gleichem Einsatz von Ressourcen?

4. Was ist nach der Einführung besser geworden?

5. Was ist in Zukunft noch zu verbessern?

6. Wie sieht es bezüglich von Online-Leistungen mit dem Wettbewerb innerhalb und außerhalb der Verwaltung aus?

Fragebogen

Thema: „Auswirkungen des persönlichen Portals"

1. Auswirkungen auf die Bürger

- Welche Vorteile hat das Bürgeramt / der Bürgerservice für die Bürger gebracht?

- Welche Vorteile werden von den Bürgern in Anspruch genommen und welche immer noch nicht?

- Braucht der Bürger Orientierung im Bürgeramt?

- Wie zufrieden sind die Bürger?

- Gibt es auch Nachteile für die Bürger, die sie durch das Bürgeramt haben könnten?

- Welche Unterschiede liegen zwischen der Leistungserbringung in einem Bürgeramt und in einem Call Center?

- Werden weitere Wünsche der Bürger aufgenommen und kontinuierlich bearbeitet?

- Wie groß ist die Bürgerorientierung in der Stadtverwaltung?

2. Auswirkungen auf die Mitarbeiter

- Welche Veränderungen entstanden für die Mitarbeiter durch die Einrichtung des Bürgeramtes?

- Wie war der Wissensstand vor der Einrichtung?

- Wie hat man die Mitarbeiter weiterqualifiziert?

- Welche Reaktionen haben die Mitarbeiter gezeigt?

- Gab es auch Widerstände?

- Welche Vorteile hatte die Einrichtung des Bürgeramtes für die Mitarbeiter?
- Wird auf die Wünsche der Mitarbeiter eingegangen? Inwiefern?
- Gibt es ein Vorschlagswesen?
- Wie stark waren die Mitarbeiter in das Konzept des Bürgeramtes integriert?
- Welche beruflichen Chancen haben die Mitarbeiter bekommen?

3. Auswirkungen auf die Wirtschaftlichkeit

- Welche Auswirkungen hatte die Einrichtung eines Bürgeramtes auf die Wirtschaftlichkeit?
- Welche Erwartungen hattte man an die Wirtschaftlichkeit gestellt?
- Hatte man auf Einsparpotentiale erhofft?
- Entstanden mit der Einrichtung zusätzliche Kosten für die Verwaltung?
- Wenn ja, wie hat man das bewältigt? Etwa durch Kürzungen in anderen Bereichen?
- Was ist diesbezüglich besser als früher?

4. Auswirkungen auf Effizienz und Effektivität

- Wie haben sich die Einrichtung und der Betrieb des Bürgeramtes auf die Effizienz und Effektivität ausgewirkt?
- Gab es Qualitätssteigerungen bei gleichgebliebenem Einsatz von Ressourcen?
- Was ist besser geworden? Und was soll in Zukunft noch besser gemacht werden?
- Wie sieht es mit dem Wettbewerb innerhalb und außerhalb der Verwaltung aus?

5 . Auswirkungen auf die Organisation

a. *Aufbauorganisation*

1. In welchen Bereichen der Aufbauorganisation (z. B. Ämter, Fachbereiche etc.) kam es durch die Einrichtungen zu strukturellen Veränderungen?
2. Wie groß war das Ausmaß der Veränderungen?

b. *Ablauforganisation*

3. Wie haben sich die Abläufe in den verschiedenen Bereichen der Verwaltung mit der Einführung des Bürgeramtes verändert?
4. Haben Sie mit und ohne Einführung des Bürgeramtes schon mal daran gedacht, ob und wie Ihre Geschäftsprozesse verändert werden könnten?
5. Hat man die Geschäftsprozesse von Grund auf verändern oder an die neuen Gegebenheiten anpassen wollen?

6. Welche Prozesse tragen direkt zum Geschäftserfolg bei?

7. Wenn ja, haben Sie ihre Geschäftsprozesse schon auf Effizienz und Effektivität analysiert und optimiert?

8. Haben sie in Ihrer Verwaltung einen Geschäftsprozeßmanagement-Beauftragten?

9. Was läuft jetzt anders als vor der Einrichtung von Bürgerämtern?
   Diese Frage kann auch auf die Einrichtung eines zentralen Bürgeramtes reduziert werden.

10. Wie zufrieden sind Sie gegenwärtig mit Ihren Geschäftsprozessen? Steht in nächster Zeit was Neues an?

11. Haben Sie einen kontinuierlichen Verbesserungsprozeß eingeleitet?

12. Wie bürgerfreundlich sind gegenwärtig ihre Geschäftsprozesse?

13. Haben Sie schon die erfolgskritischen Prozesse identifiziert?

14. Welche Rationalisierungsmaßnahmen konnte man kurzfristig umsetzen?

15. Wo liegen die Einsparpotentiale in den Geschäftsprozessen?

Experteninterviews

Nr.	Stadt	Thema	Teilnehmer	Datum
1.	Bremen	Auswirkungen von Online-Leistungen auf Organisation, Bürger und Wirtschaftlichkeit	Zuständiger Mitarbeiter aus der DV-Abteilung	11.02.04
2.	Bremen	Auswirkungen auf das Personal	Zuständiger Mitarbeiter aus der Personalabteilung	11.02.04
3.	Erfurt	Auswirkungen auf die Organisation	Zuständiger Mitarbeiter, Organisationsabteilung	18.02.04
4.	Erfurt	Auswirkungen auf das Personal	Zuständiger Mitarbeiter aus der Personalabteilung	18.02.04
5.	Erfurt	Online-Leistungen	Zuständiger Mitarbeiter aus der DV-Abteilung	18.02.04
6.	Stuttgart	Auswirkungen auf die Organisation	Zuständiger Mitarbeiter, Organisationsabteilung	25.02.04
7.	Stuttgart	Auswirkungen auf das Personal	Zuständiger Mitarbeiter aus der Personalabteilung	25.02.04
8.	Stuttgart	Online-Leistungen	Zuständiger Mitarbeiter aus der DV-Abteilung	25.02.04
9.	Karlsruhe	Auswirkungen auf die Organisation	Zuständiger Mitarbeiter, Organisationsabteilung	15.04.04
10.	Karlsruhe	Auswirkungen auf das Personal	Zuständiger Mitarbeiter, Personalabteilung	15.04.04
11.	Hagen	Auswirkungen von BB und BÄ auf die Bereiche: Organisation, Mitarbeiter, Bürger, Wirtsch.	Zuständiger Mitarbeiter	02.07.03
12.	Hagen	Bürgeramt	Zuständige Mitarbeiterin aus dem Bürgeramt	02.07.03
13.	Hagen	Orgsanisation	Zuständiger Mitarbeiter aus der Organisationsabteilung	01.07.03
14.	Hagen	Organisation	Zuständiger Mitarbeiter des Bürgeramtes	11.06.03
15.	Hagen	Personal	Personalvertretung	12.06.03

Nr.	Stadt	Thema	Teilnehmer	Datum
16.	Duisburg	Call Center	Leiter des Call Centers	02.09.02
17.	Dortmund	Dienstleistungszentrum	Zuständige Mitarbeiterin des Dienstleistungszentrums	22.07.03
18.	Dortmund	Auswirkungen auf das Personal	Zuständiger Mitarbeiter, Personalabteilung	26.06.03
19.	Duisburg	Call Center	Leiter des Call Centers	25.06.03
20.	Duisburg	Call Center	Zuständiger Mitarbeiter, Personalabteilung	25.06.03
21.	Dortmund	Bürgerdienste	Zuständiger Mitarbeiter der Bürgerdienste	18.07.03
22.	Dortmund	Bürgerdienste	Zuständiger Mitarbeiter aus der Organisationsabteilung	18.07.03
23.	Anhalt-Zerbst	Bürgeramt	Zuständige Mitarbeiterin aus der Organisationsabteilung	23.06.03
24.	Anhalt-Zerbst	Bürgeramt	Projektleiterin Bürgerservice	23.06.03
25.	Anhalt-Zerbst	Bürgeramt	Zuständige Mitarbeiterin aus dem Bürgeramt, Bürgerdienste	24.06.03

Sonstige Gespräche

	Bremen	E-Government-Tagung	28.-29. Mai	28.05.02